中国消防救援学院规划教材

消防体能训练

主　　编　杜吉生
编写人员　张洪星　张华忠　邓许庚　刘晋军
　　　　　任志明　罗士英　李洪国　介　涛
　　　　　钱向朝　王新建　郑召伟　冯　瑶
　　　　　杨　勇

应急管理出版社
·北　京·

图书在版编目（CIP）数据

消防体能训练／杜吉生主编．-- 北京：应急管理出版社，2022（2022.11 重印）

中国消防救援学院规划教材

ISBN 978－7－5020－9098－2

Ⅰ.①消… Ⅱ.①杜… Ⅲ.①消防—体能—身体训练—高等学校—教材 Ⅳ.①G808.14

中国版本图书馆 CIP 数据核字（2021）第 234055 号

消防体能训练（中国消防救援学院规划教材）

主　　编　杜吉生
责任编辑　闫　非
编　　辑　王雪莹
责任校对　邢蕾严
封面设计　王　滨

出版发行　应急管理出版社（北京市朝阳区芍药居 35 号　100029）
电　　话　010－84657898（总编室）　010－84657880（读者服务部）
网　　址　www.cciph.com.cn
印　　刷　三河市鹏远艺兴印务有限公司
经　　销　全国新华书店

开　　本　787mm×1092mm $^{1}/_{16}$　**印张**　$14^{3}/_{4}$　**字数**　319 千字
版　　次　2022 年 2 月第 1 版　2022 年 11 月第 2 次印刷
社内编号　20211229　　**定价**　48.00 元

前　言

中国消防救援学院主要承担国家综合性消防救援队伍的人才培养、专业培训和科研等任务。学院的发展，对于加快构建消防救援高等教育体系、培养造就高素质消防救援专业人才、推动新时代应急管理事业改革发展，具有重大而深远的意义。学院秉承“政治引领、内涵发展、特色办学、质量立院”办学理念，贯彻“对党忠诚、纪律严明、赴汤蹈火、竭诚为民”总要求，坚持立德树人，坚持社会主义办学方向，努力培养政治过硬，本领高强，具有世界一流水准的消防救援人才。

教材作为体现教学内容和教学方法的知识载体，是组织运行教学活动的工具保障，是深化教学改革、提高人才培养质量的基础保证，也是院校教学、科研水平的重要反映。学院高度重视教材建设，紧紧围绕人才培养方案，按照“选编结合”原则，重点编写专业特色课程和新开课程教材，有计划、有步骤地建设了一套具有学院专业特色的规划教材。

本套教材以马克思列宁主义、毛泽东思想、邓小平理论、“三个代表”重要思想、科学发展观和习近平新时代中国特色社会主义思想为指导，以培养消防救援专门人才为目标，按照专业人才培养方案和课程教学大纲要求，在认真总结实践经验，充分吸纳各学科和相关领域最新理论成果的基础上编写而成。教材在内容上主要突出消防救援理论的基础性和消防救援工作的实践性，并注重体现内容的科学性、系统性、适用性和相对稳定性。

《消防体能训练》由中国消防救援学院杜吉生任主编，参加编写的人员及分工：杜吉生编写第一章、第二章，邓许庚、杨勇编写第三章，张洪星、张华忠编写第四章，任志明、王新建、郑召伟、钱向朝编写第五章，杜吉生、张洪星编写第六章，罗士英、介涛、冯瑶编写第七章，刘晋军、李洪国编写第八章。

本套教材在编写过程中，得到了应急管理部、兄弟院校、相关科研院所的大力支持和帮助，谨在此深表谢意。

由于编者水平所限，教材中难免存在不足之处，恳请读者批评指正，以便再版时修改完善。

中国消防救援学院教材建设委员会

2021年12月

目 录

第一章 绪 论

消防体能训练是提高消防救援队伍战斗力的基本载体和重要基础，是消防救援队伍训练内容的重要组成部分。同时，消防体能作为院校教育的重要构成，对培养高素质消防救援人才有着不可替代的作用。在全面推进国家综合性消防救援队伍战斗力生成模式转变的新时期，消防体能训练如何发挥其特有的作用，如何科学构建和创新发展，需要我们立足于消防救援任务特点、规律及其实际需求进行科学定位和思考。

第一节 目的与意义

体能是指有机体经过训练所获得的综合运动能力，主要由身体形态、身体机能和运动素质三个要素构成，其中运动素质是身体运动能力最重要的外在表现，而身体形态、身体机能是形成良好运动素质的基础，这些要素彼此相互制约又相互影响。

消防员和竞技运动员的体能训练在目标层面上是有区别的，现实中消防员的各项体能指标很难达到竞技运动员的最优水平，但消防员的综合体能素质须达到一定水平才能胜任其本职工作的现实需要。消防员的体能训练课目经过多年的实践与总结，面向任务驱动的特征非常明显，因此，消防体能是消防员为了高效完成本职任务，身心所必需的工作能力。消防体能训练课目以现代体能训练理论为指导，通过持续的训练，使消防员的机体从形态结构、生理机能、运动素质、心理状态和适应能力等方面产生一系列适应性变化的过程。

一、消防体能训练的目的

消防救援队伍作为应急救援的主力军和国家队，随着职能任务的不断拓展，基层一线救援人员的体能训练也产生了一些新的变化和新的特点：一是消防体能训练目的性增强，训练内容贴近救援实战的思想变得更加突出，训练要求做到练为用，训用一致；二是消防体能训练所处的新阶段，决定了训练工作必须全面提高消防员综合素质和消防救援队伍“国家队”的职能使命；三是消防体能训练发展的内在要求，决定了训练工作必须坚持创新，不断研究新情况，解决新问题，不断提高训练效益；四是消防体能训练的现实条件和基础，决定了训练工作的实践环节必须区分重点，根据地域和经常性应急救援任务的特点，合理安排训练内容；五是消防体能训练所处的时代特征，决定了训练工作必须重视思政教育，不断激发消防员体能训练的内在动力，提升训练效益。

这些新情况、新特点，决定了现阶段消防救援队伍体能训练的目的和任务。

消防救援队伍体能训练的目的在于：一是全面增强消防员体能素质，使消防员在身体形态、机能、运动素质和心理适应能力等方面都能够得到全面的发展和提高，从而增强消防员体质，为复杂高危条件下，完成各种急、难、险、重的综合性应急救援任务打下良好的身体基础。二是通过体能训练培养消防员勇敢顽强、坚韧不拔的精神，临危不惧、勇敢逆行的心理素质以及恶劣环境条件下的身心适应能力，提高消防救援队伍战斗力。

归根结底，提高消防救援队伍战斗力是消防体能训练的根本目的。这一目的既是救援工作的实践需要和救援技能训练的经验总结，也是消防部队转型国家综合性消防救援队伍在新时期完成党和国家赋予的新任务的客观要求。它体现了消防队伍体能训练的发展方向和目标。

二、消防体能训练的意义

（一）有利于提高消防员身体健康水平

消防员的作业强度较大，一般为重度或是极重度体力劳动，对体能的要求较高，身体健康水平直接影响和决定着消防员能否胜任高强度的抢险救援训练和救援任务。通过科学的体能训练可以有效改善身体形态，发展和增强身体机能，从而有效提升消防员的身体健康水平，达到国家对于消防员职业健康与安全的标准和要求。

（二）有利于提高消防员身体素质，减少训练损伤

消防员在训练和救援过程中，经常出现走、跑、跳、提、带、背、扛等动作，搬抬重物或对抗阻力，需要较强的肌肉力量；持久而长时间的救援行动，需要心血管耐力和肌肉耐力；特殊环境下较大幅度的动作，需要关节的灵活及肌肉、韧带的伸展力强等。以身体练习为主要内容和手段的消防体能训练，可以有效提高消防员的身体素质，锻炼强健的体格，从而使消防员在胜任救援工作的同时，满足其学习、劳动、娱乐等多方面的需求。另外，科学的训练指导、动作方法以及身体素质的不断提升，可以最大限度地减少或避免运动损伤的发生。同时，消防体能还在消防员发生损伤后的康复训练和回归任职岗位中扮演着重要角色。

（三）有利于发展消防员快速掌握复杂救援技术和技能的岗位任职能力

体能和技能两者不是独立存在的，其相互之间存在很大关联性。一方面，不同的技能训练对于消防员的运动素质需求不尽相同，很多情况下，一些技能训练项目中，同时需要消防员的体能支持，才能更好地掌握复杂的技术和技能，从而达到顺利完成高强度技能训练的目的。另一方面，在体能训练的过程中，技能的迁移性和训练方法手段的共通性，可以促进消防技能训练的快速掌握。只有将体能训练提升至一定高度，才能将消防技能发挥至极致，最终提高消防员的岗位任职能力。

（四）有利于构筑消防员在遂行救援任务中的最后一道生命防线

在消防救援行动中，消防员往往需要面对很多急、难、险、重的复杂任务，面对危险

的救援环境，需要消防员科学研判并能够快速进行救援。在这个过程中不但要考虑消防员的技能水平，还要综合考虑其体能素质情况。消防员的临场应变能力和自身的体能储备，往往成为救援任务成功与否的关键，而消防员优于常人的体能素质将成为构筑最后一道生命防线的生物基础，也是人民群众对消防员能够救民于水火的信任基础和重要条件。

（五）有利于淬炼消防员意志品质，践行训词精神，担当神圣使命

体能训练本身是一个长期而艰辛的过程，需要通过大量的身体练习和不断地重复训练，才能够使机体产生新的适应，在打破原有平衡的基础上构建新的平衡体系。这就要求消防员要能够持之以恒，只有具备较强的意志力和拼搏向上的精神，才能达到提高训练水平的目的。反过来讲，在这个坚持训练的过程中，也能够逐渐培养消防员坚韧不拔的意志品质和良好的心理素质，在实际训练中不断提升践行训词精神，担当神圣使命的能力和水平。

第二节 主 要 任 务

消防员在遂行各项救援任务时，对其健康状况、体能水平、精神状态都提出了较高要求。消防员的体能结构不仅包括力量、速度、耐力、柔韧、灵敏以及平衡、协调、抗眩晕、抗疲劳等基本身体素质，还包括心理学、生物学等综合学科素质，是融合心、智、体综合运用能力于一体的综合素质。总的来看，消防体能的训练任务主要集中在以下 5 个方面。

1. 改善身体形态，塑造符合消防职业特征的人体形态

形态是人体结构的外在表现，它与人体机能密切相关，形态特征可以直接反映出消防员的形体发展水平和专项能力。据测定，在 50 ℃环境温度中，消防员带负荷快速奔跑一旦超过 5 min，其收缩压将达到 190 mmHg，而同样温度下，带负荷但不奔跑，其收缩压只有 120 mmHg。显然，除了外在负荷外，消防员必须保持适当内在体重负荷（脂肪），才能减少能量的过多消耗，降低危险的发生概率。据 NFPA 统计学显示，美国职业消防员死亡人员中有 50% 的人死于心脏相关的疾病，而过高的体脂百分比容易导致相关疾病的发生。可见，合理的身体形态在一定范围内有助于减少消防员救援伤亡的发生。体能训练可以有效改善消防员的身体形态，并通过长期的训练使消防员形成符合其职业特征的人体形态结构，为遂行救援任务打好身体基础。

2. 提高各器官系统机能，形成良好的身体机能储备

救援人员只有具备良好的身体机能储备，才能胜任各种救援任务。机体安静时的脉搏越低，说明机体心率储备越大。调查显示，消防员脉搏速率达到每分钟 160 次，将不能参加灭火战斗。脉搏速率在每分钟 140 ~ 160 次的状态下，即使没有气短、胸部或肠胃疼痛、呕吐或头疼等症状，也应离开现场进行观察。在自然灾害、大面积火灾等需长时间进行救援的情形中，消防员机体能量供应主要是以有氧供能为主。时间越长，体能消耗越大，消

防员越容易出现虚脱而昏倒。可见，消防员具备良好的机能储备才能适应时间长、救援难度大的救援任务，同时保障其身心安全和健康。

3. 全面发展运动素质，优化应急救援专项能力

消防救援任务的顺利完成离不开良好的上肢搬抬能力和人体的核心肌力，如手持消防水枪持续作战、攀爬建筑物及背扶救援受灾人员等。良好的腿部力量是攀登楼梯和爬越障碍物的必备素质。当紧急出警时，要求消防员具有较好的速度耐力和短距冲刺能力。灵敏性素质在消防员及时改变体位从而便于进行救援这一过程中也显得尤为重要。关节柔韧性的提高既有利于提高机体肌力和速度的发挥，又有利于肌肉在运动过程中进行合理放松和肌肉能量的充分利用，还可以防止肌肉痉挛和肌肉酸痛。因此，良好的柔韧素质可以有效防止或减少职业性损伤的发生。此外，消防员的身体协调性、技术动作的敏捷程度等也影响其能否顺利完成救援任务。

4. 搞好人装结合下的应用体能，打造过硬的心理素质

高负荷的心理承受力已成为消防员适应未来救援任务的一项重要素质。在重大火场危机事件的刺激下，如果消防员机体不能适应环境条件的变化，就会产生心理挫折从而引起一系列的情绪反应，包括焦虑、恐惧、忧虑、激动和惶惶不安。消防员在救援行动中产生的消极心理，将妨碍消防员机体潜能的发挥，使其不能有效地处理和应对抢险救援工作，甚至危及生命。消防装备虽然可以保护人体安全，增强消防员的心理安全感，但同时又对人的生理和心理带来一些副作用。一是“温热效应”的负反应，由于个人佩戴装备的不适应。产生的体温积蓄升高，容易使消防员心理不稳定、烦躁；二是个人装备重量递增，超过消防员体重 30% 以上，就使消防员的心理产生不堪重负的抵触情绪。火场上的烟雾、高温、噪声、光电刺激都存在许多应激源，极易使消防员处于危机状态。有研究显示，在火场上吸入大量的热气，包括使用空气呼吸器，气温指示在 37 ℃以上时，人体体温积蓄增加，引发热虚脱，危及生命，产生烦躁、胆怯等不良心理反应。因此，消防员应注重人装结合下的应用体能训练，打造良好的心理素质，只有临危不乱才能在遂行任务时取得最终的胜利。

5. 贴近实战环境，发展超强的适应能力

适应能力是指消防员在各种复杂救援环境下所表现出的身体承受能力。消防作业必然存在一定的危险，而且有些危险因素不可预测，随时可能危及消防员的生命安全，这就要求消防员在救援过程中充分调动更多的神经细胞和募集更多的肌纤维，以应对各种突发状况，并能够及时进行适应性的调整。这种适应能力主要表现为消防员的各项身体素质、生理机能和心理机能等在最短的时间内调整到其自身最佳的工作状态，使机体能尽快适应高强度的特殊消防救援环境。同时，消防救援工作不是一般的流水线作业，由于其发生的环境、地点、涉及人员以及危险程度等因素的不同，致使救援实施方法可能存在本质上的差异，这就要求消防员须具有良好的临场应变能力，根据救援的具体情况，迅速调整救援方案并及时予以实施。因此，对特殊环境适应能力的强弱是决定能否成为一名优秀消防员的

一个重要指标。

第三节 基 本 原 则

多年来，通过不断的实践与总结，逐渐形成了一些体能训练的原则，这些基本原则是对体能训练过程客观规律的集中反映，对消防体能训练起到了很好的指导作用，在训练时主要遵循全面性原则、合理负荷原则、持续性原则、针对性原则、周期性原则、从实战出发原则和动机激励原则。

一、全面性原则

（一）全面性原则的概念

全面性原则是指在体能训练过程中，以多样的身体练习，训练方法和手段，全面提高受训者各器官系统的机能，在发展体能的同时，改善身体形态和心理品质。消防员的体能训练是多样的，按照救援任务的具体要求使消防体能结构的各个组成部分得到最大限度的提高，为消防训练打下良好的基础。

（二）贯彻全面性原则的要求

1. 要把全面性原则放在训练过程的基础阶段

在基础训练阶段，要重视身体全面训练，打牢体能基础。把全面训练放在恰当的位置，可以保持消防员整体素质长时期处于较高水平，延缓技能和素质的下降。而忽视全面训练，急功近利，基础就不牢固，就会影响体能素质水平的维持。

2. 科学确定全面性训练和单项训练的比例

在训练过程中，应根据不同层次消防员的训练水平、训练内容和训练不同阶段的具体任务，科学确定全面性训练与单项训练的比例。一般来说，身体素质越低，全面性训练所占比例越大；身体素质越高，全面性训练的比例则越小。就训练内容而言，体能消耗大的训练内容，全面性训练的比重越大。在基础训练阶段和准备提高阶段，要提高全面性训练的比例。在具体确定两者的比例时，要全面考虑，综合分析，找出最佳比例关系。同时在训练过程中还要善于根据训练实施情况的变化及时加以调整。

3. 灵活选择全面性训练的内容、方法、手段，既要全面又要有利于单项素质的发展需要

所谓全面就是要通过全面性训练的内容、手段，来发展消防员的整体机能和素质，并为单项素质的提高奠定基础。但全面并非内容、手段越多越好，而是要突出重点，灵活选用那些对发展单项素质和机能有重要影响的全面性训练内容。如发展速度和力量，就应选择动作快速，具有爆发性用力特点的一般性身体练习。在协调性要求高，技术比较复杂的全面性训练中，就应选择那些发展协调能力和柔韧性的训练内容，以及有利于促进消防员掌握单项技术的训练内容。

二、合理负荷原则

（一）合理负荷原则的概念

训练负荷是以身体练习为基本手段，对有机体施加的训练刺激。机体对这种刺激所作出的反应表现在生理和心理两个方面。我们通常说的训练负荷是指生理负荷，也就是机体在生理方面所承受的训练刺激。从生物学角度看，训练过程主要是对受训者施加负荷，有意识地打破其机体内的平衡状态，使之产生变化并向较高的机能水平转化，从而获得新的平衡，产生训练适应。

合理负荷原则是指对机体施加训练刺激时，根据训练的目的、要求，采取适合于提高机体机能的负荷，并通过逐步有节奏地加大训练负荷，直至最大限度。

合理安排训练负荷应注意把握以下 3 个方面。

1. 要从训练任务和受训者的水平出发考虑安排负荷的合理性

在训练过程中不同时期和周期的训练任务是不同的。如训练大周期的过渡时期，任务是恢复调整，消除疲劳，通常要降低负荷。不同的受训者对负荷的承受能力也存在差异，这种差异不但反映在负荷承受能力的大小和恢复的快慢上，而且对负荷强度和负荷量的承受能力也不尽相同，有的能承受量度，有的能承受强度，并随训练的深入而变化。因此，以适应训练任务和受训者的素质基础为据来安排负荷，才是合理的。

2. 训练负荷的增加要有节奏和逐步提高

所谓逐步增加，就是无论是加训练强度还是训练量，都要由小到大，经由“加大→适应→再加大→再适应”的过程，从而逐步提高受训者对负荷的适应能力。因为机体对负荷的适应是一个渐进的过程，只有机体对现有的负荷适应后，才能承受新的、更大的负荷。跳跃式增加负荷的方法，必须在受训者已适应了现有负荷后才能采用。所谓有节奏的增加负荷，就是负荷的安排要大、中、小有机结合，使负荷和恢复有机结合。

3. 训练负荷的增加必须达到极限

只有极限负荷的刺激，才能将机体的机能潜力充分挖掘出来，以达到更高要求。所谓极限负荷，是针对不同训练个体而言的，有大有小，同一个体在不同训练时期的极限负荷也不尽相同。

（二）贯彻合理负荷原则的要求

1. 把握好构成训练负荷的基本因素及其相互关系

训练负荷由负荷量和负荷强度两个因素组成。两者又有各自不同的构成因素。量的构成要素有重量、距离、次数、时间等；强度的构成要素有质量、难度、高度、远度、速度、密度等。训练负荷中的量和强度是不可分割、相互联系的。有一定量的训练，就有一定的强度，同样，有一定的强度就有一定的量。机体能够承担较大负荷强度的刺激，就能承担较大的量而强度较小的刺激；能承担较大的量的刺激，也就能承担较小量而强度较大的刺激。量的增加为强度的提高打下基础，而强度的提高又为量的增加创造条件，二者相辅相成，互为促进，从而形成训练负荷逐步提高的趋势。

构成训练负荷的量和强度的诸因素之间也是相互影响、相互制约的。其不同的搭配和组合，形成不同的负荷结构，产生不同的负荷效应。而且变化其中一个因素，都可以使整个负荷性质发生相应的变化。若要提高负荷水平，既可以从量入手，增加训练的时间和次（组）数，也可以从强度入手，增加训练的密度和难度，或者每次训练的速度、高远度及负荷量。若时间不延长，而练习的次（组）增多，密度加大，则强度也随之增大。

2. 训练过程中训练负荷的增大必须循序渐进

训练实践证明，只有加大训练负荷才能加深对受训者机体的刺激，提高其训练适应水平，但不能超越受训者所能承担的“最大负荷”能力。而应逐步增加，使受训者逐步适应。因此，训练负荷必须循序渐进地增加，既有“极限”负荷，又有中、小负荷的搭配，只有在受训者适应了原有负荷的基础上再进一步增加，才能取得比较好的训练效果。

3. 在加大训练负荷的过程中，要处理好负荷量和负荷强度的关系

由于负荷量和负荷强度对机体的刺激所产生的影响是不同的，因此，在训练过程中两者的增减须适当搭配，一般有以下 3 种搭配方式：一是加量减强度或保持强度；二是加强度减量或保持量；三是既加量也加强度。这 3 种搭配方式的选择，要根据不同训练阶段及具体任务而定，但无论采取哪种搭配方式，负荷量和强度都应从受训者的实际水平出发，以有利于提高训练效果为前提。

4. 掌握好负荷与恢复的关系

没有负荷就没有体能素质的提高，而没有恢复就不可能安排新的负荷。只有在机体承担一定负荷后，得到适当的恢复，消除疲劳，才能使机体的能力逐步得到提高。因此，训练中每次课的负荷安排应在受训者的机能得到恢复并有所提高的基础上进行。从理论上讲，训练课之间间歇的时间不同，恢复的情况不同，可产生不同的效应。间歇恢复时间过长，机体能力就无法得到提高；间歇时间太短，疲劳得不到消除，机体能力就会逐渐下降。因此，在训练中必须正确处理好负荷与恢复的关系。第一，训练中负荷的大小与间歇时间的长短呈正比关系，课的负荷大，间歇的时间应延长。第二，受训者承担负荷的能力和恢复机能与间歇时间也呈正比关系，承担负荷能力和恢复机能强，间歇时间可相应缩短。第三，负荷性质不同，所需恢复时间不同。

在训练实践中，有时训练往往是在受训者没有完全恢复的情况下进行的。其目的是产生负荷积累效应，以加深对机体的刺激，从而提高超量恢复的水平。为达到此效果应注意以下几点内容：一是连续的负荷积累，须在受训者能够承担的负荷范围内，不能使其产生过度疲劳；二是在负荷积累后，间歇时间应足以保证机体达到恢复和超量恢复；三是连续的负荷刺激要大小搭配，负荷内容交替进行；四是在连续负荷后的间歇时间内，应采取必要的恢复手段和措施，以加速恢复的过程，取得更好的效果。

5. 加强医务监督和恢复手段的运用

负荷安排不当是造成训练伤病、过度疲劳的主要原因之一。因此应加强医务监督，监

测受训者负荷及恢复的情况，以及负荷安排是否符合其所能承担的水平。

积极采用有效的恢复手段，有助于消除负荷后的疲劳，加强物质能量的再生，从而迅速产生新的训练效应。

三、持续性原则

（一）持续性原则的概念

持续性原则是指消防员的体能训练从初期训练到出现高水平的体能素质，并保持在这一水平上的长期训练过程中，都应按照一定的顺序，持续不断地进行训练。

所谓“按照一定的顺序”就是指在训练的全过程中，训练内容的选择和安排，训练手段和方法的使用，训练负荷的确定，以及训练各时期、阶段的任务和要求，都应根据它们内在的联系，有序合理地科学安排，循序渐进地逐步提高。

（二）贯彻持续性原则的要求

1. 训练内容和手段的选择应把握好二者的内在联系

一般在训练时要按照由易到难，由简到繁，由浅入深，由未知到已知的次序进行安排。要根据训练过程中受训者自身条件和训练内容本身的发展规律，科学安排，注意把握循序渐进、逐步提高，不能一蹴而就。

2. 要保证训练的不间断，必须保证有足够的训练量

为了使消防员的体能训练素质得到发展和保持，保证机体所产生的一系列适应性良好变化能够获得长期积累，必须保证有足够的训练量，训练不间断、不割裂，但这种不间断、不割裂并非是在训练过程中不安排间隙与调整时间，恰恰相反，应根据不同训练水平的消防员和训练实施的具体情况，科学合理地安排必要的调整，但这种调整要以保证受训者获得良好的训练效应不致消退为原则。只有这样，才能更好地保证训练系统的不间断进行。

3. 保证训练全过程系统的不间断进行，必须将各训练的组织形式有机结合起来

组织好体能训练，提高消防救援队伍完成职能使命的能力，应对院校、基层救援人员体能训练进行统筹规划，严格落实大纲关于体能训练内容、方法、要求、考核指标等各方面的规定，防止训练脱节，以便取得更好的训练效果。

四、针对性原则

（一）针对性原则的概念

针对性原则是指在体能训练中要根据个人特点，有针对性地确定训练目标，选择方法、手段和安排训练负荷。其中“个人特点”，是指受训者的年龄、性别、身体条件、负荷承受能力、心理品质和文化水平等各方面的特点。

（二）贯彻针对性原则的要求

1. 要深入了解受训者的个体特征

教练员首先要深入了解掌握受训者的情况，增强训练的目的性、有效性，对受训者的思想、学习、生活、身体素质、技战术基础和心理品质等各方面的情况、特点，加以认真分析、研究，以便因人制宜，科学合理地确定训练的组织、方法和训练负荷等，并随着训练的进展，及时采取相应措施，使训练按既定的目标发展。

2. 有针对性地做好训练计划

训练计划的制定要在全面了解整体情况和个体情况的基础上，既反映出训练的统一性要求，又反映出受训者不同的个体要求，对重点对象还可以做出有针对性的专门训练计划。计划中任务的确定、要达到的指标、训练的内容、负荷的确定、采取的训练方法和措施都要有针对性，使计划符合训练的实际，满足整体和个体的需要。

3. 坚持全面兼顾和个别对待相结合

在实施训练时，要切实处理好整体和个体的关系，要把针对性原则贯彻到训练过程的各个环节。集体训练的形式，便于全面兼顾，促进个体间的竞争，提高训练的热情及质量。但根据训练的具体任务和实际需求，也要经常安排一些个人针对性训练，这可以事先与受训者共同研究计划，也可以在训练中由受训者自我把握训练。

在集体训练时，除有共同的要求和统一指导外，还要对个体有不同的要求和指导，既要注意整体又要兼顾个人。总之，要根据训练的具体任务和训练过程中的实际变化，使每个受训者受到重视。

五、周期性原则

（一）周期性原则的概念

周期性原则是指体能训练过程以循环往复、周而复始的方式进行，每一个循环不是简单的重复，而是后一个循环在前一个循环的基础上，不断提高训练要求，从而使受训者体能水平得以更快发展。

在训练过程中，虽然训练内容、方法、手段都是反复采用的，但并不是一成不变，而是每一次循环都在原有基础上施加新的负荷，提出更高的要求。根据训练实际，按训练过程实际跨度的大小，通常将训练的周期分为多年训练周期、训练大周期、训练中周期、训练小周期、训练课 5 种类型，并以此制定训练计划。

训练周期的各种类型，是紧密相连的，每节训练课，不但要考虑本节课任务的完成情况，还要考虑怎样通过每节课的积累实现小周期的任务，而每个小周期的训练又要考虑中周期训练任务的完成情况。这样通过不同周期的训练效果的积累，最终实现总目标。

（二）贯彻周期性原则的基本要求

1. 年度训练周期应根据训练任务及单位实际情况来确定

将训练过程划分周期，目的是为了更好地完成训练任务，因此训练周期的划分应围绕训练任务而定。院校教学是以学习、训练为主，安排有假期休整，通常全年安排为两个训练大周期；而基层分队可以根据全年重大任务的多少，将全年划分为一个或多个大周期。

2. 周期的确定要从受训者的具体情况出发

院校刚入校的新学员、刚入职的消防员，入职时间短，正处于基础训练阶段，一般可以考虑不划分周期，其训练目的在这一阶段主要是打牢基础，为成为合格的消防员做准备。而针对入职超过一年的消防员，则可根据训练任务，安排相应的大周期。

3. 注意周期间的衔接

每一个周期结束后都应认真总结，针对前一周期在训练中存在的问题，根据训练的总目标，提出新要求、新方法和新措施，使每一个新的周期都能在前一个周期的基础上，使受训者体能素质得到进一步的提高。

4. 安排好小周期的训练，保证大周期训练任务的完成

大周期中各训练时期的任务不尽相同，其内容、负荷的安排和方法手段的采用，都要落实到中、小周期的训练计划上。每一个小周期训练效果的积累要达到各训练时期的要求，小周期任务完成的质量高低直接影响到各时期训练任务的完成。因此安排好小周期的训练是十分重要的。

六、从实战出发原则

（一）从实战出发原则的概念

从实战出发原则是指在消防体能训练中，要根据未来职能任务对消防员体能素质的实际需求，选择训练内容，研究训练方法和手段。

从实战出发原则主要是回答“为什么练”的问题，即消防体能训练目的问题，表述为：消防体能训练课目的设置、方法与手段的运用，训练强度的大小要根据职能任务的需要来安排。简而言之，灭火作战、防火值勤、灾害救援等需要什么体能，就练什么体能。这条原则与战训一致原则有异曲同工之处。一切要从实战需要出发，仗怎么打，平时就怎么练，使消防体能训练与职能任务要求相一致。

（二）贯彻从实战出发原则的要求

（1）训练设计者要针对灭火作战、防火值勤、灾害救援的特点与要求做深入研究和全面分析，并根据不同救援任务来确定消防体能训练的内容。

（2）选择训练的地形、气候等环境要尽可能与职能任务条件相似。

七、动机激励原则

（一）动机激励原则的概念

动机激励原则是指在消防体能训练过程中，通过各种有效的途径和方法，激励消防员积极主动地进行体能训练的动机和行为。这条原则主要解决消防员在从事体能训练过程中的动力问题。消防体能训练是一个长期、艰苦的过程，不充分激发消防员的自觉性、主动性和积极性等内在动因，就不可能使消防体能训练高效率地实施。主动训练和被动训练之间的效果差异也是不争的事实。消防体能训练有别于竞技体育的训练，虽说其过程都很艰

苦，但竞技体育的受训者训练一旦取得了优异的成绩，其所获得的社会地位、经济补偿是消防员所无法比拟的。因此，激发受训者的训练动机，是取得良好训练效果不可回避的现实问题。

（二）贯彻动机激励原则的要求

1. 强化消防职业价值观与训练目的教育

消防员的人生价值在于无私奉献。报效祖国与人民是靠坚定正确的政治方向、过硬的体能素质与业务本领、严明的组织纪律、顽强的战斗作风来实现的。通过训练，体能素质每提升一步，也就多了一份完成职能使命的本领，同时也意味着在保卫人民生命财产安全的行动中增加了一份保存自身实力的希望。

2. 培养和激发消防员的参训兴趣

发挥训练过程中的主体作用，运用各种有效的方法手段和组织措施培养消防员受训的积极性，谨防与遏制厌训情绪的产生。

3. 正确理解与掌握“从难从严”的要求与尺度

要把“从难从严”与“以人为本”的思想有机统一起来。组训者要杜绝简单、粗暴的“军阀作风”。全面分析训练过程中出现的问题，有针对性地加以解决。

第四节　主要形式与方法

体能训练是通过一定的形式和相关方法来实现的。其内容丰富、项目多样，目的都是为了提高消防员身心素质，提高消防救援队伍战斗力。

一、体能训练的主要形式

体能训练的形式主要有早操、训练课、工（课）间操、（工）课外体能活动、体育活动等。

（一）早操

利用早操时间进行体能训练活动是部队的传统，消防救援队伍按照准现役、准军事化的要求，坚持进行早操训练是继承和发展的必然选择，全体指挥员和消防员均应参加。每周的早操通常可安排 2 ~ 3 次体能训练，可根据队伍执行任务的情况、季节气候的变化和体能训练计划的要求等安排早操内容。一般应以基础体能训练为主，也可安排徒手操、器械训练、越野跑等项目。

（二）体能训练课

体能训练课是按训练计划规定的时间（通常每个工作日最后一小时为体能训练时间）、内容和要求进行体能训练的基本方式，包括理论课和实操课。通常以中队（站）为单位，由中队（站）长或体能训练骨干组织实施；实操课由准备活动、训练实施和整理活动 3 个部分组成。

（三）工（课）间操

工（课）间操主要是利用学习、操课和工作过程中的短暂休息时间进行。通常可安排广播体操和有氧健身操，也可安排跑步、游戏等简单易行的体育锻炼项目。

（四）（工）课外体育活动

（工）课外体育活动主要是利用课外时间和节假日、双休日进行的体育锻炼，内容和形式不限，课外体育活动是体能训练的主要辅助形式和方法，要大力培育科学体育活动的内容和形式，以促进和提高身心健康的全面发展。

二、体能训练的主要方法

体能训练方法是指在体能训练过程中完成体能训练任务所采取的途径、手段和方式。体能训练方法应根据训练目标和任务、要求、内容、对象特点以及其他具体条件来确定，主要有讲解法、示范法、完整法和分解法、练习法、游戏与比赛法、预防与纠正错误法。

（一）讲解法

讲解法是用简练的语言讲解训练目的、任务、技术动作、训练要求等，从而指导学习动作技术、技能，组织训练和进行思想教育的方法，是建立正确的动作概念的基本途径。在训练时，组训者运用语言向受训者说明所练习技能或动作的名称、作用、要领及做法，以指导其掌握技能、技术和战术的方法。同时，还应该注意以下5个问题。

1. 讲解要有明确的目的，要有教育意义

讲解什么、怎么讲解，都应根据训练任务、内容和要求以及以往训练的具体情况，针对受训者在思想、技术或身体发展上的主要问题，有针对性的讲解，做到目的明确，有的放矢。

2. 讲解的内容要正确，要切合受训者的实际

只有当组训者讲解的内容是正确的，深浅适度，受训者能够理解的时候，才能收到预期的效果。因此讲解时要实事求是，注意内容的科学性，应根据不同对象的具体情况和其已有的知识及经验来确定讲解内容的深度、广度和讲解的方法。

3. 讲解要通俗易懂、简明扼要

在体能训练中，组训者讲解用词要确切，精炼语言要肯定，表达要生动形象，力求以最短的时间收到最大的讲解效果。为了达到简明扼要，组训者在讲解中可用口诀进行讲解，也可以用比喻的方式讲解，尽量帮助受训者正确地理解和掌握动作。

4. 讲解要富有启发性

组训者讲解要能启发受训者的积极思维，使“看、听、想、练”进行有机结合，这样才能收获良好的训练效果，因此组织者可采用提问、分析和对比等方式启发受训者，积极开展思维活动。

5. 要注意讲解的时机和效果

在体能训练中，组训者讲解的时机是否恰当，对讲解效果有着直接的影响，当受训者

正在做练习，特别是静止用力或调动队伍时，除了做适当简短的指示外，一般不做长时间的讲解。

（二）示范法

示范法是组训者以具体动作为范例，使受训者了解所要学习的动作形象、结构和完成顺序的训练方法。示范法能生动形象地展示动作概念，以具体动作直接进行范例教学训练，能够有效提高教学训练效果和学习兴趣，激发体能训练积极性。同时，进行示范时也应注意以下 4 个问题。

1. 示范动作要正确

组训者的示范动作要过硬，真正成为受训者的学习样板，示范时要力求做到技术熟练、轻松自如、节奏鲜明、姿态舒展、有感召力。

2. 要注意示范的位置和方向

示范应力求让所有受训者都能看得清，因此，组训者示范时要特别注意受训者队列的方向，应让受训者背向阳光和风向列队。动作是左右运动的，为了使受训者能看清动作的幅度，应正面和侧面各做一次示范；动作是前后运动的，则采用侧面示范；有些方法、路线比较复杂的动作可以采用背面示范。还有些比较简单的动作，如一般性的徒手操，可采用镜面示范。组训者的示范位置，可以根据具体情况变换和移动。

3. 示范要有明确目的

示范不是越多越好，应根据训练中受训者练习出现的问题，有目的地进行示范，每做一次示范都应明确要解决什么问题。例如，训练新内容时为了给受训者建立完整的动作概念，应先做一次完整的动作示范，然后结合训练的任务和要求，可再做重点示范和慢速、常速的示范。

4. 示范与讲解应结合起来运用

在体能训练中，一般是边讲解边示范，也可以先示范后讲解或先讲解后示范，总之应有利于受训者将理论和实践、思维与直观相结合，以此达到更好的训练效果。

（三）完整法和分解法

1. 完整法

完整法是指对单个动作或整套动作，完整地进行教学训练的方法。一般用于比较简单或结构严谨、难以分解的动作。其优点是不破坏动作的结构，也不会割裂各部分之间的内在联系，有利于受训者正确完整地掌握动作技术。但对结构复杂、难度较高的动作，不宜采用完整法。完整法的不足是不能使受训者很快掌握难度大的动作，完整法的具体内容如下：

（1）对简单易掌握的动作，在组训者讲解示范后，可让受训者完整的练习整个动作。

（2）对复杂难于分解的动作，可采用以下 3 种方法：一是突出重点。如先掌握技术的基础部分，再掌握细节部分，先体会动作的方向、路线，再要求幅度、节奏等；二是简化动作的要求。例如，在跑步教学时可缩短跑距或降低跑速；在跳跃教学时可降低高度或远度等。三是广泛采用各种辅助性和诱导性的练习，发展相应的肌肉群及其协调配合能力，体会动作的关键点。

2. 分解法

分解法是把整个动作合理地分成几个部分，或将整套动作分成几个单个动作逐次进行，或按部分依次进行教学训练，最后再逐步过渡到掌握完整动作的教学训练方法。它可分为单纯分解法、递进分解法和重点分解法等。在具体运用时，应注意科学地划分动作部分，保持动作部分之间的结构联系，不改变动作的内部顺序。在运用分解法时，应注意以下 3 个问题：

（1）在划分动作各部分时，应特别注意考虑各部分之间的有机联系，使各部分的划分不至于改变动作的内在联系和结构。

（2）应使受训者明确所划分的各个部分在完整动作中的位置。

（3）运用分解法是为了更快地掌握动作，因此分解练习动作的时间不宜过长，要积极创造条件与完整法结合运用，使受训者尽快掌握动作。另外，在以完整法为主进行训练时，也可以对动作的某些环节进行分解。

完整法和分解法是体能教学训练常用的两种方法，二者关系密切，相互联系，相互补充，一般应根据教学训练不同阶段的需要结合运用。

（四）练习法

练习法是指根据教学训练任务，在一定条件下有目的地反复做某一动作。反复练习是掌握和巩固动作技能的基本环节。只有反复练习，才能形成动作技能。采用练习法的意义还在于消除完成动作时产生的错误和缺点，并在不断的练习中提高身体素质，提高动作技术，增强各个器官、系统的机能。

由于训练的阶段任务和对象条件不同，采用练习法时，在练习的次数、时间、距离、间隔和采用器械的重量都应有所区别，一般采取以下 6 种练习方法。

（1）持续练习法，是指在相对较长时间内，用较为稳定适中的强度，不间歇地连续进行练习的方法。持续练习法通常应用于周期性项目，如长跑、游泳等，也可用于非周期性项目练习，如连续进行器械体操某些单个动作练习。

（2）重复练习法，是指在相对固定的条件下，按照动作技术的基本要求进行反复练习的方法。如以规定的距离、速度重复跑，在同一个障碍物上用同一动作反复进行练习等。

（3）间歇练习法，是指在一次或一组练习之后，严格规定间歇时间，进行积极性休息，在身体未完全恢复的情况下就进行下一次（组）的练习。重复练习法和间歇练习法的运动负荷都是由重复次数、间歇时间、练习时间等因素决定的。运动负荷标准的掌握要因人而异，当受训者还没有适应某一运动负荷前，不要随意变换。

（4）变换练习法，是指在变换的条件下反复进行练习的方法。其可采用的手段很多，一般有变换练习形式和方法，变换练习速度和力量，变换器械高度和种类，变换练习环境和地形，变换动作的某些技术特征和组合形式等。

（5）综合练习法，是把重复练习法和变换练习法结合起来运用的方法。这种练习方法集中了两种方法的优点，既能保证训练有一定的运动负荷，又能灵活地使用各种练习方式，从而有效地完成教学训练任务。

（6）循环练习法，是根据教学训练的需要，把一定的器材或练习手段，按照一定的顺序编成一种循环组合的教学训练形式，周而复始地进行练习的方法。这种方法主要用以提高身体素质和身体的机能能力。

循环练习法既是一种教学训练方法，又是一种教学训练组织形式，可根据教学训练的需要采用分组轮换、流水作业、连续练习等形式。一般选用已掌握的、简单易行的动作实施练习。

（五）游戏与比赛法

游戏法是采用游戏的内容和方式组织体能教学训练的方法，是游戏者在规则许可范围内，充分发挥个人的主动性和创造性，从而有效地发展身体能力和智力，掌握体能训练知识、技术与技能的教学训练方法。其特点是具有游戏情节和竞赛因素，一般用于训练课的准备部分，根据需要也可用于训练课的基本部分和结束部分。

比赛法是在比赛的条件下进行训练的方法。其主要特点是具有竞赛因素和对抗性，通常采用的方式有游戏比赛、训练比赛、测验比赛、模拟比赛、正式比赛等。比赛法因在教学训练过程中渗入了“竞争”因素，消防员训练情绪高涨，对身体机能提出更高的要求。

游戏与比赛法能增加教学训练的乐趣，有效地提高消防员的训练热情和积极性，帮助消防员建立正确的形象概念，巩固已掌握的动作，改进错误动作，了解和熟悉简单的战术，逐步向正规和完整的方面过渡，并引导消防员从“玩”中掌握和运用体能训练知识、技术技能，充分发挥其主动性和创造性，培养其意志品质。

（六）预防与纠正错误法

预防与纠正错误法是针对教学训练中产生错误的原因，采用有效措施防止和纠正错误动作的方法。造成错误动作的因素是多方面的，有思想、身体素质、技术基础、心理状态等主观因素和训练方法、训练环境、场地器材等客观因素。在教学训练过程中，错误动作会阻碍消防员提高训练水平，组训者应引导其通过分析动作错误产生的原因，采取积极有效的措施防止与纠正错误，以此有效提高教学训练效果。

一般而言，体能训练过程中动作技术错误的产生有以下 5 种主要原因：一是对练习的任务、完成的方法不明确；二是消防员的一般身体训练水平及基本的技术训练跟不上；三是消防员对学习的自觉性、自信心和积极性不够；四是教材安排欠系统，内容安排不合理，教法运用不恰当；五是训练环境与条件的影响。组训者应从造成动作错误的错综复杂的情况中，根据具体对象、时间、地点找出最主要的原因，并针对这些原因采取有效的措施，以防止和纠正错误。

第二章　运动解剖学与生理学基础知识

第一节　概　　述

人体是个复杂的有机体，人体的形态结构、生理功能在人体内是相互联系、相互制约的，是在长期进化过程中逐渐形成的统一整体。形态结构是生理功能的物质基础，生理功能是形态结构的运动形式。了解人体基本结构与基础知识，是进行科学体能训练的前提。

一、人体的基本构成

细胞和细胞间质是人体最基本的结构，无论是坚硬的骨骼，还是不停流动的血液，无论是体表的肌肉，还是深藏于体内的脏器，无一不是由细胞构成的。细胞是实现人体各种生理功能的物质基础，是人体的“生命之砖”。人体是由大约 50 万亿个结构各式各异、功能千差万别的细胞组成的，它们不断地进行着新陈代谢，从而表现出人体的生长、发育、繁殖、衰老和死亡的生理现象。由经过分化有利于整体而行使某种特殊功能的细胞组成细胞群，即组织（上皮、结缔、神经和肌肉组织）；再由几种不同的组织合成有特定结构和功能的独立器官（心、肺、胃、肝）；最后由许多联合起来完成某项共同生理功能的器官构成器官系统，即器系。人体是由循环、呼吸、消化、泌尿、生殖、内分泌、神经感官和运动等系统组成的统一整体。

（一）循环系统

循环系统在医学上称脉管系，由一系列连续封闭式的管道系统组成。分布于身体各部，根据其中所含的液体不同，分为心血管系和淋巴系。

1. 心血管系

心血管系由心脏和动脉、静脉、毛细血管组成。心脏是血液循环的动力器官，在神经系统和内分泌的调节下，心脏有节律地收缩、舒张，不断地推动血液在血管内循环流动。血液由心脏流向身体各部所经过的血管称为动脉；血液由身体各部流回心脏所经过的血管称为静脉；位于各组织器官内并连接动脉与静脉的血管称为毛细血管。血液自心脏经动脉、毛细血管和静脉，再返回心脏，这一过程叫作血液循环。血液循环通过毛细血管处将氧气、营养物质和激素运送到全身各器官，同时又将组织中的代谢产物，包括无用的物质和二氧化碳等带到肺、肾和皮肤等器官排出体外。因此，血液循环在保证机体新陈代谢的正常进行中起着重要作用。

人体血液循环，根据途径和功能可分为同时进行的体循环和肺循环两部分。

体循环（大循环）是心脏与头、颈、躯干、上肢、下肢以及各器官（除肺外）间的血液循环，含有丰富的氧气和营养物质的动脉血，颜色鲜红，自心脏的左心室经主动脉及其分支流向全身各器官的毛细血管。血液在毛细血管中流动缓慢，通过渗透与弥散作用，在毛细血管和组织间隙中进行物质交换和气体交换，把血液中的氧气和营养物质输送给组织细胞，同时使组织细胞的代谢产物和二氧化碳进入毛细血管内，令血液变成颜色暗红的静脉血。静脉血由小静脉经各级静脉汇成上、下腔静脉和冠状窦流回心脏的右心房。

肺循环（小循环）是心脏与肺之间的血液循环，含有代谢产物和二氧化碳的静脉血，自右心房进入右心室，再经肺动脉及其分支到肺泡周围的毛细血管。在肺泡和肺泡周围毛细血管中进行气体交换。当人体呼气时，二氧化碳离开毛细血管进入肺泡腔，呼出体外；当人体吸气时，空气中的氧通过肺泡进入毛细血管，因此，血液由静脉血变成含氧丰富的动脉血，最后经肺静脉流回左心房，动脉血由左心房进入左心室，再进入体循环。

2. 淋巴系

淋巴系是脉管系的一个组成部分。它由输送淋巴液的淋巴管和产生淋巴细胞的淋巴器官组成。淋巴器官包括淋巴、扁桃体、脾和消化器官内的各种淋巴小结。淋巴管与静脉相通，从毛细淋巴管开始，它的起始部是膨大的盲管，位于组织间隙中。毛细淋巴管相互吻合成网，全身除软骨、上皮和中枢神经系统外，遍布于所有组织器官。在小肠绒毛内的毛细淋巴管，称乳糜管。由毛细淋巴网发出小的淋巴管，再由小的淋巴管逐渐汇合成大的淋巴管，最后汇合成左右两条大的淋巴管注入静脉。淋巴管内有流动的液体，称为淋巴。淋巴来源于组织液，组织液是血液从毛细血管中渗出，进入组织间隙而形成的。组织液不断地与周围组织细胞进行物质交换和气体交换，然后大部分组织液重新渗入毛细血管，回到血循环中；而小部分组织液则渗入毛细淋巴管形成淋巴。在神经冲动的影响下，淋巴管收缩所产生的微小压力，可使淋巴液缓慢地流向静脉。

（二）呼吸系统

呼吸系统包括输送气体的呼吸道和交换气体的肺。呼吸道由鼻、咽、喉、气管和支气管组成，通常把气管以上的呼吸道称之为上呼吸道。呼吸道有骨和软骨作成支架以使管道通畅，并利于呼吸的顺利进行。肺分左右两个，位于胸腔内。左肺分为上下两叶，右肺分为上中下三叶。两肺的内侧有肺门，肺门有肺动脉、肺静脉、支气管、淋巴管和神经等出入。肺的外面包着胸膜，左右胸膜之间叫纵隔，胸膜及纵隔也包括在呼吸系统之内。呼吸系统的作用在于从外界吸进氧气、呼出体内产生的二氧化碳。呼吸是生命活动的重要特征之一。

（三）消化系统

消化系统由消化管与消化腺组成。消化管包括口腔、咽、食管、胃、小肠、大肠和肛门。消化腺包括唾液腺、肝、胰以及各段管道的附属腺体等，它们能分泌消化液并进入消化管以进行消化。消化系统的作用在于把食物转化为身体所需要的营养物质，并将其送入淋巴和血液，以供身体生长和维持生命活动之用。

（四）泌尿系统

泌尿系统由肾、输尿管、膀胱及尿道等器官组成。主要机能是排泄体内多余的水分、矿物质和某些代谢产物，从而维持体内体液的恒定与酸碱的平衡。在泌尿系统中，肾是产生尿液的器官，输尿管是连接肾与膀胱的细长管道。尿液由输尿管到达膀胱暂时存留，当膀胱充满尿液时就收缩，把尿液经尿道排出体外。男子的尿道较长，除了排尿外还兼有排精的作用；女子的尿道较短，仅供排尿之用。

（五）内分泌系统

内分泌系统（内分泌腺）所分泌的物质，称为激素。激素在神经系统的影响下对机体生命活动、调节代谢过程，特别是对生长发育有全面的特殊作用。内分泌腺有甲状腺、胸腺、大脑垂体、肾上腺和松果腺等。内分泌腺的分泌液直接进入血液淋巴中，通过循环作用分布全身。腺体中有丰富的血管和神经。

（六）神经感官系统

神经感官系统由神经系统和感觉器官组成。

1. 神经系统

神经系统可分为中枢神经和周围神经两部分。脑和脊髓构成中枢神经系；脑神经、脊神经和植物性神经构成周围神经系。神经系统的作用在于使人体所有器官系统的活动协调地配合起来成为一个统一的整体，以适应身体内部和外界环境的变化。在人体内，神经系统处于主宰地位，它控制和管理着人体的生命活动。

2. 感觉器官

感觉器官是接受体内、外各种刺激的复杂结构，有感觉神经末梢，而且还有很多辅助结构。人体通过感觉器官将刺激传给大脑产生感觉，从而认识和适应外界环境的变化。人体的重要感觉器官有眼、耳、皮肤、鼻、舌和肌肉、肌腱本体感受器等。

二、运动人体的基础知识

了解运动人体的基础知识，是学习掌握运动人体科学的前提。

1. 人体标准解剖学姿势

人体标准解剖学姿势是身体直立，两眼向前平视，两足并拢，足尖向前，上肢下垂于躯干的两侧，手掌向前，如图 2－1 所示。在描述人体各部位结构关系时，不论姿势与方位，都应以解剖学姿势为依据。

2. 解剖学方位术语

有关方位的术语，是以解剖学姿势为准，用以描述人体结构的相互位置关系，最常用的解剖学术语有以下 6 组：

（1）上和下：靠近头顶的为上，靠近足底的为下。

（2）前和后：近腹者为前，近背者为后。在胚胎学中，描述胚胎有关结构的位置时，不用上、下和前、后，而分别采用头侧和尾侧，腹侧和背侧。

（3）内侧和外侧：近正中矢状面者为内侧，反之为外侧。

（4）内和外：表示与空腔相互位置关系的术语。在腔内或距腔较近的为内，反之为外。

（5）浅和深：近体表者为浅，反之为深。

（6）近侧和远侧：多用于四肢。距肢体附着部较近的为近侧，反之为远侧。

3. 人体的基本面

人体的基本面，如图 2－2 所示。

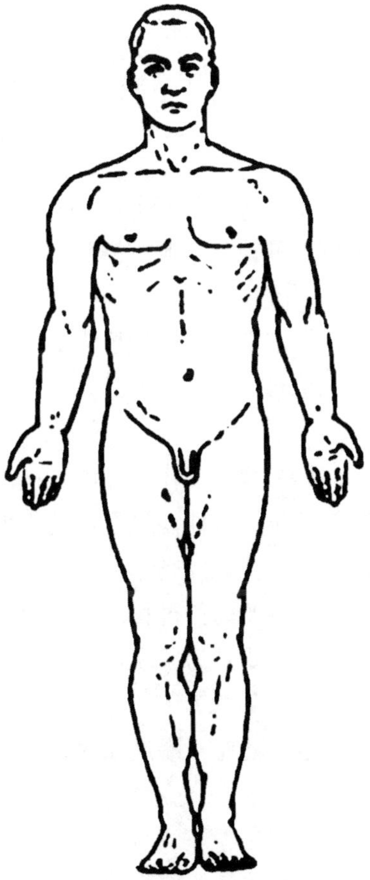

图 2－1　人体标准解剖姿势

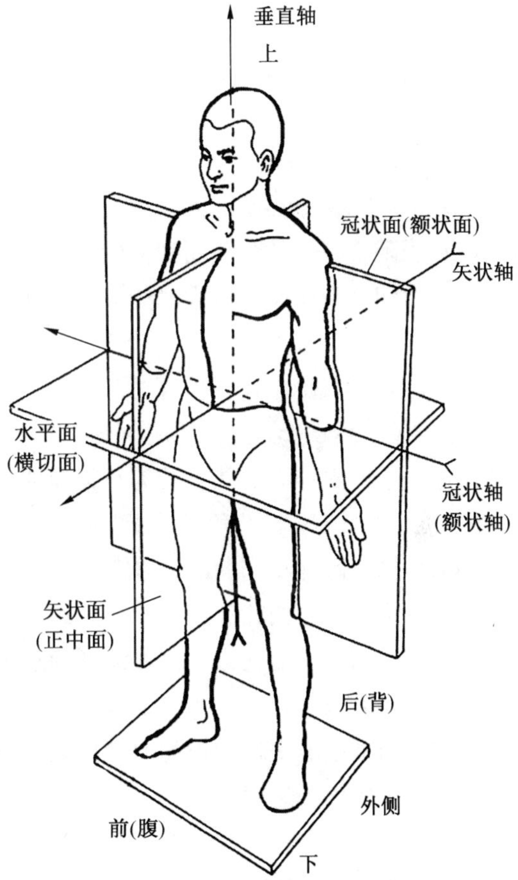

图 2－2　人体的轴和基本面

（1）矢状面：在前后方向上垂直纵切人体所形成的面为矢状面，矢状面将人体分成左右部分。通过正中线的矢状面为正中矢状面或正中面，它将人体分成左、右对称的两半。

（2）冠状面：也称额状面，是在左、右方向上垂直纵切人体所形成的面，它与矢状面互相垂直。冠状面将人体分成前后部分。

(3) 水平面：又称横切面，是与矢状面和冠状面都互相垂直的面。水平面将人体分成上下两部分。

4. 人体的基本轴

人体的基本轴，如图 2 -2 所示。轴是通过人体某部或某结构的假想线。根据解剖学姿势，人体有 3 种互相垂直的轴。

(1) 矢状轴：前后平伸与水平面平行，动作发生在额状面上。如侧手翻、手臂的外展、内收围绕矢状轴运动。

(2) 额状轴：左右要伸与水平面平行，动作发生在矢状面上。如内、前滚翻，手臂的屈伸等。

(3) 垂直轴：人体长轴平行水平面垂直，运动发生在水平面上。如人在地面上的转动。

5. 人体的基本运动形式

1) 上肢的基本运动形式

推：在克服阻力时，关节由屈到伸的过程。如投手雷、推铅球、俯卧撑等。

拉：上肢由伸展到屈曲的过程。如攀岩动作。

鞭打：上肢各个环节由近端到远端依次加速和制动，使末端环节产生极大的速度的动作。如投掷（棒球的投球动作，排球的扣球、乒乓球、羽毛球、网球的扣杀动作）。

2) 下肢的基本运动形式

缓冲动作：下肢由伸展的状态转为较为屈曲的状态，称为缓冲动作，如蹲。运动和日常生活中的走、跑、跳等动作都离不开下肢的缓冲和蹬伸动作。蹬伸动作是运动动力的来源，而缓冲动作则是蹬伸动作的必要准备。

蹬伸动作：下肢由屈曲状态通过肌肉收缩牵拉，积极伸展的动作过程。跑步时的蹬伸动作使人体获得向前运动的动力，而在跳跃项目中蹬伸动作主要是为了获得尽可能大的垂直速度，改变运动方向。

鞭打动作：与上肢的鞭打动作类似。例如自由泳中的打水动作，踢足球的动作。都为了使末端获得一个较大的速度。

3) 全身基本运动形式

全身基本运动形式是指在上肢和下肢完成主要动作时，身体其他部位的协调、配合动作。摆动：主要在走、跑、跳及身体腾空状态时，身体自由环节的配合摆动。

躯干扭转：在走、跑时，身体上、下肢的反向运动。在完成动作过程中，躯干的扭转动作，有利于动作技术的完成，如跑步时髋关节横轴绕躯干，纵轴向蹬地腿一侧转动，肩关节横轴向摆动腿一侧转动，形成整个躯干的扭转。躯干的扭转是人体固有协调活动形式，合理地运用它，有利于提高动作效果，如跑步时当右腿进行蹬地动作时由于躯干的扭转活动，骨盆的转动方向与摆动方向一致，因此躯干扭转可促进摆动动作的进行，提高摆动动作的质量，进一步提高蹬地效果。

相向运动：身体两部分相互接近或远离的运动形式，称为相向运动。

第二节　人体的运动系统与生理功能

运动是人体对外界反应的主要形式之一，是人的基本能力。人体运动系统由骨、关节（骨连接）和肌肉三部分组成，人体产生的各种走、跑等机械运动均是以骨为杠杆，以关节为枢纽，以骨骼肌收缩为动力实现的。它们在神经系统的支配与调节下，在循环系统和其他系统的密切配合下，起到保护、支持和运动的作用。骨、关节和肌肉构成了人体的支架和基本形状，它们占人体重量的大部分，在成年人中约占人体全部重量的60%～70%。其中肌肉占全身重量的40%，骨约占14%。

神经和血管分布于肌肉和肌肉之间，且与骨骼的构成有一定的关系。运动系统各部分的形态与结构是和其机能相统一的。人的运动主要是四肢，因而四肢肌肉也就特别发达，人体四肢肌肉的重量约占全部肌肉重量的80%，下肢负担大于上肢，故肌肉也比上肢粗大。因为四肢骨多为长骨，关节也非常灵活，故肌肉分化也最为复杂，且多为作用力强大的长肌。

一、骨骼

骨骼是有机体内最坚固的结构，在有机体活动中起机械作用，正常成年人有206块骨，如图2－3所示。人体骨骼可分为颅骨、躯干骨和四肢骨三部分。其中，颅骨29块、躯干骨51块、四肢骨126块。骨骼起到支撑身体、保护器官的功能，同时与肌肉组织共同作用实现人体活动。

骨的结构包括：骨膜、骨质和骨髓。骨膜由纤维结缔组织构成，含有丰富的神经和血管，对骨的营养、再生和感觉有重要作用。骨膜可分为内外两层，外层致密有许多胶原纤维束穿入骨质，使之固着于骨面。内层疏松有成骨细胞和破骨细胞，分别具有产生新骨质和破坏骨质的功能。在运动中，肌肉并不直接施力于地面或其他物体，而是通过牵拉骨骼使关节转动而施力于外界。肌肉仅能拉动骨骼，而不能推，但是通过骨骼杠杆系统，肌肉拉力可以转换成对外在物体的推和拉力。

通过科学的身体素质训练，有助于促进骨骼的生长，包括增加骨骼的粗度和长度，使骨骼变得更加粗壮和坚固，提高骨骼抗折、抗压缩和抗扭转的能力。从事经常性的训练，有助于提高人体对钙盐的吸收和沉积效应，减缓骨质流失的速率，对预防骨质疏松有积极作用。

二、关节

骨与骨之间的连接被称为关节。纤维关节（颅骨骨缝之间的连接）没有明显的活动度；软骨关节（椎间盘）有少许活动度；滑液关节（肘关节和膝关节）有相当大的活动度。运动中的肢体活动主要依赖于滑液关节，其主要特征是摩擦力小和较大的关节活动范围。组成关节的骨末端覆盖着光滑的透明软骨，整个关节由充满滑液的关节囊包裹，并有韧带和软骨强化。所有关节运动都是绕着 1 个点或轴转动。关节可以根据转动方向的数量进行分类。单轴关节如起铰链作用的肘关节，可以绕着 1 个轴进行转动。膝关节被认为是 1 个铰链关节，但其旋转轴可根据关节活动范围而发生改变。双轴关节如踝关节和腕关节，可以绕着 2 个轴进行转动。多轴关节如肩关节和髋关节（球窝关节），可以绕着 3 个相互垂直的轴进行转动。

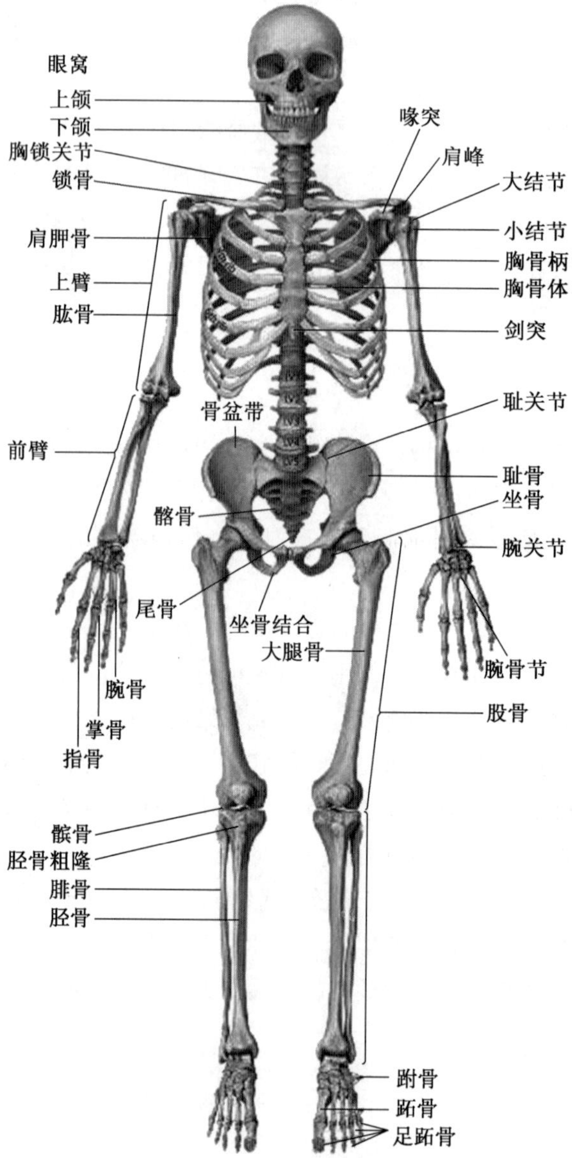

(a) 正面

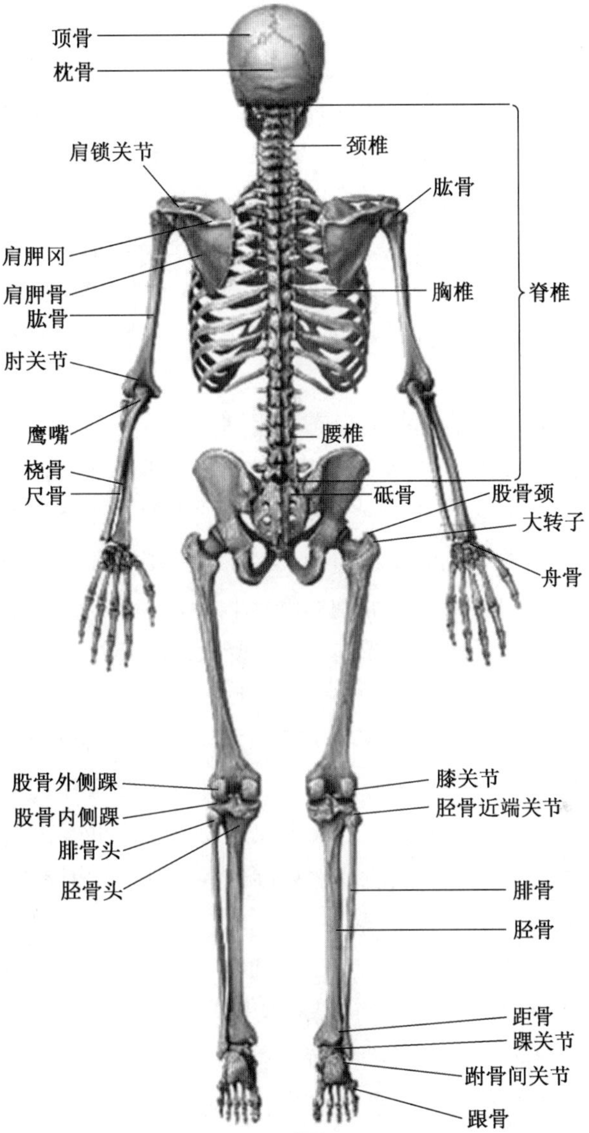

(b) 反面

图 2－3　人体骨骼图

关节的运动形式主要有屈、伸，水平屈、伸，外展、内收，回旋等 4 种。不同关节因结构和部位的不同，其运动形式也不尽相同。如肩关节和踝关节能完成上述所有形式的运动，而指关节只能完成屈伸运动。

三、骨骼肌

通常说的肌肉指的是骨骼肌，除了骨骼肌外，人体还有平滑肌和心肌。人体的骨骼肌有600多块，骨骼肌约占体重的40%，是体内数量最多的一种组织。每一块骨骼肌都是一个包含了肌肉组织、结缔组织、神经和血管的器官。

（一）骨骼肌的结构

每块肌肉的中间部分称为肌腹，两端称为肌腱。肌腹有许多肌纤维（由白肌和红肌）构成。肌腱直接附着在骨骼上，质地坚韧，但其本身没有收缩能力。四肢肌肉在骨骼上有两个附着点，靠近躯干的称为近端，远离躯干的称为远端，躯干肌肉的两个附着点靠近头部的称为上端，靠近脚部的称为下端。一般将近端或上端的肌肉附着点称为肌肉的起点，远端或下端的肌肉附着点称为止点。组成肌肉的基本单位是肌纤维，许多肌纤维排列成束，其表面由肌束膜包裹。许多肌束聚集在一起构成一块肌肉，其表面包以肌外膜。

（二）骨骼肌纤维的类型

骨骼肌纤维的组成具有明显不同的形态和生理特征。一般分为Ⅰ型和Ⅱ型。Ⅰ型肌纤维也称红肌纤维，肌纤维较细，受小运动神经元支配。肌纤维内肌浆、肌红蛋白、线粒体较多，肌纤维周围毛细管丰富，但肌原纤维细而少。Ⅰ型肌纤维主要依靠有氧代谢产生的ATP供能，所以氧化能力强（比Ⅱ型肌纤维强4倍）。Ⅰ型肌纤维收缩的反应速度较慢，收缩力量较小，但持续时间较长（比Ⅱ型肌纤维长3倍左右），不易疲劳，故又称为慢肌纤维。Ⅱ型肌纤维也称白肌纤维，肌纤维较粗，受大运动神经元支配。Ⅱ型肌纤维周围毛细管少，肌纤维内肌浆、肌红蛋白、线粒体较Ⅰ型肌纤维少，但肌原纤维粗而多。Ⅱ型肌纤维主要依靠无氧酵解产生的ATP供能，肌纤维收缩的反应速度快，收缩力量大。但持续时间较短，易于疲劳，故又称为快肌纤维。红肌纤维主要靠有氧氧化供能，具有长时间收缩能力，是肌肉有氧耐力素质的基础。而白肌主要靠无氧供能，供能速度快，是肌肉爆发力素质的物质基础。也就是说，白肌比例越高的人，其爆发力素质越好，相应其有氧耐力素质越差，反之亦然。

随着年龄的增长（一般在29岁以后），红肌纤维的比例增多，而白肌纤维比例则减少，在性别上两类肌纤维也存在一定的差异，男性肌肉中白肌纤维的比例一般都高于女性，因此男性的爆发力比女性强，但维持静力性的能力却比女性差。实验研究证明，用最大力量的1/4练习，主要是红肌纤维参与工作，引起红肌纤维增粗；若用1/4～1/2最大力量练习，白肌纤维参与工作增多；若用1/2以上最大力量练习时，则主要是白肌纤维参与工作，引起白肌纤维增粗。因此有人提出，用重量（负荷）小、动作慢、重复次数多的练习来发展红肌纤维的力量（以耐力为主），用大重量、动作快、重复次数少的练习来发展白肌纤维的力量（速度和力量）。

（三）骨骼肌的物理特性

骨骼肌的主要物理特性有伸展性、弹性和黏滞性。

1. 伸展性和弹性

肌肉在外力作用下可被拉长的特性为肌肉的伸展性，而在外力解除后被拉长的肌肉又可恢复原状的特性为肌肉的弹性。在运动中有目的、有计划地发展肌肉的弹性和伸展性，对加大肢体的运动幅度，增强关节的柔韧性，预防肌肉拉伤有重要意义。

2. 黏滞性

肌肉的黏滞性是肌肉在收缩和舒张过程中，肌纤维之间和肌肉之间发生摩擦的外在表现，是肌肉收缩与舒张过程中肌肉内部产生阻力的主要来源，肌肉黏滞性的大小与肌肉温度成反比，即肌肉温度升高，可降低肌肉的黏滞性，反之，肌肉温度降低可增加肌肉的黏滞性，因此运动前进行适当的准备活动，可减少肌肉的黏滞性，提高肌肉的工作效率，并在一定程度上降低肌肉损伤的发生概率。

（四）肌肉运动形式

肌肉活动有 3 种基本形式。

1. 向心收缩

肌肉收缩的力量大于外来的阻抗力量，此时肌肉缩短，肌肉收缩输出的力量要大于外力伸展肌腱的力量。

2. 离心收缩

肌肉收缩力量小于外来的阻抗力量，肌肉被动拉长，举起重物后向下放的阶段、从高处跳下后屈膝缓冲等就是肌肉的离心运动。离心收缩时肌肉收缩输出的力量要小于外力伸展肌腱的力量，这也增加了受伤的可能性。

3. 等长收缩

肌肉收缩力量等于外来的阻抗力量，肌肉长度维持不变，此时肌肉收缩输出的力量等于外力伸展肌腱的力量。如马步站桩时下肢肌肉做等长收缩，仰卧起坐中身体维持在屈曲 45°时的腹肌做等长收缩，而向上坐起时腹肌做向心收缩，向下平放时腹肌做离心收缩。同一块肌肉离心收缩时产生的力量会大于向心收缩。比如抗阻屈肘，当运动的屈肘肌力达到临界点无法举起负荷时，人体会身体向后倾斜而做离心或等长运动，发挥更大的肌力以维持该动作的继续。

（五）影响肌力的生物学因素

1. 神经控制

神经控制会从肌肉收缩时征召运动单位的数量和运动单位受刺激的频率这两方面来影响肌肉最大输出力量。通常在下列 3 种情况时，肌力较大：①肌肉收缩时募集运动单位较多；②募集运动单位的面积大；③刺激频率较快。在力量训练开始的几个星期，肌肉产生神经适应，大脑从收缩组织学习如何产生肌力。对于初学者而言，开始训练的几周时间内进步速度很慢，但是重要的是我们应该了解，如果这时能坚持训练就能持续进步。

2. 肌肉横截面积

当横切整块肌肉，所有肌纤维断面的总和称为肌肉生理横断面。在其他变量一致的情况下，肌肉力量与肌肉的横截面积有关，而不是肌肉的体积。假如有两个体脂率相同但身高不同的人，其肱二头肌的维度一致，故横截面积相似。虽然较高者的肌肉很长，体积更大，但是两者肱二头肌的力量是一样的。

3. 肌肉长度

当肌肉处于静息长度时，肌动蛋白丝（细丝）和肌球蛋白丝（粗丝）互相交织在一起，此时的横桥结合位点最多。故在肌肉静息长度时能够产生最大的力量。当肌肉伸展超过静息长度时，肌动蛋白丝和肌球蛋白丝之间的接触减少，模桥结合位点减少，故产生的力量减少。当肌肉收缩短于静息长度时，肌动蛋白丝重叠使得横桥结合位点变少，故产生的力量减少。

4. 肌肉收缩速度

随着收缩速度的增加，肌肉产生的力量减少。动作技术可以改善这种关系。例如在垂直跳开始的时候，手臂上摆，是肩关节对身体产生向下的力，减缓身体向上，迫使伸髋和伸膝肌肉收缩减慢，以延长时间使之产生更大的力量。

（六）骨骼肌的主要分布与功能

了解人体肌肉的主要分布、解剖位置和基本功能，对于消防员体能训练的科学控制和精准施训，提高训练实效有着非常重要的作用。人体主要肌肉的名称、部位及其作用，见表2－1。

表2－1　人体主要肌肉及其功能总表

名称				部位	作用
头颈肌	头肌	咀嚼肌	咬肌	下颌支外侧	使下颚骨运动，进行咀嚼
			颞肌	颞窝部	
		面肌	枕额肌额腹	颞部皮下	扬眉
			眼轮匝肌	眼裂周围	眼睑闭合
			口轮匝肌	口裂周围	闭口
			口周围肌		提降嘴唇或拉口角向上、下或内、外
	颈肌	胸锁乳突肌		颈部两侧	单侧收缩可使头向同侧倾斜，两侧同时收缩时使头后仰
躯干肌	背肌	斜方肌		项部（颈后）和背上部	使肩胛骨向脊柱靠拢，提肩、降肩
		背阔肌		背下部和胸侧部	使上臂内收、内旋和后伸
		竖脊肌		脊柱棘突两侧深层	仰头、使脊柱伸直、维持人体直立
	胸肌	胸大肌		胸前	使上臂内收、内旋、协助深呼吸
		胸小肌			
		肋间肌		肋骨之间	提肋或降肋以助呼吸
	膈肌			胸腔与腹腔之间	收缩时，膈肌下降，扩大胸腔，助吸气；舒张时，膈肌复位，胸腔缩小，助呼气
	腹肌	腹直肌		胸前壁正中线两侧	收缩时可使躯干前屈、侧屈或左右回旋，腹肌围成腹腔，收缩时增加腹压维持腹部脏器位置，并协助呼吸、排便、分娩、咳嗽等
		腹外斜肌		腹侧面浅层	
		腹内斜肌		腹侧面深层	
		腹横肌		腹侧面最深层	

表2-1（续）

名称				部位	作用
四肢肌	上肢肌	肩带肌	三角肌	肩关节周围	外展上臂
		上臂肌	肱二头肌	上臂前面	屈肘，并使前臂旋后
			肱肌		协助肱二头肌屈肘
			肱三头肌	上臂后面	伸肘，并协助上臂内收
		前臂肌		前臂前面和后面	运动髋关节，并使前臂旋内、旋外等
		手肌		手部	指关节运动，拇指对掌等
	下肢肌	髋肌	臀大肌	臀部	髋关节运动，使大腿伸直与外旋，维持身体重心和直立
			臀中肌		
			腰大肌	髋关节前方	屈大腿
		大腿肌	股四头肌	大腿前面	伸小腿、屈大腿
			股二头肌	大腿后面	屈小腿
		小腿肌	腓肠肌	小腿后面	踝关节的有力屈肌，收缩时使足跖屈，对于维持身体前倾，防止前倾起重要作用
			比目鱼肌		
			胫骨前肌	小腿前面	使足背屈及内翻
		足肌		主要位于足底	运动足趾和维持足弓

1. 胸部肌肉

胸部肌肉主要由胸大肌、胸小肌、锁骨下肌、前锯肌等组成。具有为肩关节、肩胛骨、锁骨外端运动提供力量，辅助肺部呼吸等功能。针对此部位的训练项目有跪姿俯卧撑、哑铃卧推、哑铃正向飞鸟等。胸大肌如图2-4所示。

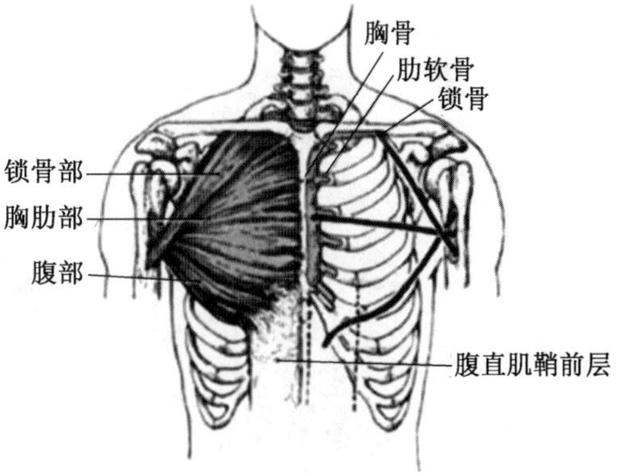

图2-4 胸大肌

2. 背部肌肉

背部肌肉主要由背阔肌、斜方肌、菱形肌、竖脊肌等组成。具有维持和增强脊柱稳定性，辅助骨盆前倾，固定骨骼的功能。针对此部位的训练项目有站姿俯身反向飞鸟、俯身杠铃划船、坐姿划船、坐姿颈前下拉、正握引体向上等。背阔肌如图2-5所示、斜方肌如图2-6所示、竖脊肌如图2-7所示。

3. 腹部肌肉

腹部肌肉主要由腹直肌、腹外斜肌、腹内斜肌、髂腰肌等组成。具有伸缩腹部，为脊椎旋转、侧倾提供力量，辅助骨盆后倾和呼气等功能。针对此部位的训练项目有屈腿仰卧起坐、仰卧交臂卷腹、仰卧抬腿、仰卧直腿两头起、单杠悬垂举腿、平板支撑、坐姿剪刀腿等。腹直肌如图 2－8 所示、腹外斜肌如图 2－9 所示、髂腰肌如图 2－10 所示。

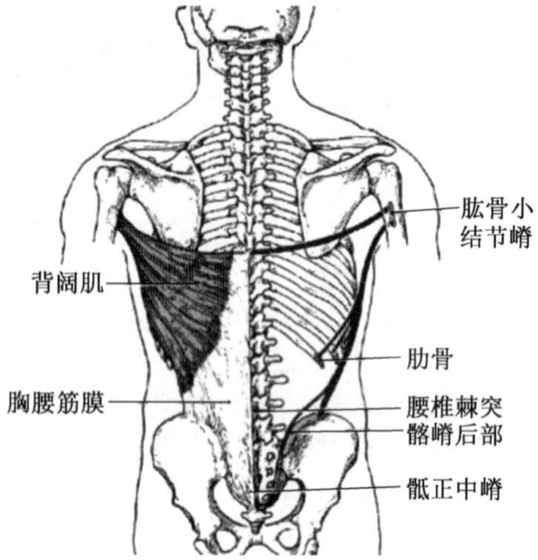

图 2－5　背阔肌

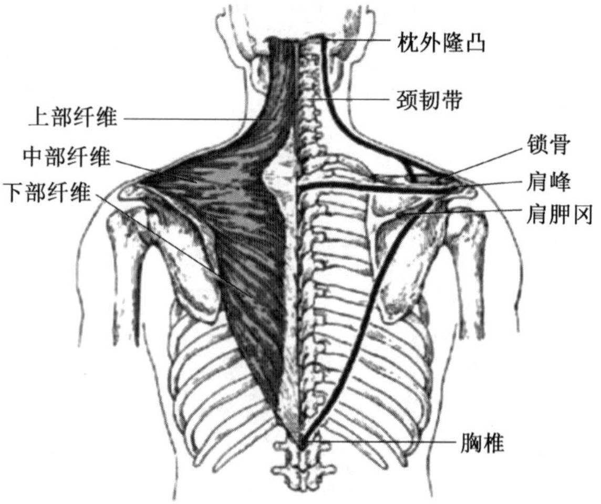

图 2－6　斜方肌

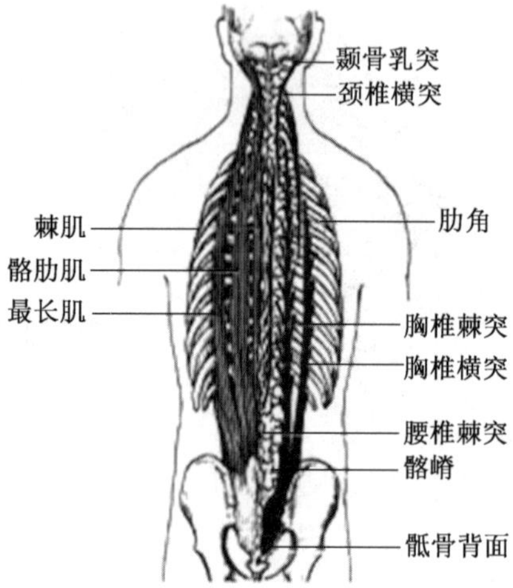

图 2－7　竖脊肌

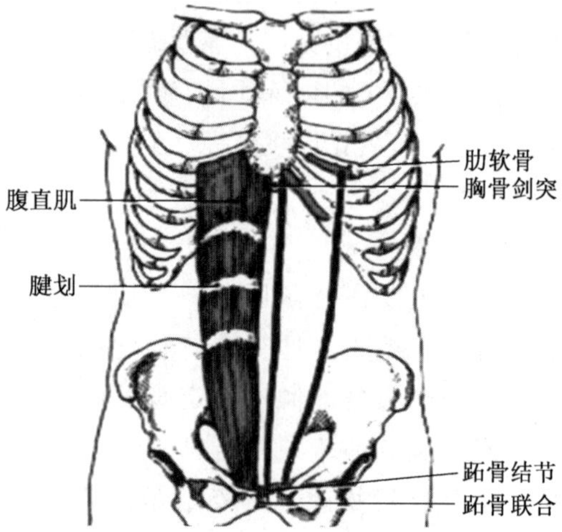

图 2－8　腹直肌

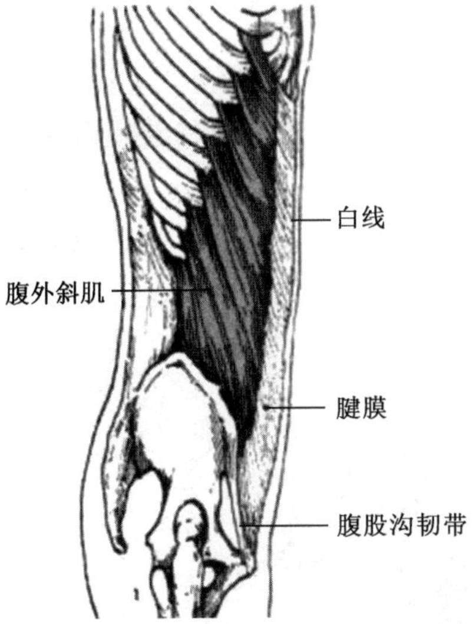

图 2－9　腹外斜肌

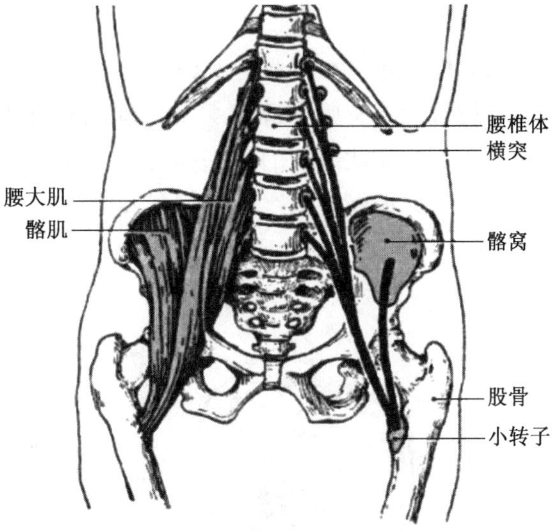

图 2－10　髂腰肌

4. 臂部肌肉

臂部肌肉主要由三角肌、肱二头肌、肱三头肌、喙肱肌、尺侧腕伸肌、桡侧腕长伸肌等组成。具有收缩固定关节，辅助肩膀和肘部内外旋转、臂部关节伸展、手部举伸等功能。针对此部位的训练项目有站姿靠墙哑铃扩胸、哑铃集中弯举、靠墙哑铃弯举、反握引体向上、双臂颈后哑铃臂屈伸、双杠臂屈伸、站姿哑铃提肘拉、站姿哑铃侧平举等。三角肌如图 2－11 所示、肱二头肌如图 2－12 所示、肱三头肌如图 2－13 所示。

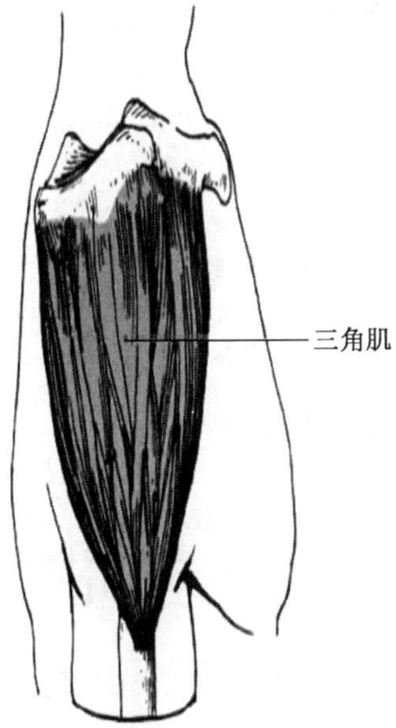

图 2－11　三角肌

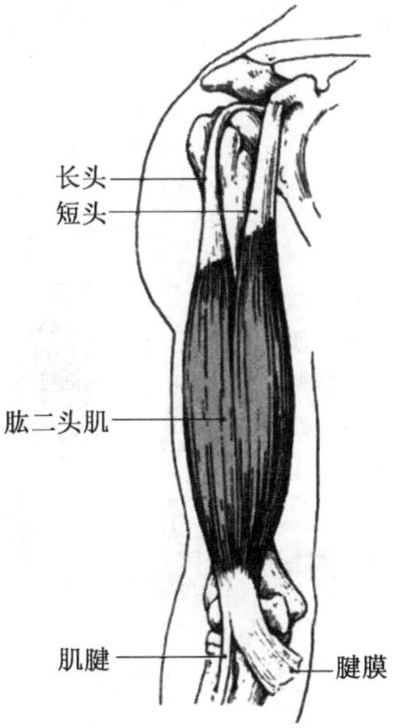

图 2－12　肱二头肌

5. 腿部肌肉

腿部肌肉主要由臀大肌、股四头肌、股二头肌、胫骨前肌、腓骨前肌、比目鱼肌、腓肠肌等构成。具有收缩固定关节，辅助腿部内外旋转、膝关节伸展和维持人体直立姿势等功能。针对此部位的训练项目有深蹲、单腿深蹲、原地深蹲纵跳、站姿侧弓步、高脚杯深蹲、原地脚尖纵跳、站姿杠铃提踵等。臀大肌如图 2－14 所示、股四头肌如图 2－15 所示。

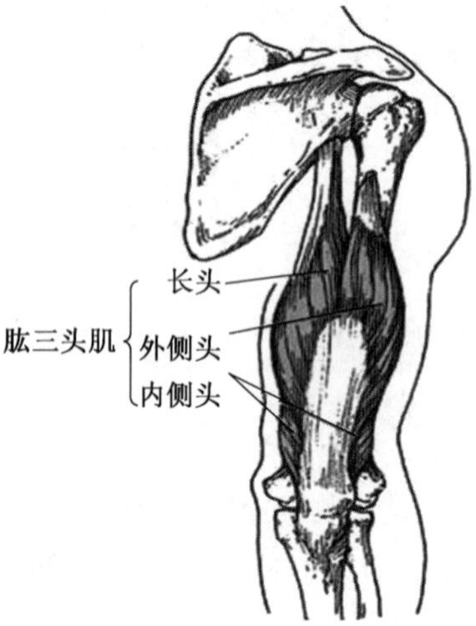

图 2－13　肱三头肌

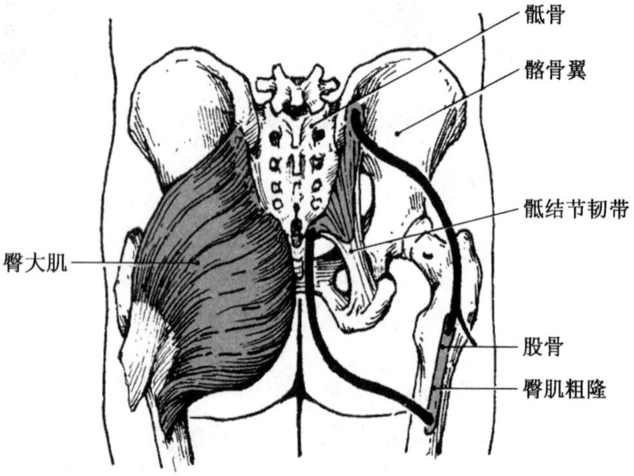

图 2－14　臀大肌

股二头肌如图 2－16 所示、腓肠肌如图 2－17 所示、胫骨前肌如图 2－18 所示。

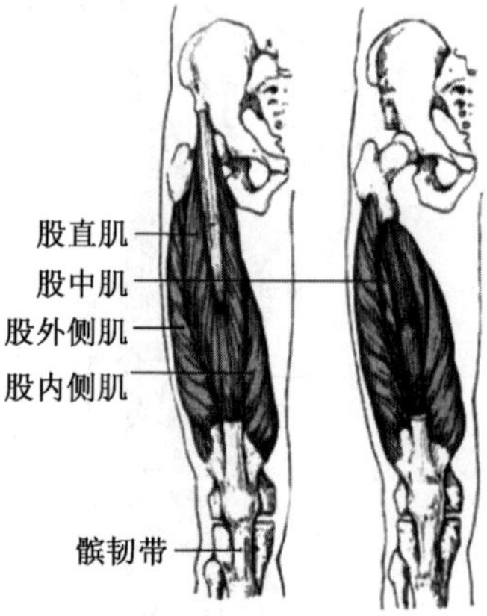

图 2－15　股四头肌

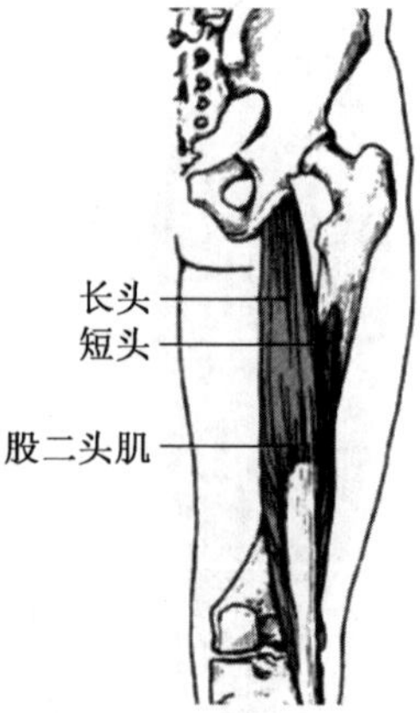

图 2－16　股二头肌

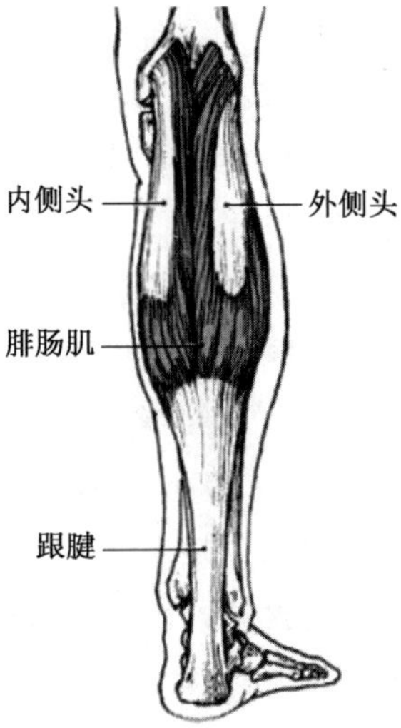

图 2－17　腓肠肌

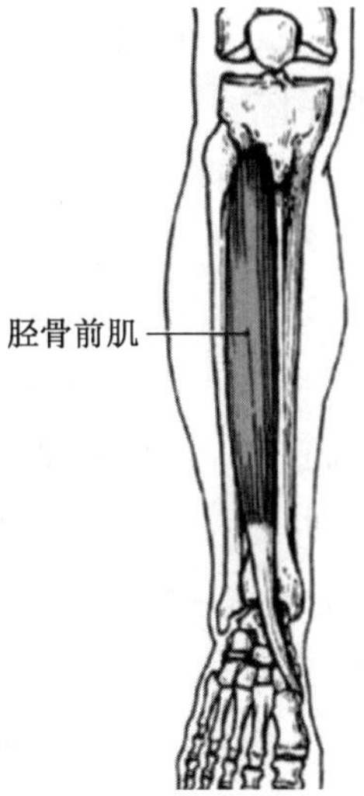

图 2－18　胫骨前肌

第三节　人体运动的能量支持与代谢特征

人体运动需要能量，离开能量支撑，任何运动哪怕是简单动作的完成也是无法实现的。人体运动的能量支撑来自体内的物质代谢与能量代谢。新陈代谢是生命活动的基本特征。新陈代谢是合成代谢和分解代谢两个相互联系的过程，机体摄取的营养物质转化为自身物质，同时吸收了能量的过程称为合成代谢；机体把自身的物质进行分解，同时释放能量的过程称为分解代谢。分解代谢所释放的能量转化成热能、机械能、电能等以维持人体正常的生命活动和生理机能所需要的一切能量。所以，物质代谢必然伴随着能量的转移，这种能量转移称为能量代谢。人体所需能量来源于食物中的糖（碳水化合物）、脂肪和蛋白质，这 3 种热源物质在体内经过有氧或无氧代谢环节生成 ATP 及其他代谢产物，ATP（三磷酸腺苷）是肌肉运动的直接能源。

一、能量系统

在哺乳动物的肌细胞中存在着 3 种基本供能系统：磷酸原供能系统、糖酵解供能系统、有氧氧化供能系统。无氧代谢过程并不需要氧气，而有氧代谢过程则依赖于氧气。磷酸原供能系统和糖酵解供能系统的第一部分属于无氧代谢，在肌细胞的细胞质内发生。柠檬酸循环、电子转运和有氧氧化供能系统则属于有氧代谢，在肌细胞内的线粒体中进行，需要氧气作为终端电子感受器。碳水化合物、蛋白质和脂肪这 3 种热源物质中，只有碳水化合物是不需要氧气就能进行新陈代谢产生能量的。因此，碳水化合物在无氧代谢中是不可或缺的。3 种能量代谢系统均在给定的时间内进行，然而每种能量代谢系统的作用程度主要取决于运动的强度，其次取决于运动的持续时间。

（一）磷酸原系统

磷酸原系统又称 ATP－CP 系统，肌肉在运动中 ATP 直接分解供能，为维持 ATP 水平，保持能量的连续性供应，CP（磷酸肌酸）在肌酸激酶作用下，再合成 ATP。

$$ATP + H_2O \xleftarrow{\quad} \text{ATP—酶} \xrightarrow{\quad} ADP + Pi + \text{能量}$$

$$ADP + CP \xleftarrow{\quad} \text{肌酸肌酶} \xrightarrow{\quad} ATP + \text{肌酸}$$

在肌肉运动刚开始时，所有的能量都是由 ATP、CP 分解供给的。这时，糖的有氧氧化尚未开始。这一时期一般可持续几秒钟。例如，在 30～60 m 疾跑时，体内的能量供应就靠 ATP、CP 保证。60～400 m 以内的短跑，在开始阶段也是靠 ATP、CP 的分解供能的。磷酸原系统供能的能力主要取决于肌肉中 ATP 和 CP 的含量，快肌纤维中 CP 的浓度比慢肌纤维高，因此，一个人的快肌纤维比例高，那么他在无氧爆发性运动中将能更快地补充 ATP。在训练中及恢复期，既应设法提高肌肉内磷酸原的贮备量，又要重视提高 ATP 再合成的速率。

（二）糖酵解供能系统

糖酵解供能系统又称乳酸能系统，是运动中骨骼肌糖原或血液中葡萄糖在无氧条件下酵解，生成乳酸并释放能量供肌肉利用的能源系统。糖酵解过程中的 ATP 再合成速率慢于磷酸原供能系统，但糖原和葡萄糖的储存较多，因此酵解过程中 ATP 再合成的能力要强于磷酸原供能系统。糖酵解供能系统与磷酸原供能系统共同为短时间高强度无氧运动提供能量。如中距离跑等运动持续时间在 2 min 左右及其他运动中加速、冲刺时的能量亦由磷酸原及酵解能系统提供。

（三）有氧氧化供能系统

在安静和低强度运动中，有氧氧化供能系统是提供 ATP 的主要来源。糖、脂肪和蛋白质在氧供充分时，可以氧化分解提供大量能量。该能源系统以糖和脂肪为主，尽管其供能的最大输出功率仅达糖酵解供能系统的 1/2，但其贮备量丰富，维持运动的时间较长（糖类可达 1～2 h，脂肪可达更长时间），是长时间运动的主要能源。运动中的能量供应系统的启用和转换受运动强度和持续时间调控。通常来说，短时间、高强度的运动（如力量训练和冲刺跑）依赖磷酸原供能系统和脂肪氧化供能系统供能。随着运动强度的下降和持续时间延长，能量供应系统由慢速糖酵解供能转变为有氧氧化供能系统供能，见表 2－2。不论安静还是运动，机体不可能单独动用一个供能系统提供全部的所需能量。在中低强度运动中，肌肉活动的氧供充足，产生的乳酸和清除乳酸的速率平衡，乳酸不会堆积。但是在高强度运动中，有氧代谢产生的能量不足，酵解代谢产生大量的乳酸，血乳酸水平开始上升。乳酸开始堆积的有氧运动水平被称为乳酸堆积点（OBLA）。

表 2-2　运动时间及强度对能量系统的影响

运动持续时间	运动强度	主要供能系统
0 ~ 6 s	极高	磷酸原供能系统
6 ~ 30 s	非常高	磷酸原供能系统和糖酵解供能系统
30 s ~ 2 min	高	糖酵解供能系统
2 ~ 3 min	中等	糖酵解供能系统和有氧氧化供能系统
> 3 min	低	有氧氧化供能系统

二、能量物质的消耗和补充

运动中疲劳的出现常常和磷酸原、糖原的消耗有关，而如游离脂肪酸、乳酸盐、氨基酸等物质的消耗并不影响运动表现，因此训练中磷酸原和糖原的消耗和补充至关重要。

（一）磷酸原

运动疲劳可能与磷酸原的减少有关。相较于有氧运动，高强度无氧训练时肌肉中的磷酸原消耗的较快。在高强度运动的起始阶段（5 ~ 30 s）时，磷酸肌酸将显著（50% ~ 70%）下降；而在激烈运动至力竭时，磷酸肌酸几乎被耗尽。在运动后相对较短的时间内即可补充磷酸原。在运动后 3 ~ 5 min 内即可完成全部 ATP 的再合成，在运动后的 8 min 内可以完成全部磷酸肌酸的再合成。

（二）糖原

运动可利用的糖原储存有限，人体全部的肌肉里大约储存有 300 ~ 400 g 的糖原，而肝脏里储存了 70 ~ 100 g 的糖原。在安静时肝糖原和肌糖原浓度受训练和饮食习惯的影响。研究表明，无氧运动和典型的有氧耐力运动均能增加安静时的肌糖原浓度。糖原消耗率与运动强度有关。在中高强度运动中，肌糖原是比肝糖原更为重要的能量来源，而在低强度运动时，肝糖原更为重要，其重要性随着运动持续时间的增加而增加，当相对运动强度为最大摄氧量的 60% 时，肌糖原逐渐成为重要的能量来源。肌糖原的恢复与运动后碳水化合物的摄取有关。如果运动后能每小时每公斤体重摄取 0.7 ~ 3.0 g 碳水化合物，那么肌糖原的补充效果最好。如果碳水化合物摄取充足，那么肌糖原将在运动后的 24 h 内补充完全。

三、不同训练类型的能量代谢特征

发展磷酸原代谢能力的训练方法常采用最大速度的重复训练法。采用无氧低乳酸训练方法，要求最大速度或最大力量练习，时间不超过 10 s；每次练习的休息间歇不低于 30 s，成组练习后，组休息间歇不能短于 2 ~ 3 min，通常为 4 ~ 5 min。糖酵解代谢能力训练的主要方法是间歇训练法，包括最高乳酸训练和乳酸耐受能力训练；有氧代谢能力训练的主要方法包括持续训练法、乳酸阈训练等。

（一）重复训练法

重复训练法是指多次重复同一练习，两次（组）练习之间安排相对充分休息的练习方法。在训练实践中，训练的内容、方法、手段都应反复进行，并不断地施加运动负荷，使由训练所获得的生物学适应不断加以巩固、提高。重复训练包括短时间重复训练、中时间重复训练和长时间重复训练。短时间重复训练每次练习的时间小于 30 s；中时间重复训练在 30 s ~2 min；长时间重复训练在 2 ~5 min。重复训练是建立在机体运动过程中消耗的能量物质完全恢复的情况下进行下一次练习，重复训练的间歇时间相对较长。短时间重复训练的供能形式主要以磷酸盐代谢系统为主，中时间重复训练主要以糖酵解为主伴随有氧代谢系统供能，长时间重复训练是无氧和有氧比例均衡的混合代谢供能。由于休息时间相对较充分，所以练习中氧债和血乳酸浓度不会太高。

（二）间歇训练法

间歇训练法是指对多次练习时的间歇时间做出严格的规定，使机体处于不完全恢复的状态下，反复进行练习的训练方法。当机体运动过程中所消耗的能源物质没有完全恢复的情况下进行下一次练习，可以使上一次训练效应对下一次训练产生负荷，使血乳酸水平有所上升，同时使肺通气量和吸氧量适应性的增加。反复进行练习可以使心脏功能得到明显加强，机体抵抗血乳酸的能力得到提高，各能源代谢系统的能力增强，在较大的强度下运动时能持续较长的时间，利用间歇训练强化特定的供能系统，见表 2 -3。

表 2 -3　利用间歇训练强化特定的供能系统

强化的主要供能系统	训练时间	运动时间休息时间之比
磷酸原供能系统	5 ~10 s	1 : 12 ~1 : 20
糖酵解供能系统	15 ~30 s	1 : 3 ~1 : 5
糖酵解和有氧氧化供能系统	1 ~3 min	1 : 3 ~1 : 4
有氧氧化供能系统	>3 min	1 : 1 ~1 : 3

（三）持续训练法

持续训练法是指负荷强度较低，负荷时间较长，无间断地连续进行练习的训练方法。短时间持续练习一般为 5 ~10 min，中时间持续练习一般为 10 ~30 min，长时间持续练习一般在 30 min 以上。持续训练的负荷强度较小，基本不存在氧债现象，血乳酸在体内的浓度也不高。持续训练主要发展一般耐力，短时间持续训练主要发展无氧和有氧代谢系统的混合供能；中时间和长时间持续训练主要发展有氧代谢系统供能能力。

（四）循环训练法

循环训练法是指根据训练的具体任务，将练习手段设置为若干个练习站，按照既定顺序和路线，依次完成每站练习任务的训练方法。循环训练法又分 3 种类型，即循环重复训练、循环间歇训练、循环持续训练。循环重复训练的整个循环过程中，站与站之间间歇时间充分；循环间歇训练的整个循环程中，站与站之间间歇时间不充分；循环持续训练的整个循环过程中，站与站之间基本没有间歇。所以循环重复训练的强度最大，循环间歇训练的强度次之，循环持续训练的强度最小。循环重复训练相对于单纯的重复训练法，训练方式更加多样化，但主要还是发展磷酸原代谢系统的能力；循环间歇训练法相对于单纯的间歇训练，对于发展体能起到更好的效果，又可以使训练趣味性增强减少枯燥感，但主要还是发展糖酵解供能系统的能力；循环持续训练法可以提高持久的对抗能力，运动技术的稳定能力以及技术之间的衔接能力，对于技战术训练，采用循环持续训练法比单纯的持续训练法更有针对性并且效果更佳，但主要还是发展有氧代谢系统的能力。

（五）变换训练法

变换训练法是指变换运动负荷，练习内容、练习形式以及条件，提高训练积极性、趣味性、适应性及应变能力的训练。变换训练可以分为负荷变换训练、内容变换训练和形式变换训练。负荷变换训练负荷强度不断变化，供能形式可以在三大供能系统之间相互转化，内容变化训练和形式变化训练的负荷强度一般不变，以三大供能系统中的某种代谢形式供能为主。

第三章 消防体能训练基本理论

第一节 消防体能的科学施训

消防体能的教学与训练是通过身体的活动来实现的，在身体练习的基础上，只有遵循人体运动的生理规律和特点，制定科学合理的计划，才能取得积极有效的效果，达到增强体质、提高体能、锻炼意志品质的作用，从而有效地将体能转化为战斗力。

一、消防体能训练前的科学准备

消防体能训练作为一种有组织、有计划、有目的的教学活动，我们应当充分重视消防体能训练实施前的人体科学。

（一）训练器材、场地与个人着装

在消防体能训练之前，应根据训练科目，对训练的场地、器材进行安全检查，主要检查场地是否平整，沙坑的沙质状况与有无杂物、石块；在使用前需将沙坑里的沙子翻松整平；投掷场地应示以明显标志；检查爬绳、爬竿、单双杠等固定器械是否牢固、螺丝是否松动；地面是否有厚度适当、大小适宜的海绵垫（或草垫）；海绵垫（或草垫）之间衔接是否严密。障碍场地跑道是否有石块、孔洞。在江、河、湖、海的游泳训练前，应事先对训练区域进行水下情况勘查，并设有明显的训练区域标志。在越野教学训练前，也应对教学训练的路线与场地进行实地勘查，做出行进规定。

参加教学训练的受训者，应根据训练科目的要求着装，厚薄适当，宽紧适宜，不要过肥或过紧，鞋子的大小要合适，同时禁止将胸花、别针、小刀、铅笔等锋利的物品放在衣服口袋里，以免刺伤。

（二）身体的预热与准备活动

准备活动的作用在于使身体温度升高，体温每上升 1 ℃，细胞代谢率约增加 13% 。当体温较高时，肌肉中毛细血管开放，血液与组织的氧交换也较迅速，使参加活动的组织得到充分的伸展，增强肌肉韧带的弹性，增大关节活动的幅度，降低受伤事故的发生概率。特别是训练前的准备活动，对神经系统的影响和心理上的准备更为重要。

关于准备活动的内容、时间都应根据个人及训练项目的特点而定。一般而言，准备活动的内容多以伸展运动开始，然后进行一般性的跑步、徒手体操，再活动与训练相关的关节和肌肉。强度由小到大，至微微出汗使肌肉温度达到 39 ℃左右。一般锻炼的准备活动

时间为 5 min，但是受训者要根据个人的特点，有时也可长达 30 min。准备活动后到训练或比赛开始的时间间隔，最好不要超过 15 min。待休息 45 min 后，准备活动的作用便消失。当气温比较低时，准备活动做好后，要穿好衣服，注意保暖。

二、消防体能训练中的科学调控

在消防体能训练中，受训者的身体活动较之静态下的学习、工作有着显著的变化，身体机能也必然产生与之相适应的变化，需要我们认真地对待。

（一）训练中的“极点”与调节

在进行较长时间的剧烈运动，尤其是在中长跑训练时，往往出现跑到中途感到呼吸困难、胸部发闷、口干舌燥、四肢乏力、下肢沉重、动作失调等现象。这在运动生理学上称之为“极点”。如果在“极点”出现以后，坚持下去，过一会儿所有以上不适的症状，就会减轻或消失，呼吸重新变得通畅，动作协调，步伐轻松。这种现象称为“第二次呼吸”。

“极点”的产生是由于人体植物性器官（内脏器官）的惰性所引起的，也就是当肌肉系统已经以最快的速度参加工作时，而血液循环系统和呼吸系统等还停留在较低的水平上，肌肉活动与内脏活动的不平衡导致了“极点”的出现。而随着工作时间延长和内脏器官活动的加强，两者的工作水平接近平衡，从而出现了“第二次呼吸”。

“极点”现象出现的早晚，持续时间的长短和症状的轻重，与训练水平密切相关。经过系统训练的受训者一般“极点”出现较晚，持续时间较短，症状表现较轻。高水平的人，在中跑和长跑时“极点”可以完全不出现。反之，无训练者或者初练长跑的人，则“极点”出现早、持续时间长、症状表现重，但只要坚持，“极点”现象就会减弱。可以说，克服“极点”的过程本身就是意志的锻炼。

据实验表明，在训练前做好充分的准备活动，能够预先提高内脏器官的机能水平，甚至在起跑以前，站在起跑线上做几次深呼吸，都有利于克服或减轻“极点”的不良影响。如果在跑的中途出现“极点”时，要注意步频与呼吸节奏的调整。同时，应注意增加呼气，以减少呼吸道内滞留的废气，增加新鲜空气的吸入，提高氧气和二氧化碳的交换比率，对“极点”的克服有积极的作用。

（二）训练中的排汗与补液

人体在运动时的能量代谢比安静时增加 10～20 倍，产生大量热能，其中一部分热能用于肌肉活动，另一部分热能转化为热，可使体温升高。运动量愈大，产热愈多，体温亦愈高。若机体不能及时地散热，体热蓄积使体温过高，对生理机能和运动能力十分有害。

出汗是人体的主要散热方式，出汗量与热能消耗量、运动强度以及环境温度呈正相关。汗液中有 98% ～99% 为水，大量出汗使机体脱水，脱水可使生理机能和运动能力下降。当脱水量占体重的 2% 时，机体耐热能力降低；脱水量占体重的 4% 时可使肌肉耐力降低；严重脱水可使体温过高和循环导致衰竭以致死亡。但是，运动中的补液还得讲究正确的饮水量、饮用方法、补液的成分与补液的温度等问题。

1. 饮水量

运动中的饮水量对生理机能的改善有很大关系，饮水量达到一定程度才能有较好效果。一般单凭主观口渴感觉来掌握饮水量是不够准确的，较好的指标是身体出汗量。运动中补充的水量以达到出汗量的80%为宜（出汗量，可由运动前后的体重变化测得）。掌握饮水量的简单办法是在满足解渴的基础上可再适当少量加饮。但饮水量不能过多，饮水量超过出汗量时对机体也有不良影响，可引起低血钠症（又称水中毒）。

2. 饮用方法

运动中饮水应少量、多次，间隔20～30 min一次，每次150～200 mL。这种饮水法，水分是徐徐不断地进入体内，使血容量不发生太大变化，机体内环境较稳定，也不会增加胃肠和心脏的负担，有利于生理过程和运动的进行。运动中切忌一次大量饮水，因为大量水分骤然进入血液，血液稀释，血容量增加，会加重心脏的负担。此外，大量的水贮留在胃中，会使人感到不适，并妨碍运动，降低运动能力。

为了在体内暂时贮存一些水分，减轻运动时的缺水程度，可在运动前10～15 min时饮水400～600 mL。

3. 补液的成分

从运动时的生理需要看，运动中的补液最主要的成分是水和糖。由于人体在运动中大量出汗，最需要补充的是水，因此要求补液能尽快地通过胃肠进入血液。在补液中加糖虽然有提供热能和维持血糖高水平的作用，但糖的浓度影响补液通过胃的速度，糖的浓度越高，渗透压愈大，补液通过胃的时间愈慢。一般认为夏天补液时糖的浓度以2.5%为宜。在寒冷环境下运动时，由于体热较易散发，体内水分丢失较夏天少，而热能消耗较大。因此，糖的浓度可增加至5%～15%。虽然其通过胃的速度较慢，但可较稳定地供给热能和维持血糖水平。对于糖的种类，可根据具体需要而定，一般常用较易吸收的葡萄糖和果糖。运动时的补液是否应含有矿物质，虽然存在不同观点，但一般认为，当训练持续时间较长（超过几小时），体内电解质丢失较多时，可使机能下降。在这种情况下，适当补充电解质是需要的。研究表明，运动中补充低渗电解质饮料，对维持机体内电解质代谢和降低体内酸度，提高机能和减缓疲劳有良好作用。但在院校体能训练和运动比赛中受条件限制时，建议在补水时适当加些食盐（以0.9%浓度为宜），也不失为电解质补充的一个途径。

4. 补液的温度

一般地说，以8～14 ℃为宜。在此温度下，补液的效果最好，通过胃的时间较快。温度过低（尤其不宜饮用冰冻饮料）会使胃肠血管骤然收缩，胃肠供血量突然减少引起肠胃疾病。温度过高，则易引起更多的排汗，反而导致身体的水盐丢失。

三、消防体能训练后的科学恢复

人体由剧烈的运动转为安静的常态，身体的各器官机能需要有一个逐渐缓和的变化过程，体能训练是这样，消防体能训练也是这样。同时由于训练中的强负荷刺激，还可能产生身体的疲劳和其他现象。对此，要有正确的认识和采取相应的措施。

（一）训练后的生理缓冲与身体整理放松

在消防体能训练中，人体发生了一系列的生理变化，如呼吸和血液循环系统，在运动停止后还维持在较高水平，肌肉负荷所产生的代谢产物（如乳酸）也仍然处于较高水平的积累，这些都需要在运动后有个恢复和消除的过程。也就是说，消防体能训练后，尤其是剧烈运动后，身体需要有一个缓冲的过程，需要从运动的应激状态逐渐退出的过程，这就需要我们重视和加强运动后身体的整理放松。

整理活动的过程与准备活动相反，活动的强度逐渐下降，使生理机能水平逐渐平稳和降低，肌肉对静脉挤压的“唧筒”作用，逐渐下降到一定水平上。特别是注意在做整理活动时，要尽量使参与活动的肌肉得到伸展和拉长，为使在运动中负荷较重的肌肉能保持拉长状态，可做 2 ~3 次的伸展练习，每次坚持 1 min 左右。例如，短跑训练后应牵拉大腿的后肌群和腓肠肌。实验证明，运动后的牵拉活动，可以减少肌肉的延迟性酸疼和僵硬，对刚参加训练的人来说更为重要。

整理活动应着重全身性的放松活动，活动量要逐渐减小，活动速度要逐步放慢，并结合做深呼吸提高气体交换效率。同时，应根据训练项目的负荷特点，在全身性放松活动的基础上，对负荷较大的肢体做重点的局部放松，可做局部按摩牵拉和抖动，也可以配合组训员的口令（有条件时，还可以配合播放一些抒情的轻音乐），进行意念放松，对身体与心理的调整放松效果更佳。

（二）训练后的疲劳与消除

消防体能训练所产生的疲劳，是人体正常的生理反应。当“有机体的生理过程不能使其机能继续维持在某一特定的水平上时，各器官也不能再保持固定的工作能力”时，我们称之为疲劳。在经过休息之后，身体的机能水平和工作能力又恢复到运动前的水平，就不会影响身体的健康。对消防体能训练而言，必须达到一定程度的疲劳，才能有身体机能和工作能力的提高。当然，这种疲劳是有一定程度的，如果疲劳没有进行及时的消除，则影响身体的恢复和身体的健康。

1. 疲劳判断的简易方法

在消防体能训练中简易的疲劳判断，主要是通过受训者的自我感觉（如疲乏、头痛、腿痛、心悸、恶心等）和某些外部表现（如面色、排汗量、呼吸、动作、注意力等）来判断疲劳的程度，在条件许可时也可测定某些生理、生化指标（如心电图、肺活量、反应时、血尿素、血乳酸、尿蛋白等）以作判断疲劳的客观依据。一般情况下，可将疲劳分为轻度、中度和重度 3 种状态。

在出现轻度或中度运动性疲劳时，都可认为是消防体能训练正常的生理反应，在训练后一般都可以很快消除和恢复。如果疲劳的程度较深，则应予以重视，要给予减量和辅以相应的恢复手段，必要时要停训，以免产生过度疲劳。

2. 消除疲劳的方法

一般地说，在训练后进行认真的整理放松，轻、中度的疲劳都能得到较好的消除和恢复。如果能在下列4个方面加以重视，即使是非常疲劳的状态也可以得到及时的消除和恢复。

（1）要坚持合理的生活制度。包括严格执行作息制度，保证良好的睡眠质量，注意饮食卫生，克服吸烟和饮酒等不良嗜好等。睡眠是消除疲劳的重要方法，要保证受训者有8 h的睡眠时间。在大强度大负荷训练（或比赛）期间，睡眠时间应适当延长。要创造安静、空气新鲜、卧具清洁卫生的睡眠环境。

（2）要合理安排膳食。合理营养是消除疲劳和提高抗疲劳能力的重要手段。在急性疲劳时，应注意补充能量，尤其是补充糖、维生素C及B_1。夏季或出汗较多时，应补充盐分和水。

（3）适当物理治疗。消防体能训练后进行按摩、温水浴或局部热敷，可以促进全身或局部血液循环，加强新陈代谢，促进致疲劳物质的排除。

（4）要积极性休息。在紧张的比赛或大运动量训练后，应安排一些小强度、低负荷的练习，并注意改换身体练习的肢体和方式，如在上肢负荷大的训练后，可安排下肢的练习，但应注意积极性身体练习的时间不宜过长。

3. 训练后的肌肉酸痛与缓解

长时间或强度较大的训练后，骨骼肌常伴随有酸痛现象。特别是缺乏训练的受训者如果进行剧烈运动，参与活动的那些肌肉群就可能出现酸疼和僵硬，肌肉是否酸痛，要在活动中才能感受到，产生酸痛的肌肉若不运动也感受不到。因此肌肉酸痛常影响着体能训练的进行与肌肉收缩力的正常发挥。

肌肉酸痛可分为即刻痛与延迟痛两类。即刻痛是指运动中和运动后很快便能感到酸痛，一般很快可自行消失。延迟痛是运动后8～28 h产生的肌肉酸痛，可延续1～2 d，甚至更长时间。

缓解肌肉酸痛大多采用伸展拉长肌肉的方法。牵拉肌肉可以改变相应中枢的兴奋性，并通过反牵张反射的作用来阻断由肌梭兴奋性过高引起痉挛的肌肉酸痛，以及改善由痉挛引起的局部组织缺血，从而改进肌肉的血流，促使受损组织康复。同时静力牵张可以改善酸痛肌肉的兴奋性。在运动后即刻到肌肉产生酸痛前反复用拉长肌肉的方法，对缓解肌肉的酸痛效果更为明显。

缓解方法还可以用热敷来改善血液循环，缓解肌肉痉挛，有利于受损组织的再生与修复。也有的采用局部按摩和电疗来使肌肉舒张，促进组织代谢，达到解除肌肉酸痛目的。也可以口服维生素C，来防止或减轻肌肉的疼痛。

第二节 消防体能训练的生理负荷

在消防体能训练中，适宜的运动量是提高体能教学质量的重要因素。体能教学训练的根本任务是增进健康，增强体质。体能训练课的主要特点是实践活动，也就是通过各项活动对人体进行刺激，从而使身体正常发育，提高活动能力和增强体质。对有机体刺激的大小、轻重、多少，就是运动量。体能训练课运动量安排得是否合理、恰当、科学，都直接影响训练效果。运动量适宜，对受训者身体会产生良好的影响。运动量超过身体的适应能力，受训者会产生过度疲劳，这时最容易发生各种外伤。疲劳长期积累，也会造成内伤。过度疲劳及内伤、外伤都有损于受训者健康。相反，运动量小了，受训者感到不疼不痒，情绪不高，很不满足，受训者身体不会产生应有的变化，教学和训练效果是较差的。

调查研究和实践证明，消防体能训练运动量安排得合理、科学、有节奏，则受训者体能增长的速度快而且稳定。

一、消防体能训练的生理负荷量

负荷量是指受训者做练习时所承受的运动量，它反映着练习过程中身体的生理机能变化。负荷量是由练习的数量、强度、密度、时间，以及心理紧张程度等因素构成的。

（一）生理负荷的结构

量和强度是构成生理负荷的两大因素。负荷量是指有效练习总的时间、总的次数、总的距离、总的重量等。负荷强度是指练习对机体刺激的程度，或者做练习时用力的大小，或者练习时机体的紧张程度。

在一般情况下，强度对机体的刺激敏感性更强些，在安排与调节负荷时，既应注意负荷量，更要注意负荷强度。负荷量与负荷强度的关系是对立统一的，它们共同构成生理负荷的总体，就一般来说应呈反比关系，即负荷量很大时，负荷强度应减小；反之，负荷强度较大时，负荷量应减小，其中时间长短是一个重要因素。

（1）内部数据与外部数据是生理负荷的两个层面。受训者做完身体练习之后，心率、血压等都会发生变化，测得这些变化的数据，称为负荷的内部数据，而受训者做练习的次数、总时间、总距离等，则称为负荷的外部数据。

（2）对于同一个受训者来说，负荷的内部数据与外部数据是相对的。不同的条件，负荷外部数据相同，内部数据可能不同，反之也如此。在安排和分析负荷时，既要考虑外部数据，又要考虑负荷的内部数据。

（二）决定负荷量的主要因素

（1）练习持续的时间或距离。如跳绳，连续跳 1 min 和 3 min，对人体的影响有很大差别。又如快速跑，50 m 与 100 m 的运动量有很大不同。时间长、距离大，运动量就大。

（2）练习的强度，即单位时间内完成练习的数量或运动的距离。如做 30 次仰卧起坐，用 30 s 或 1 min，它们的强度就相差 1 倍。在定量的情况下，时间越短，强度越大。

（3）练习之间的间歇。如重复跑 400 m，每隔 3 min 跑一次与每隔 5 min 跑一次就不同。两次跑的间隔长短，反应在运动强度上就有大小之分。间隔时间长，运动强度就小；相反，运动强度就大。

（4）练习的重复次数。课上受训者主动性高，积极参加练习，做练习次数多，运动量就大；相反，练习次数少，运动量就小。这就造成同时上同样内容的课，受训者的运动量却各有差别。

（5）休息的性质。做完一套动作，是静止休息还是转换其他部位的活动，运动量也有区别，后者量大。

（6）心理紧张程度。这也是直接影响运动量的一个方面。

以上 6 个方面决定着运动量和运动强度的大小，组训者应在掌握受训者运动负荷时进行全面考虑，合理安排。

二、消防体能训练密度的构成与负荷量观察指标

练习密度是受训者有效做练习的总时间与本次训练总时间的比例。练习密度是影响生理负荷的一个因素。在强度相同的情况下，练习密度越大，则负荷也越大。

（一）练习密度的构成

一次消防体能训练过程一般包括：组训者的指导（如讲解、示范、纠正错误动作等）；受训者的练习；受训者互相观察和帮助；练习后的休息（如等待练习、练习后的必要休息等）；组织措施（如整队、调动队伍和队形变换等）5 个方面。

因此，课的密度就是一次课的 5 个方面活动中合理运用的时间与课的总时间的比例。比如：某一次课的时间为 50 min，其中合理运用的时间为 35 min，那么，这次课的密度就是 $35 \div 50 \times 100 = 70\%$，这种密度通常称为课的一般密度，一般密度越大，说明合理运动时间的比重也越大，课的组织就好些。课的 5 个方面活动中的某一活动合理运用的时间与课的总时间的比例，称为该项活动的密度。所以，课的密度又包括练习密度；讲解、示范的密度；组织措施的密度等。其中，练习密度是课的核心密度。因为，受训者做练习是体能课中各种活动的核心活动。练习密度也叫运动密度。

一般而言，体能训练课教学训练的练习密度，一般应达到 30% ~40%。相对说来，短跑、游泳、障碍等训练内容的练习密度要大些；投掷、器械体操等训练内容的练习密度要小一些。但应注意，练习密度不是越大越好。因为，一方面练习密度太大，人体承受不了；另一方面，任何一次体能训练课，除了练习活动外，还必须有正确的指导，组织措施和练习后的休息等其他 4 个方面的活动，如果练习密度过大，就会影响其他这 4 个方面的活动。因此，只有既强调突出练习，又合理安排其他方面活动，才能提高课的效果。

（二）负荷强度的观察指标

对个体来讲，体能锻炼的最佳效果，是在身体处于最大吸氧量和最大心输出量的时

候，也就是在身体各组织、各器官都得到充分的氧气和养料的时候，换句话说，就是机体处于充分受益状态。掌握和测量这一充分受益状态一般通过吸氧量、心率、血压、自我感觉4个方面。

（1）吸氧量。吸氧量是测定人体工作能力的重要指标。最大吸氧量是在运动强度继续增加，吸氧量不再继续增加时体内1分钟的吸氧数量，也就是在运动中人的呼吸和循环系统发挥出最大机能水平时，每分钟吸取氧气的数量。

生理学专家认为，在体能锻炼时，运动量的掌握以最大吸氧量达到60%～80%的强度为最佳。目前，测量吸氧量多采用仪器直接测量或用公式、图表法间接计算。

（2）心率。心率次数就是心脏搏动的次数。心率强弱反映心脏排出血量的多少和心脏周围动脉充盈程度。心输出量有每搏输出的血量及每分钟输出的血量。最大心输出量，是运动强度继续增加，而心脏每搏输出的血量不继续增加时每分钟或每搏1次心脏输出的血量。

测心率一般用手触摸桡动脉处或者颈动脉处，或用听诊器直接听心脏，有条件的可用仪器进行遥测。

（3）血压。血压是心脏每搏输出量与血管外因阻力的反应。收缩压（高压）和舒张压（低压）之间的距离数叫压差。压差间接反映了心脏每搏输出量的变化，一般用血压计测量。

吸氧量、心率、血压是随身体负荷的增加而升高的。心率与吸氧量呈正比，因此通过心率变化测定体能训练课的运动量是比较简便和准确的，也是我国体能训练课测量运动量普遍采用的方法。

（4）自我感觉。当人体处于充分受益状态时，自觉身体稍有疲劳感，同时有一种舒畅感和情绪高涨的满足感。

合理控制和调节课的负荷强度是组训者的重要任务。一般说来，组训者应从下列5个方面入手。

（1）组训者在训练前，要根据训练的任务、教材及受训者特点、场地器材条件等，合理地安排各项活动的时间和运动量，进行周密计划。

（2）不断提高课的组织水平。要严密教学组织，尽量消除不必要的措施。场地、器材要便于教学，减少调动队伍和转换场地所占用的时间。

（3）提高教学技巧，改进教学方法。讲解要简明扼要，语言要生动形象，示范要正确，使受训者听讲后能很快理解动作要领，看过示范后能留下深刻印象，这样才能激发受训者练习的积极性和主动性。要恰当安排练习时间和休息时间，做到练习充分，休息合理。场地、器材条件较差的单位可采用转换练习法或循环练习法等，避免不合理的休息，以加大运动量。此外，也可加大竞赛因素以增加课的练习负荷。

（4）有节奏地调整课的负荷强度。在教学过程中，应随着受训者的机能能力的改善，逐步增加负荷强度。在不同阶段、不同季节要适当调整好负荷强度。如开学初负荷强度量要稍小些，冬季就要加大一些；新授课负荷强度自然就小些，复习课就要加大些。

（5）应变式地调整负荷强度。每个教学班体能课的负荷强度，应以绝大多数受训者的承受能力为标准。对少数体质弱或个别体质强的受训者，应提出个别的要求。体质弱的受训者练习次数可减少，而体质强的受训者可增加重复练习的次数。

第四章　消防基础体能训练

第一节　力量素质训练

一、力量素质的定义

力量素质通常理解为人的机体或机体某一部分肌肉工作（收缩和舒张）时克服内外阻力的能力。外部阻力是指物体的重量、支撑反作用力、摩擦力以及空气或水的阻力等。内部阻力包括肌肉的黏滞力、关节的加固力及各肌肉间的对抗力等。任何运动项目技术的掌握都要通过肌肉用力去实现。力量素质是进行一切体育活动的基础，它影响并促成其他身体素质的发展。在各项身体素质中，如果其他方面都相等，则较大的力量常能取得较好的运动效果，如“爆发力 = 力量 × 速度”，从公式中我们不难看出，力量的增加有助于爆发力的发展。增加力量也有助于耐力的发展，使耐力增长，从生活中可以得知，一个强有力的人总比体弱者能持续活动更长时间。力量也是速度素质的一个重要因素，因为肌肉的快速收缩是以力量为前提的，做单个动作时，肌肉力量越大，越能克服肌肉内部及外部阻力而快速完成工作。此外，力量、速度的提高会增加肌肉的弹性，促进身体的灵敏素质和柔韧素质的提高，在体能训练中力量素质训练是一切训练的基础，这也是消防员完成任务的重要因素，因此应当高度重视。

二、力量素质的分类

根据不同运动项目对力量素质的要求，以及力量的不同表现形式，力量素质可分为多种类型。根据肌肉收缩的形式，可将力量分为静力性力量和动力性力量；根据力量和体重的关系，可分为绝对力量和相对力量；根据力量的表现，又可分为最大力量、速度力量、力量耐力；根据力量和专项的关系又可分为一般力量和专项力量。

在运动训练实践中，往往按体育运动不同项目对力量素质的要求，从力量的训练特征，运动时肌肉克服阻力的表现形式，把力量素质分为最大力量、相对力量、速度力量和力量耐力 4 种。

三、力量素质训练的主要方法

（一）最大力量训练

最大力量也称绝对力量，是指无论体重大小，身体或身体某部分肌肉克服最大阻力的能力。其训练的基本方法如下：

1. 静力性练习法

静力性练习法的特点是工作时处于无氧条件下，能量储备迅速消耗，从而迅速出现疲劳。因此，过度的使用静力性练习法，会影响肌肉群的协调性。使用静力性练习的目的是为了克服某些肌肉在力量发展中的不足，使之迅速、优质地提高收缩力量。

静力性练习一般采用较大负荷量，以递增重量的方法进行练习。负荷量越大，肌肉的感觉神经传至大脑皮层的神经冲动就越强，从而引起大脑皮层指挥肌肉活动的神经细胞产生强烈兴奋，若经常接受这种刺激，就提高了兴奋强度，进而提高了肌肉的最大力量。

总负荷是影响最大力量发展的重要因素。影响总负荷的因素有负荷重量、练习重复组数、每组持续时间及各组间的间歇时间等。提高最大力量多采用本人最大负荷量的70%进行练习，组数可控制在4组，每组持续时间在12 s以上，每组间歇3 min。若采用本人最大负荷量的70% ~90%进行练习，组数可控制在4 ~6组，每组持续时间8 ~10 s，每组间歇3 min。若采用本人最大负荷的90%以上进行练习，组数不超过4组，每组持续时间3 ~6 s，每组间歇应增至4 min。

静力性练习法不仅是发展肌肉力量的有效手段，而且其作为创伤后进行积极恢复正常功能的手段在运动训练中有着广泛应用。

2. 重复法

重复法的特点是负荷量的大小应随肌肉力量的增加而逐渐增加。当受训者能重复更多次数时，就表明力量有了提高，即应增加负荷量。重复用力的方法适用于训练的各个时期和阶段。其作用是加强新陈代谢，有助于改进协调性，加强支撑运动器官的能力，并能迅速而有效地提高肌肉力量。

重复用力训练采用的负荷强度一般是本人最大负荷的75% ~90%，组数可进行6 ~8组，每组重复次数3 ~6次，每组间歇时间控制在3 min。

3. 强度法

强度法的特点是用极大或接近最大和最大的负荷练习，在训练时逐渐达到用力极限，而后负荷量逐渐递减，直到对这种刺激产生劣性的反应为止。

短促极限用力的练习方法，保证了神经系统和肌肉作用力的高度集中，使肌肉最大力量得到明显提高。在训练时，通常负荷强度为本人负荷的85% ~100%，练习组数6 ~10组，每组练习次数1 ~3次，每组间歇时间控制在3 min。

4. 极限强度法

极限强度法的显著特点是，突出强度，几乎每周、每天、每项都要求达到、接近甚至超过本人当天的最高水平，在计划规定的时间内要求组数越多越好，组间的间歇以受训者能恢复为宜。

从一个阶梯上升到一个新的阶梯（每个阶梯的训练时间以2周为宜），在增加重量时要适当，不能突然加大，要掌握好尺度，充分考虑受训者的适应能力、体质、技术等因素；如果在一个新的阶梯上，受训者不能承受新的负荷，则应恢复至原来的阶梯上进行训练。

（二）相对力量训练

最大力量增加，肌肉增粗，体重也会相应增加。因此在最大力量增加的同时，控制体重增加，在相对力量的训练中，主要是通过提高肌肉的协调功能来提高最大力量，这有助于控制体重的增加。其训练的基本方法是：练习的负重要大，一般是用85%以上的强度，以动员更多的运动单位参与工作，减少肌肉功能性肥大，练习的数量每组3次，6~10组，练习的动作要连贯，带点爆发式用力，但间歇时间要长一些。

（三）速度力量训练

速度力量是指肌肉在运动时快速克服阻力的能力。速度力量是力量和速度有机结合的一种特殊力量素质。

1. 速度力量的训练原理

速度力量最典型的表现形式就是通常所说的爆发力。爆发力要求受训者在运动时，在尽可能短的时间内，爆发出尽可能大的力量。评定爆发力可以用爆发力指数，即“爆发力指数=尽可能大的力量/尽可能短的时间”，指数越大，爆发力越好。爆发力在许多训练项目中是决定训练成绩的重要因素。

2. 速度力量的训练方法

1）负重练习发展速度力量的方法

（1）负荷强度也就是负重要适宜。若负重过大必然影响动作完成的速度；相反，负重过小又难以表现出速度力量。一般多采用本人最大力量的40%~60%的强度，以此兼顾力量和速度两方面的发展。在练习中还应要求尽量体会最大用力和最大速度感。如要发展爆发力，其强度伸缩性较大，即可用较大的负荷强度，也可用低于40%的强度，在使用较大的负荷强度（70%及以上）训练时，要注意动作完成的速度，如动作速度变慢，动作变形，可减少重量或停止练习。

（2）练习的次数和组数。通常每组重复练习5~10次，做4~6组。但组数的确定应以受训者不降低完成动作的速度为限。如动作速度下降，可停止练习。

（3）组间的间歇时间应充分，但不宜过长。间歇时间如过长，导致中枢神经系统兴奋性下降，影响下一组的练习。通常为2~3 min。

（4）练习的动作要求协调、流畅、正确，并尽量与专项技术动作结合。

2）不负重发展力量的方法

不负重练习可采用发展下肢速度力量克服自身重量的练习。如单双足跳台阶和跳深练习等；也可采用发展上肢力和躯干的练习，如器械练习。用小重量以通过发展动作速度、发展速度力量为目的的训练也可包括在内。

跳深练习主要用于发展下肢速度力量特别是爆发力。它实际上是一种超等长的练习法，也就是先使肌肉做离心运动，紧接着做向心运动，这可动员更多的单位参加工作，使肌肉产生短促有力的收缩，表现出较大的爆发力。

跳深练习的高度一般可从 50 ~ 60 cm 的高度跳下双足落地后，立即往另一 100 cm 的高度上跳，落地时主要用脚掌先触地，而后过渡到全脚，注意防止脚跟先着地，避免脚跟挫伤和脊椎震动过大造成运动损伤。以 6 ~ 10 次为一组，做 6 ~ 10 组，组间间歇 2 ~ 3 min。

（四）力量耐力训练

力量耐力是指运动时肌肉长时间克服一定阻力的能力。阻力越大，运动时间越短，只有在克服一定的较小阻力的情况下才能长时间地持续运动，或重复尽可能多的克服阻力的次数。力量耐力在那些持续时间长的运动项目中有重要意义。

1. 力量耐力的训练原理

由于力量耐力主要是有氧供能，其发展不仅依靠肌肉力量的发展，而且要依靠血液循环、呼吸系统机能的改善和有氧代谢能力的提高，以满足长时间工作的肌肉所需氧气和能源的供给。最大力量与力量耐力有关，不同训练人员在完成同一负重时的重复次数，就取决于其最大力量的大小。最大力量好的训练人员练习中的重复次数多，表现出的力量耐力好。所以力量耐力水平的提高，也依赖于最大力量的发展。

2. 力量耐力的训练方法

（1）练习的强度。若是发展克服较大阻力的力量耐力，可采取用本人最大力量的 75% ~80% 的负荷进行重复练习；若是发展克服较小阻力的力量耐力，其最小负荷强度不能小于本人最大负荷强度的 35%，若低于 35% 的负荷强度，则练习效果不大。

（2）练习的重复次数与组数。一般要达到极限的重复次数，即坚持做到不能再做为止。这样才能改善血液循环和呼吸系统的供氧能力和糖酵解供能机制，保证力量耐力的增长。练习的组数也应视具体的情况而定，通常以保证每组达到极限的重复次数前提下，确定练习的次数。

（3）练习的持续时间。若是采用动力性练习，这由练习的次数和组数来确定；若是采用静力性练习，单个动作的持续时间一般是 10 ~ 30 s，这取决于负重的大小，负重大则持续时间短一些，负重小持续时间长一些。

（4）组间的间歇时间。要在未完全恢复的情况下就进行下一组练习，以达到疲劳积累、发展力量耐力的目的。如进行几组练习后，受训者已相当疲劳，就可适当延长组间休息时间。

四、发展力量素质的注意事项

1. 力量训练要保持经常性

力量训练可使肌肉克服阻力的能力较快增长，但一旦停止训练消退的也较快，而且增长得快，消退得也快，慢慢增长，消退得也慢，若停止力量训练，经训练获得的力量将按原增长速度1/3消退。所以力量训练要经常进行，并使其慢慢地稳步增长，这样既可以防止伤害事故的发生，又可以延缓力量消退速度。保持经常的力量训练，一般每周3次为宜，并隔日一次。经研究证明，隔日一次比每天练，最大力量增长的效果要好。

2. 力量训练要逐渐增加负荷

通过力量训练，力量获得增长后，就要及时地增加负荷，这样才能使力量持续提高。若停留在原有的负重水平上，只能是增加力量耐力。这就需要不断测定受训者的力量素质发展水平，及时增加重量负荷。但每次提高的幅度不宜过大，当受训者在某一负重能完成12次时，负重可增加5%。

3. 力量训练要全面并有针对性

全面提高各肌肉群的力量，不但要使受训者的大肌肉群和主要肌肉群得到训练，而且要发展某一肌肉群力量，则选择的训练手段要使主要用力的肌肉部位对准所要发展的肌肉群；同时要针对专项技术动作的肌肉用力部位发展专项力量。

4. 在进行力量训练时，要注意调整好呼吸，尽量少憋气，练后要注意放松

憋气用力时能有助于发出较大的力量，而呼气和吸气时发出的力量相对较小。因此往往在力量训练时，受训者会主动地憋气提高力量。但用力憋气会引起胸廓内压力提高，导致脑供血不足，产生不良后果。因此应尽量不憋气，可以慢呼气来协助最大用力。进行速度力量和力量耐力训练时，最好是配合动作自然地呼吸。训练后用力肌肉部位会产生僵硬和酸胀感，应重视并积极予以消除，采用按摩放松和做静力牵拉练习是较为有效的方法。

五、力量素质训练的常用练习

（一）徒手力量练习

徒手力量训练是一种常见的较普遍的训练方式，它不受场地、器材、训练对象特点的约束，以下介绍几种有效的徒手力量练习的方法。

1. 颈部肌群

颈部肌群主要包括胸锁乳突肌、斜方肌和肩胛提肌，如图4-1所示。

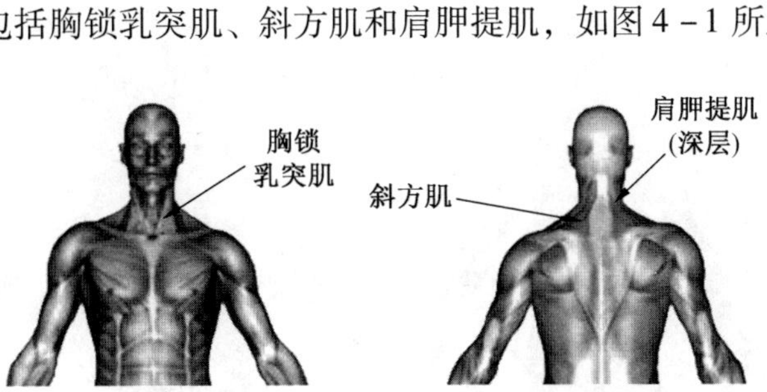

图4-1　颈部肌肉

1）颈屈伸（图 4－2a）

锻炼部位：颈后（侧）肌群。

动作难度：★

动作要领：身体站立，双手抱于脑后，做颈部前后屈伸动作。

图 4－2　颈屈伸

2）侧撑托头（图 4－2b）

锻炼部位：颈侧胸左乳突和斜方肌群。

动作难度：★

动作要领：身体侧卧，一手托推头侧屈肘撑地，利用肘部和两脚支撑身体，保持身体和颈部收紧。

2. 上肢胸背肌群

上肢胸背肌群主要包括胸大肌、背阔肌、三角肌、肱二头肌、肱三头肌、前锯肌等，如图 4－3 所示。

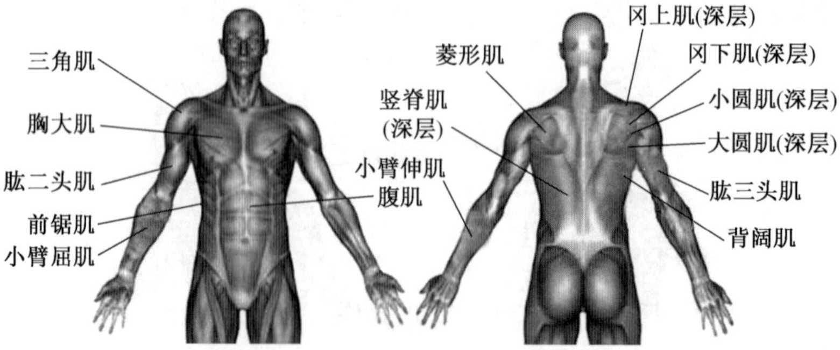

图 4－3　上肢胸背肌群

1）俯卧撑

俯卧撑主要用于提高上肢的推撑力量，锻炼胸大肌、肱三头肌、前锯肌、三角肌前束等。根据动作特点可拓展为：宽、窄距俯卧撑、低位俯卧撑、左右移动俯卧撑、倒 V 字俯卧撑、左右起伏俯卧撑、推掌移位俯卧撑等。不同的动作对于肌群的侧重点也有区别，其锻炼的主要肌群为胸大肌，其他肌群为肱三头肌、三角肌，核心肌群。

（1）标准俯卧撑（图 4－4）。

图 4－4　标准俯卧撑

锻炼部位：胸大肌、肱三头肌。

动作难度：★

动作要领：手臂自然伸直垂直于地面，双手与肩同宽，挺胸收腹，躯干与腿部保持一条直线，始终保持腰背挺直，控制肘部紧贴身体两侧，屈臂吸气，撑臂呼气，保持呼吸均匀。

（2）宽距俯卧撑（图 4－5）。

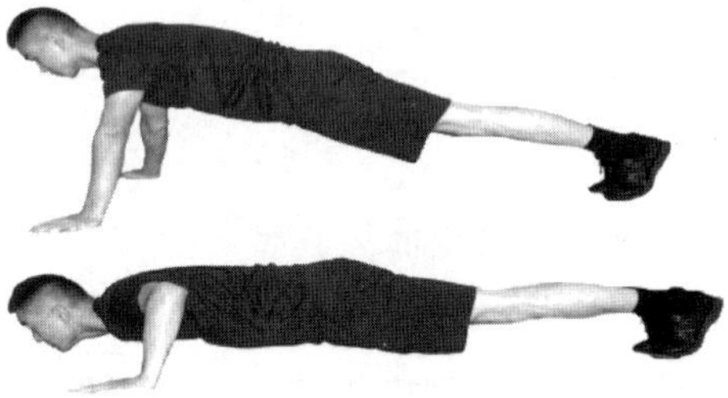

图 4－5　宽距俯卧撑

锻炼部位：胸大肌外侧，三角肌前束，肱三头肌。

动作难度：★★★

动作要领：挺胸收腹，腰背平直，双手略宽于肩，拇指向外，下撑至大臂与地面平行，躯干与腿部始终在同一平面，屈臂吸气，撑臂呼气，保持呼吸均匀。

（3）窄距俯卧撑（图 4－6）。

图 4－6 窄距俯卧撑

锻炼部位：胸大肌内侧，三角肌前束，肱三头肌。

动作难度：★★★

动作要领：手臂伸直支撑身体，双手间距比肩窄，保持身体挺直，慢慢弯曲手臂使身体下降，同时吸气。直至胸部接近地面，然后快速伸直手臂，将身体撑起，同时呼气。如此重复动作。

对于力量不足者可以采用跪姿的方式，双膝放在瑜伽垫上进行，以此降低难度。力量基础好的可以将双脚放在平板凳之类的高处来增加动作难度。

（4）低位俯卧撑（图 4－7）。

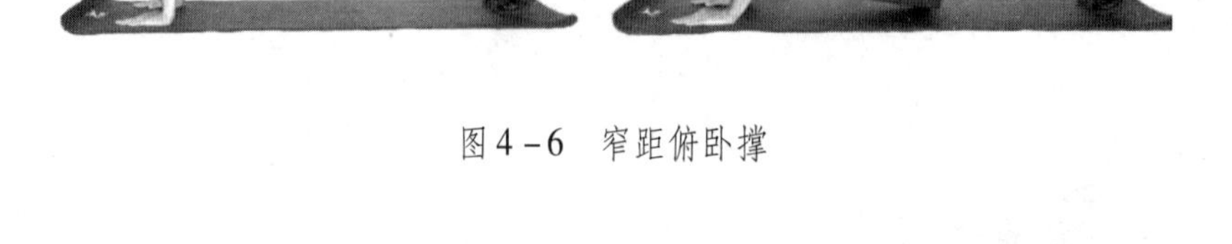

图 4－7 低位俯卧撑

锻炼部位：胸大肌，三角肌，肱三头肌。

动作难度：★★

动作要领：手臂伸直支撑身体，两脚搭于高处（也可结伴进行，一人提托另一人双脚），肩部低于脚，保持身体挺直，慢慢弯曲手臂使身体下降，同时吸气。直至大小臂夹角接近 90°时，然后伸直手臂，将身体撑起，同时呼气，如此重复动作。

（5）左右移动俯卧撑（图 4－8）。

锻炼部位：胸大肌，肱三头肌，核心肌群。

动作难度：★★

动作要领：在正常俯卧撑的基础上，两臂撑起的同时左（右）手推地靠向右（左）手，然后右（左）手迅速向右（左）分开，接着正常做俯卧撑一次，如此交替进行，屈

图4－8　左右移动俯卧撑

臂吸气，撑臂呼气，保持呼吸均匀。

（6）倒V字俯卧撑（图4－9）。

图4－9　倒V字俯卧撑

锻炼部位：背部肌肉、肩部三角肌、胸肌，脊椎、肩关节。

动作难度：★★★★

动作要领：在正常俯卧撑的基础上，撑臂起身的同时，慢慢呼气，身体后移，顶臀收腹屈体，使身体呈倒V字状，然后屈臂下放的同时，慢慢吸气，身体重心由上至下再向前移动，稍抬头挺胸，完成一次循环，如此重复。注意在动作实施中，核心部位和胸大肌要控制好身体重心。

（7）左右起伏俯卧撑（图4－10）。

图4－10　左右起伏俯卧撑

锻炼部位：胸大肌，肱三头肌，核心肌群。

动作难度：★★★★★

动作要领：在正常俯卧撑的基础上，胸大肌和核心肌群控制身体的重心，屈臂下放慢慢吸气，身体重心由右（左）向左（右）平移，然后迅速撑起，慢慢呼气，同时身体重心由左至右移动并屈臂下放，完成一次循环，如此重复进行。注意做这种俯卧撑的时候可以先让身体重心先从左侧到右侧，然后再从右侧到左侧。这种俯卧撑对胸肌的刺激效果很好，特别是对胸大肌的外侧刺激效果最好。需要受训者有一定的控制力。

（8）推掌移位俯卧撑（图4－11）。

图4－11　推掌移位俯卧撑

锻炼部位：胸大肌，肱三头肌，核心肌群。

动作难度：★★★★

动作要领：在正常俯卧撑的基础上，撑臂均匀呼气的同时，上半身腾空交换手的位置，屈臂时吸气，如此交替进行，这是俯卧撑的一种改良动作，也是侧重在爆发力。

2）臂屈伸

锻炼部位：肱三头肌、三角肌。根据练习形式的不同，其肌群锻炼的侧重点也不同。

（1）站姿俯身臂屈伸（图4－12）。

图4－12　站姿俯身臂屈伸

动作难度：★

动作要领：两腿微屈，挺胸收腹，腰背挺直，大腿与躯干垂直，手臂紧贴体侧向后伸展，直至三头肌充分发力。待力量提高后可手持哑铃做负重练习。

（2）仰卧臂屈伸（图4－13）。

动作难度：★

图 4－13　仰卧臂屈伸

动作要领：身体呈屈体仰卧状，两手撑于地面或高处，腰腹收紧，屈臂吸气，伸臂呼气，屈臂下放时臀部不能接触地面，尽量利用肱三头肌发力。

3. 核心肌群

核心肌群主要包括腰腹肌、背阔肌、臀大肌、髂腰肌等，如图 4－14 所示。

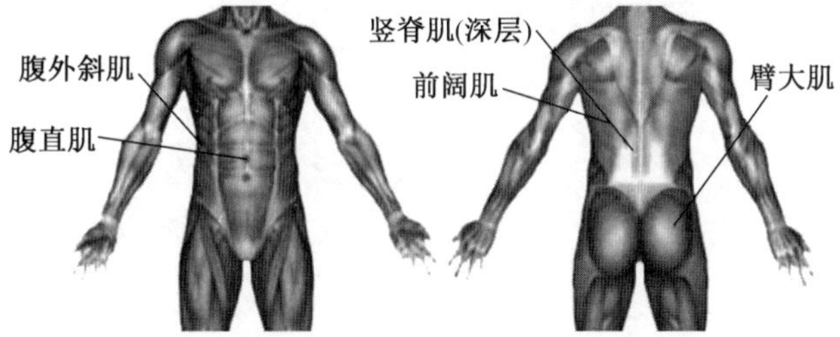

图 4－14　核心肌群

1）平板支撑（图 4－15）

图 4－15　平板支撑

动作难度：★

锻炼部位：腹直肌和竖脊肌。

动作要领：根据动作特点可分直臂平板支撑、屈臂平板支撑和动态平板支撑。双手或双肘撑地约与肩同宽，两脚微开脚尖点地，腰腹收紧使躯干、臀、脚保持在同一平面上，如做动态平板时，屈臂撑臂时保持重心稳固，腰腹始终收紧，颈部放松，目视前下方。

2）仰卧卷腹（图4－16）

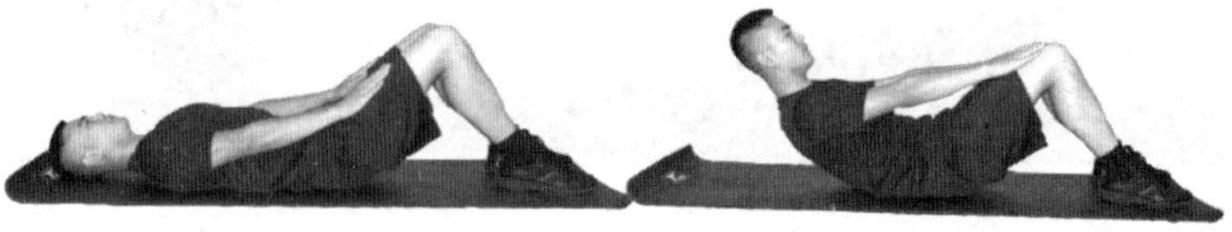

图4－16　仰卧卷腹

动作难度：★

锻炼部位：腹直肌上部。

动作要领：向上弯曲躯干，让身体呈卷腹状态，卷腹呼气，伸展吸气，在卷腹时手掌伸直沿大腿正面前伸，拇指尖超过双膝正上方。在上体后仰动作时，肩背部触及地面（垫子），还原成初始位置，然后重复练习。

3）仰卧举腿（图4－17）

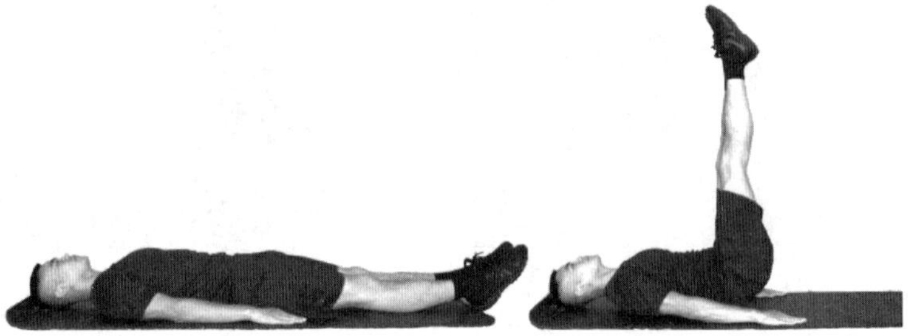

图4－17　仰卧举腿

动作难度：★

锻炼部位：腹直肌下部。

动作要领：双腿伸直屈髋向上举腿，使身体屈髋呈90°左右，接着双腿慢慢还原成初始位置，切勿猛力砸击地面，举腿呼气，放腿吸气然后重复练习。

4）侧身卷腹（图4－18）

动作难度：★

锻炼部位：腹直肌下部。

动作要领：双腿弯曲，一手抱于脑后，一手轻贴于体侧肋部，抬起上体至极限，同时慢慢呼气，下肢和臀部尽量保持稳固，然后还原成初始位置，重复练习。

图 4－18　侧身卷腹

5）仰卧交叉转体（图 4－19）

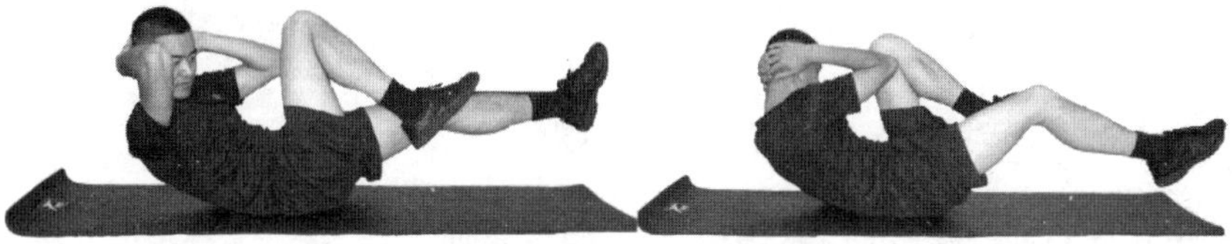

图 4－19　仰卧交叉转体

动作难度：★★

锻炼部位：腹直肌。次要肌群：腹外斜肌。

动作要领：身体平躺在垫子上，双腿伸直，双臂屈肘，双手半握拳轻贴耳侧，在呼气的同时，腰腹发力，一侧腿部屈髋抬膝，异侧肩肘带动上体抬起，使肘膝相触稍停顿，吸气一次，复位的同时换另一侧的膝肘交替进行。注意，两腿在交替屈伸过程中，应屈到位，伸到位。脚跟不着地，腹部始终处在收紧的状态，在转体的过程中呼气，肘关节触碰到膝盖的一刹那吸气，然后反复进行练习。

6）坐姿屈腿（图 4－20）

图 4－20　坐姿屈腿

动作难度：★★

锻炼部位：腹直肌。次要肌群：股四头肌。

动作要领：臀部着地（垫子），双腿伸直离开地面，两手分开约肩宽于臀后适当位置，腰腹收紧，维持身体稳定，核心发力，屈体收腿，膝盖尽量靠拢胸部，复位重复，屈体呼气，伸展吸气，在动作过程中，身体重心稳固，腹部始终处在收紧的状态。

7）泳式挺身（图4－21）

图4－21 泳式挺身

动作难度：★★

锻炼部位：腹直肌。次要肌群：臀大肌、股四头肌。

动作要领：身体俯卧，双腿和双臂向四周充分伸展。背部肌群发力使肩膀和双腿微离开地面，腹部和臀部收紧，保持颈部、脊柱呈一条直线不动，慢慢抬高异侧的手和腿，同时均匀呼气，慢慢放下手脚不着地同时吸气，连续做10～20次后，换另侧进行；注意切勿使用爆发力完成。

4. 下肢肌群

下肢肌群包括大腿肌群和小腿肌群，大腿肌群主要有内收肌、股四头肌（股直肌、股外侧肌、股内侧肌和股中间肌）和股二头肌（半腱肌和半膜肌）；小腿肌群主要有小腿三头肌，位于小腿后侧，由浅层的腓肠肌和深层的比目鱼肌组成。下肢肌群如图4－22所示。

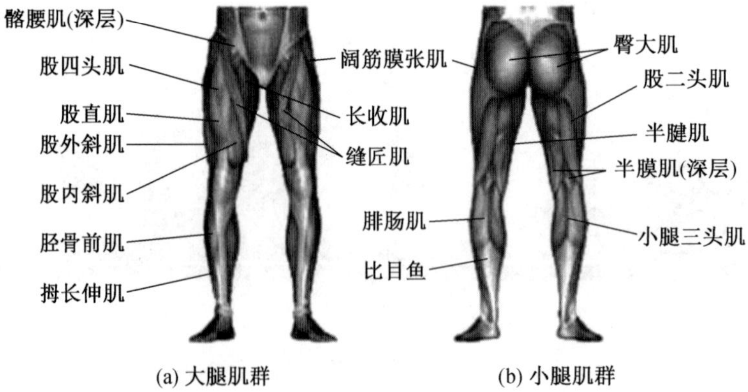

图4－22 下肢肌群

1）双腿深蹲起立（图4－23）

动作难度：★

锻炼部位：股四头肌，臀部肌群。

动作要领：在立正姿势的基础上，两脚分开约与肩同宽，两臂自然垂于体侧成准备姿势，双脚分开与肩同宽。在下蹲时，上体稍向前倾，双腿屈膝下蹲，大腿与小腿间夹角小于90°，同时双臂前平举。在起立时，全身协力迅速起立，伸直双腿，还原成准备姿势，此为完成一次动作，依次反复进行。

2）单腿深蹲起立（图4－24）

图4－23　双腿深蹲起立

图4－24　单腿深蹲起立

动作难度：★★★

锻炼部位：股四头肌、臀部肌群及膝关节。

动作要领：在立正姿势的基础上，一脚后撤一大步，脚尖点地，同时另一腿屈膝下坐，躯干保持立直，然后，两腿发力起身的同时，后撤脚复原靠拢，轻轻点地，依次重复进行，直至一定强度交换两脚。动作过程中，身体保持平衡。

3）箭步蹲跳（图4－25）

动作难度：★★

锻炼部位：腘绳肌、臀部肌群及股四头肌。

动作要领：两脚前后开立呈弓箭步，双腿发力，迅速向上跳起，双脚在空中前后交换，落地时迅速呈另一腿在前的弓箭步，在落地下蹲时，前面腿的膝盖不能超过脚尖，后面腿膝盖不能着地，然后重复进行前面动作。

4）开合深蹲跳（图4－26）

动作难度：★★

锻炼部位：股四头肌、臀部肌群、腘绳肌及内收肌。

动作要领：由站立姿势起，两脚起跳一次，落地时左右开立略大于肩宽呈马步深蹲，手臂自然置于体侧，双腿发力，迅速向上跳起，双手在头上十字交换，双脚并脚落地，然后迅速向上起跳，依次重复前面动作。动作过程中注意挺胸收腹，腰背平直，保持身体平衡，膝盖与脚尖保持同一方向，尽量不超过脚尖，大腿与地面平行。

图 4－25　箭步蹲跳

图 4－26　开合深蹲跳

5）立定跳远（图 4－27）

图 4－27　立定跳远

动作难度：★★★

锻炼部位：股四头肌、臀部肌群及小腿三头肌。

动作要领：立正姿势站立，两脚与肩同宽，双手顺势向身体后方摆动。两腿向下屈膝大于 90°，双腿迅速用力蹬伸，使身体向前上腾起伸展。在起跳时，两臂配合两腿动作协调、迅速、有力地摆动，上体借摆臂的惯性向上提肩、拔腰、挺身、顶头，增大起跳效果，使人体向前上方腾起。待起跳腾空后，仍保持腾空姿势，双手摆过头顶，胸向前上方挺出，展髋，胸腰稍向前挺出，形成挺身姿势。在挺身姿势下双腿迅速向胸前收腹屈膝，当脚跟着地后，前脚掌下压，两腿屈膝前跪，上体移过支撑点后继续向前移动，防止身体后倒。

（二）器械训练

力量的器械训练有很多，常见的有重量组类（哑铃、杠铃、组合器械、TRX 悬挂绳等），抗阻力类（弹力绳、瑞士球、战绳等），不同的器械，对身体力量的锻炼效果也不尽相同，作为消防员在实际完成任务的过程中，对身体表现出来的核心力量的要求尤为重要，以下重点介绍几种较为流行核心训练方法。

1. 杠铃练习

1）上肢肩带肌群力量练习

动作难度：★★

锻炼部位：肱二头肌、肱三头肌、三角肌和胸大肌。

动作要领：

（1）两脚左右站立，两手握杠铃中部，以肘关节为轴，做两臂屈伸动作，如图 4－28 所示。

（2）两脚左右开立，肩负杠铃，两手紧握杠铃做颈后推举动作，如图 4－29 所示。

图 4－28　两臂屈伸动作

图 4－29　颈后推举动作

（3）两脚左右开立，两手正握杠铃置于腹前，屈肘向上做上提动作，如图 4－30 所示。

（4）仰卧在长凳上，做卧推杠铃动作，如图 4－31 所示。

（5）坐在长凳上，两手反握杠铃，做腕关节屈伸动作，如图 4－32 所示。

（6）两脚开立，两手提杠铃于胸前做向上推举动作，如图 4－33 所示。

（7）两脚开立，两手提杠铃于胸前做向前平推动作，如图 4－34 所示。

2）躯干肌群力量的练习

动作难度：★★★

锻炼部位：腹背部和腹外侧肌群。

动作要领：

（1）肩负杠铃站立，做体侧屈运动，如图 4－35 所示。

图 4－30　屈肘上提动作

图 4－31　卧推杠铃动作

图 4－32　关节屈伸动作

图 4－33　推举动作

图 4－34　向前平推动作

图 4－35　体侧屈运动

（2）仰卧在长凳上，两手持杠铃片置于脑后。做仰卧起坐，如图 4－36 所示。

（3）两脚开立，两手提杠铃于腹前，然后迅速提杠铃向前上做推举动作，如图 4－37

所示。

图 4 - 36　仰卧起坐

图 4 - 37　直臂提铃

（4）两脚开立，肩负杠铃向左、右两侧扭转上体，如图 4 - 38 所示。

3）下肢肌群力量练习

动作难度：★★★

锻炼部位：股四头肌、胭绳肌和腓肠肌。

动作要领：

（1）肩负杠铃，深蹲起，如图 4 - 39 所示。

图 4 - 38　扭转上体

图 4 - 39　杠铃深蹲起

（2）肩负杠铃弓箭步走，如图 4 - 40 所示。

（3）肩负杠铃深蹲，向上跳起，如图 4 - 41 所示。

（4）从肩负杠铃弓箭步走开始，做向上并腿跳起动作，如图 4 - 42 所示。

（5）肩负杠铃，左脚踏在 0.5 m 高的木凳上。接着迅速蹬直左腿，并立即将右脚踏在木凳上，如图 4 - 43 所示。

（6）肩负杠铃，行进间单脚跳，如图 4 - 44 所示。

（7）肩负杠铃，原地向上做跳跃练习，如图 4 - 45 所示。

2. 哑铃练习

图 4－40　杠铃弓箭步走

图 4－41　深蹲跳起

图 4－42　并腿跳起

图 4－43　杠铃蹬踏凳

图 4－44　行进间单脚跳

图 4－45　原地向上跳跃

1）上肢肩带肌群力量练习

动作难度：★★

锻炼部位：肱二头肌、肱三头肌、三角肌和胸大肌。

动作要领：

（1）两脚左右开立，两手持哑铃置于体侧。做两臂侧平举接上举至头上动作，如图 4－46 所示。

（2）两脚左右开立，两手持哑铃以肘为轴，做臂屈伸动作，如图 4－47 所示。

图 4－46　体侧上举

图 4－47　臂屈伸动作

（3）两腿并立，两手持哑铃。做前后摆臂动作，如图 4－48 所示。

（4）仰卧在木凳上，双手持哑铃做扩胸运动，如图 4－49 所示。

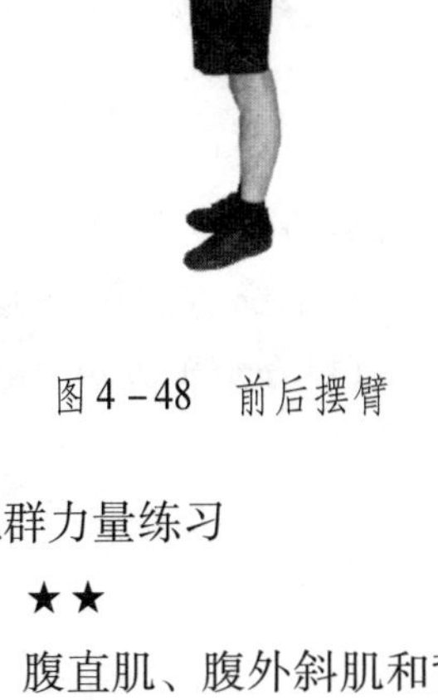

图 4－48　前后摆臂

图 4－49　扩胸运动

2）躯干肌群力量练习

动作难度：★★

锻炼部位：腹直肌、腹外斜肌和背部肌群。

动作要领：

（1）两脚左右站立，两手正握哑铃，体前屈。做腰部绕环动作，如图 4－50 所示。

图 4－50 腰部绕环动作

（2）两脚左右开立，左（右）手持哑铃置于体侧。做向左（右）侧屈体动作，如图 4－51 所示。

（3）仰卧，两臂后伸，两手持哑铃做仰卧起坐接体前屈，如图 4－52 所示。

图 4－51 左（右）侧屈体

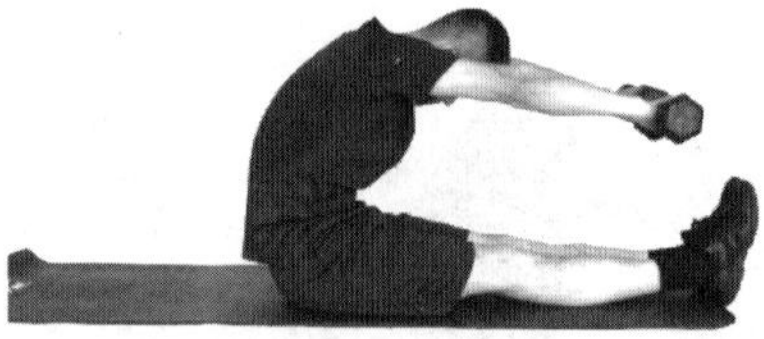

图 4－52 仰卧起坐接体前屈

3. 跳绳

跳绳主要用于提高身体协调性，心肺机能，下肢爆发力和弹跳力。跳绳是由预备姿势、摇绳、停绳 3 个环节组成。根据绳子的特点、人数、摇绳方向可分为：长短绳，单（双、多）人跳，双（单）脚跳编花，双（多）摇等。这里介绍单人短绳跳。

动作难度：★

锻炼部位：手臂部肌群、肩带肌和下肢肌群。

动作要领：

1）预备姿势

跳绳的长短可用双脚踏在绳子中间部分，两手握住绳端（握把）两臂屈肘与体侧约呈直角，然后拉直跳绳即可，如图4－53所示。

2）摇绳

两手握绳，两手腕、手臂协调一致用力，以手腕（肘关节、肩关节）为轴，将绳体向上向前（后）抡转，当绳子抡过头顶后两手臂继续向下抡绳，当绳子快要摇过最下方时，双脚（单脚）迅速起跳，使绳子继续向后摆动，绕身体反复转动，如图4－54所示。

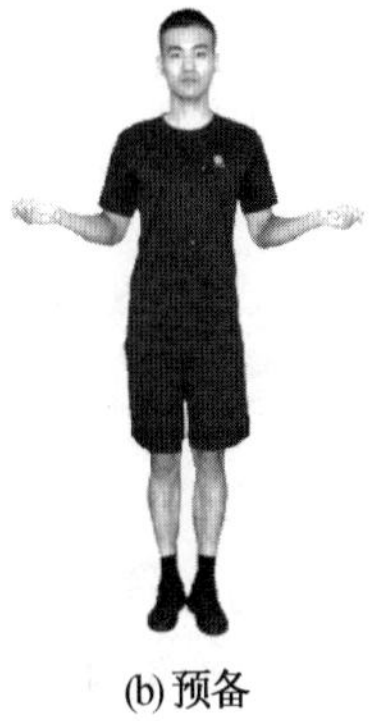

图4－53 预备姿势

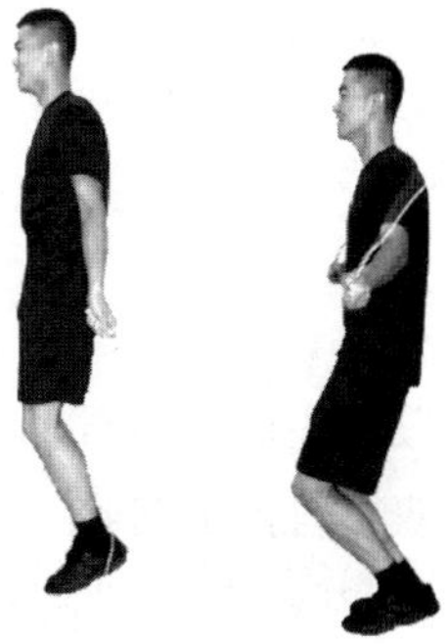

图4－54 摇绳

3）停绳

当跳绳由后向前摇转时，一脚向前伸，脚后跟着地，脚尖抬起，使跳绳中段停在脚掌下。

4）辅助练习

（1）双脚跳拍腿

双脚跳起的同时，双手拍打大腿一次（双摇可两次），模拟摇绳的动作，主要提升节奏感。

（2）双脚跳单摇绳

双脚跳起的同时，一手握绳端在同侧摇绳，绳中端接触地面的瞬间，另一手拍打大腿一次（双摇可两次），模拟摇绳的动作，主要提高协调性。

4. 瑞士球

瑞士球，又称稳定球或平衡球，是一种简单的训练设备，也是核心训练最重要的器械。瑞士球训练能增加动作幅度，提高平衡，协调及稳定性，但这仅是其功能的一小部分。瑞士球训练的主要目标是构建支柱力量，因为训练能提高本体感觉，同时提升肩关节、髋关节和核心区的稳定性。

瑞士球的不稳定平面会提高肌肉的准备程度，动员更多的肌群稳定身体，以控制身体在不稳定支撑面上运动，通过训练，支柱（双肩、双髋关节及核心区）的力量及稳定性能得到提高，同时使这 3 个区域更好地协作，瑞士球训练还能激活、拉伸肌群，就像动作准备练习一样，产生更好的灵活性和神经控制。

1）俯卧屈髋（图 4－55）

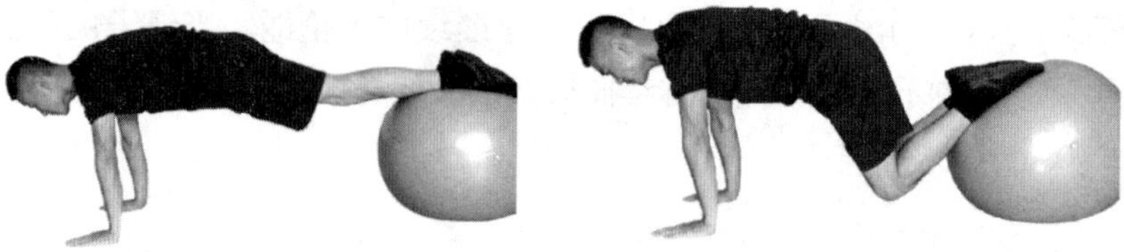

图 4－55　俯卧屈髋

动作难度：★★★

锻炼部位：股四头肌、臀部肌群及腰腹肌。

动作要领：双手自然伸直撑于地面，双脚置于球上，脊柱与头呈一条直线，并呈俯卧撑姿势。收腹屈髋屈膝，使双脚控制瑞士球向前移动至极限，然后展髋展膝将球推回原位，伸直双腿。注意髋关节做动作时，核心、肩膀及手臂要保持稳定，不能随着下肢的动作摇晃。

2）瑞士球推行（图 4－56）

图 4－56　瑞士球推行

动作难度：★★★

锻炼部位：腰腹肌、臀大肌及股四头肌。

动作要领：双膝跪地，双手屈肘置于瑞士球上方，保持躯干与大腿平直的同时向前伸手臂滚动瑞士球，直到双手伸直然后收回。在熟练的基础上可以双膝离地，这样对腹肌的刺激更强。同时也可变换为肘撑绕环，来提高核心部位的稳固。注意，臀部和躯干保持收紧不变形。

3）俯卧单腿弯曲（图 4－57）

动作难度：★★★★

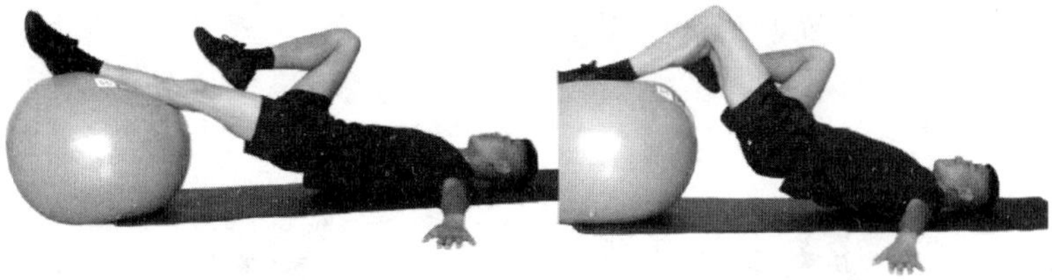

图 4－57　俯卧单腿弯曲

锻炼部位：股二头肌、臀部肌群、腰腹肌。

动作要领：身体仰卧，肩部贴实地面，单脚搭在瑞士球上，另一条腿屈髋屈膝，保持肩膀、膝盖、臀部呈一条直线，核心收紧，腿后侧肌群发力带动膝盖弯曲把瑞士球拉回，屈膝呈 90°，躯干始终保持呈一条直线。力量薄弱者可双脚支撑球体。

4）瑞士球旋转（图 4－58）

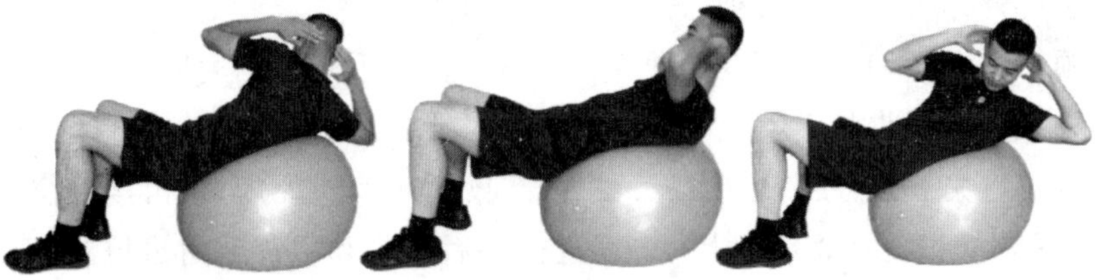

图 4－58　瑞士球旋转

动作难度：★★★

锻炼部位：腰腹肌。

动作要领：躺在瑞士球上，背部支撑，双脚平放于地面，膝盖弯曲 90°，手臂自然置于头侧，腰腹适当用力，控制身体维持平衡，上体慢慢抬起，大约向上一半时，将身体转向一侧，将手肘打开以协助平衡，停在最高位置大约 1 s，然后回到起始的位置，过程中保持下半身固定不动，依次重复。

5. TRX 悬挂绳

TRX 的全名是 Total Body Resistance Exercise，由前美国海军海豹突击队员开发，目的是让消防员在何时何地都可以锻炼体格。一个基本的 TRX 悬挂绳一般由登山扣、中间锚环、主环套、调整护扣、凸轮带扣、手握把、脚支架组成。TRX 悬挂绳以训练者自身的重量作为阻力，随着绳带的长短的变化去改变肌肉训练的角度，以训练肌肉的强度、稳定性和灵活性。TRX 悬挂绳的应用灵活度高，基本上受训者可以使用 TRX 去训练身体所有肌肉，它和一般负重训练不同，适用所有人群，平时也可以将背包绳作为 TRX 悬挂绳。

1）TRX 划船（斜向引体）（图 4－59）

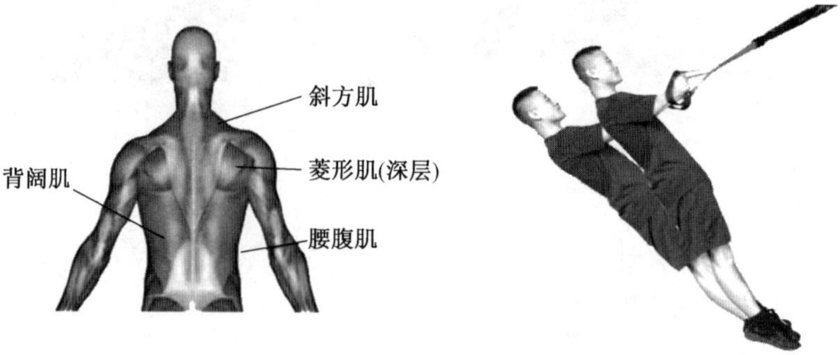

图 4－59　TRX 划船（斜向引体）

动作难度：★★★

锻炼部位：背部肌群（背阔肌、斜方肌、菱形肌）。

动作要领：固定好 TRX 绳带，手把离地约 1 m，双手间距与肩同宽，正手握住吊带，脚尖朝上、脚跟着地，收紧腹部及臀部，肩、背、髋、腿尽量呈一条直线，保持躯干稳定。在上拉时，肩关节先做后移、固定，将背部收起（肩胛骨），手再接着拉（手肘保持微微内夹），感受背部肌肉紧缩。让胸口靠近把手后，再利用背部力量控制下放速度，感受背部肌肉被拉长，直到双手伸直，难度随个人素质差距，变换身体倾斜姿势。

2）TRX 反向飞鸟（图 4－60）

图 4－60　TRX 反向飞鸟

动作难度：★★★★

锻炼部位：肩部外展肌群、斜方肌、菱形肌、三角肌后束及躯干。

动作要领：固定好 TRX 悬挂绳，手把离地约 1 m，双手正手握住握把，间距与肩同宽，脚尖朝上、脚跟着地，收紧腹部及臀部，肩、背、髋、腿尽量呈一条直线，保持躯干稳定。手臂弯曲，固定肘部，肩部后收带动手臂外展，外展至极限时稍停顿，尽量使上背和三角肌后束收紧，注意在外展时慢慢呼气，内收吸气，然后重复进行。

3）TRX 飞鸟（图 4－61）

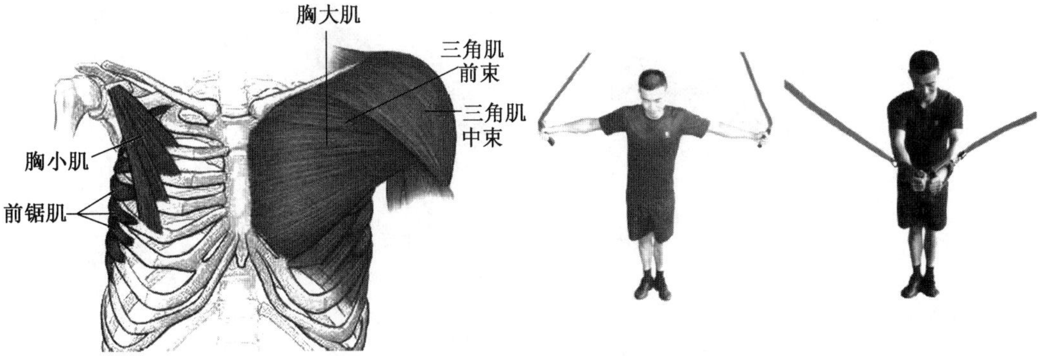

图 4－61　TRX 飞鸟

动作难度：★★★★

锻炼部位：胸部、肩部前侧及躯干。

动作要领：固定好 TRX 悬挂绳，手把离地约与自身肚脐同高，身体由站姿微微前倾俯身，双手抓握把手，手臂伸直固定，手臂高度略低于肩膀，然后两臂向后水平外展做离心收缩，胸肌慢慢拉伸（扩胸）直到大臂和身体略成直线，胸肌收缩，带动手臂内收，回到起始手臂伸直的状态，然后重复进行。注意夹胸时慢慢呼气，外展吸气。

4）TRX 原地登山（图 4－62）

图 4－62　TRX 原地登山

动作难度：★★★★

锻炼部位：髋屈肌（大腿前侧、髂腰肌）。

动作要领：固定好 TRX 悬挂绳，双脚各放进一个软绳套内，双手与肩同宽撑起身体，呈俯卧撑准备姿势，然后双腿交替屈髋顶膝，做腿部登山动作，重复动作，尽量顶膝靠胸稍停顿，脊椎和肩胛部位尽量保持姿势不变。

5）TRX 仰卧腿弯曲（图4－63）

图4－63　TRX 仰卧腿弯曲

动作难度：★★★★

锻炼部位：腿后侧肌肉群（腘绳肌）和臀大肌。

动作要领：固定好 TRX 悬挂绳，手把离地约1 m，身体仰卧后背着地，双脚各放进一个软绳套内，上背紧贴地面，双腿伸直，核心肌群收紧稳定躯干身体成一条直线，屈膝向后勾腿，使脚后跟充分靠拢臀部，稍停留然后再慢慢恢复至起始位置，重复动作。注意髋部和躯干部位收紧保持姿势不变。

6. 战绳

战绳训练是一种有氧运动和无氧运动相结合的训练方式。最早在拳击，MMA 等运动项目中应用，战绳的直径一般为4～5 cm，绳长为9～15 m 不等，重量依照绳子的长度，大概7.5～15 kg。通过锻炼，能够提高身体的核心肌群、稳定性、协调性、心肺机能、爆发力和肌耐力。

战绳训练的强度较大，一般一周2～4 次为易，通常一次的时间在40～60 s 之间，训练组数可以选择4～6 组，根据训练情况来制定即可。如果是为了减脂，那么，就需要控制受训者训练强度，保持在有氧运动的心率范围之内，每分钟最好为140 次左右。如果是为了增肌，那么受训者的心率需要每分钟不低于150 次，这个项目也是非常好的高强度间歇训练（HIIT）。

战绳的训练方法依据甩绳的姿势、方向，可衍生出许多的方法，也可以配合步法和步型来锻炼。以下列举7 种常见的训练方法。

1）交叉波浪（图4－64）

动作难度：★★★

锻炼部位：肩部肌群（三角肌、背阔肌）和小臂肌群。

动作要领：两脚开立，略宽于肩，屈膝下蹲，两手握绳端（绳端可上亦可下），躯干收紧，下肢稳定重心，肩关节发力带动手臂交替上下甩绳，使绳体保持连续交叉波浪，时

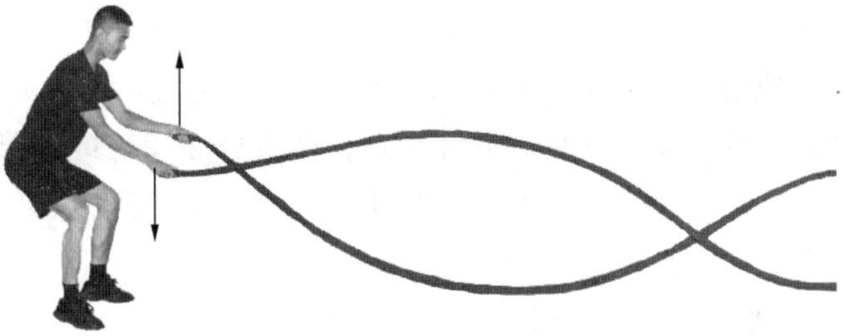

图 4－64　交叉波浪

间持续 30～60 s。

2）双手上下波浪（图 4－65）

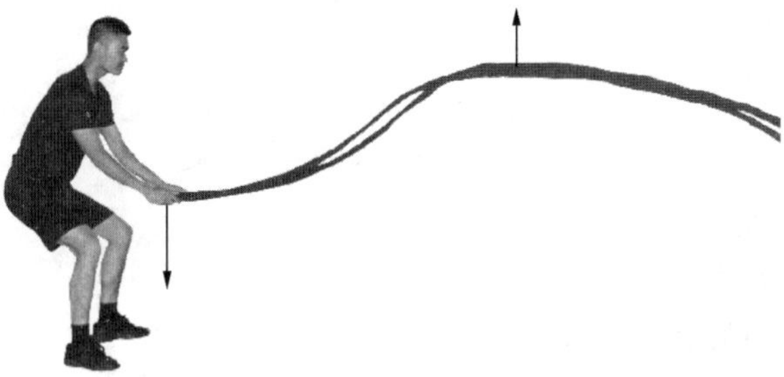

图 4－65　双手上下波浪

动作难度：★★★★

锻炼部位：肩部肌群（三角肌、背阔肌）和核心稳定性。

动作要领：两脚开立，略宽于肩，屈膝下蹲，两手握绳端（绳端可上亦可下），躯干收紧，下肢稳定重心，肩关节发力带动手臂同时上下甩绳，使绳体保持连续波浪，时间持续 30～60 s。此动作也可配合脚步左右或前后移动，来加大动作难度。

3）左右转体双手甩浪（图 4－66）

图 4－66　左右转体双手甩浪

动作难度：★★★

锻炼部位：肩部肌群（三角肌、背阔肌）和腹外斜肌。

动作要领：两脚开立，略宽于肩，屈膝下蹲，两手握绳端（绳端可上亦可下），躯干收紧，下肢稳定重心，肩关节锁死，髋关节转体发力带动手臂左右甩浪，使绳体保持连续波浪或连续交叉波浪，时间持续 30 ~ 60 s。

4）左右双手同步摆浪（图 4 – 67）

图 4 – 67　左右双手同步摆浪

动作难度：★★★★

锻炼部位：肩部肌群和腹外斜肌。

动作要领：两脚开立，略宽于肩，屈膝下蹲，两手握绳端（绳端可上亦可下），躯干收紧，下肢稳定重心，肩关节发力带动手臂左右甩浪，使绳体保持连续波浪或连续交叉波浪，时间持续 30 ~ 60 s。此动作也可配合脚步左右或前后移动，来加大动作难度。

5）开合跳（图 4 – 68）

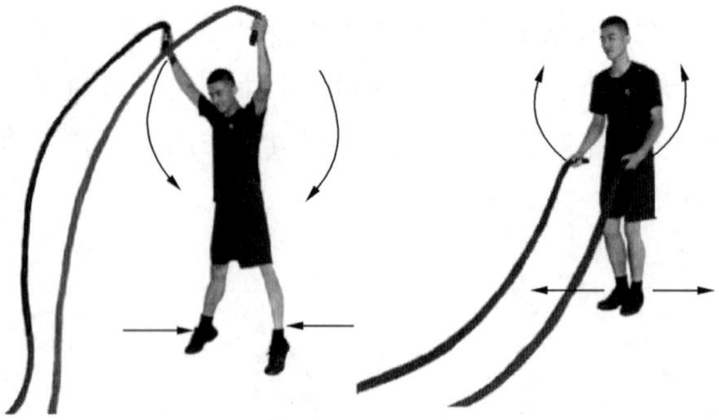

图 4 – 68　开合跳

动作难度：★★★

锻炼部位：三角肌中部。

动作要领：两脚由并拢姿势起跳呈开合步的同时，两手握绳端（绳端可上亦可下）由体侧向头上用力甩绳，使绳体保持连续波浪，时间持续 30 ~ 60 s。

6）横向移动交叉波浪（图 4 – 69）

图 4 – 69 横向移动交叉波浪

动作难度：★★★★

锻炼部位：上肢和肩部肌群。

动作要领：两脚开立，屈膝下蹲，两手握绳端（绳端可上亦可下），躯干收紧，下肢稳定重心，肩关节发力带动手臂交替上下甩绳的同时，两脚左右横移步，使绳体保持连续交叉波浪，时间持续 30 ~ 60 s。

7）前后跳步双手上下波浪（图 4 – 70）

图 4 – 70 前后跳步双手上下波浪

动作难度：★★★★

锻炼部位：上肢和肩部肌群。

动作要领：两脚开立，略宽于肩，屈膝下蹲，两手握绳端（绳端可上亦可下）同时上下甩绳的同时，双脚向前或向后跳步，在移动过程中，核心收紧，时间持续 30 ~ 60 s。

第二节　速度素质训练

一、速度素质的定义

速度素质是指人体或人体某部位快速运动的能力。也就是人体或人体某一部位快速做出运动反应、快速完成动作、快速移动的能力。

速度素质是人体的基本身体素质之一，在身体训练中占有重要的地位和作用。它是衡量身体训练水平、体能好坏的客观依据。速度素质直接反应运动过程中的效果，提供改进技术、提高运动成绩的客观依据。

在消防员的体能训练中，速度素质是受训者尽快掌握动作要领，提高体能训练水平的重要身体素质，也是消防员在战场上快速完成作战任务，提高应对突发事件的重要保证。

二、速度素质的分类

速度素质包括反应速度、动作速度和移动速度。

反应速度是指人体对各种信号（声、光、电等）刺激的快速应激能力。这种能力取决于信号通过神经传导所需时间的长短，即机体的感受器官受到刺激时，由感觉神经元传入至中枢神经，由中枢神经发出指令，经运动神经元传出至效应器，从而使肌肉快速收缩，这在运动中又称为反应时。反应时较长，反应速度慢；反应时较短，反应速度快。

动作速度是指人体或人体某一部分快速完成某一个动作的能力。动作速度是技术动作不可缺少的要素，表现为人体完成某一技术动作时的挥摆速度、击打速度、蹬伸动作和踢踹速度等，此外，还包含在连续完成单个动作时在单位时间里重复次数的多少，即动作频率。

移动速度是指人体在特定方向上位移的速度。以单位时间内机体移动的距离为评定指标。从运动学上讲，是距离与通过该距离所用的时间之比。

三、速度素质训练的主要方法

（一）反应速度的主要方法

1. 利用突发信号的重复练习

即发出信号，命令受训者做某一个相应动作，越快越好。这种练习，主要提高简单反应速度。训练中要更多地采用训练者不熟悉的动作，以提高练习效果。

2. 按信号做选择性练习

一是发出的信号要变化并复杂一些；二是要受训者做相反的动作或按信号规定做不同的动作。这种练习，有利于提高复杂反应速度。

3. 运动感觉法

由于反应速度与区别时间间隔的能力有密切关系，区别时间间隔的能力强，反应速度快。运动感觉法就是通过提高准确区别时间间隔的能力来提高反应速度。

4. 移动目标的反应练习

受训者对移动目标做出应答反应一般要经过以下 4 个步骤。

（1）看到和听到目标移动的信号。

（2）对目标移动的方向、速度做出判断。

（3）选择确定应答的行动。

（4）实施应答行动。

在训练中以第一、二步为重点，不时变换目标移动的方向和速度，提高受训者迅速看到目标并做出准确判断的能力，以缩短全过程的反应时间发展较复杂的反应速度。尽可能地模拟实战中各种复杂变化的情况做各种练习。

（二）动作速度和动作频率的主要方法

1. 运用负重做专门的动作速度练习

例如负重跑、负重高抬腿跑、负重单（双）足跳，增加投掷器械重量的出手动作练习等。这主要是利用负重而获得的后效作用提高动作速度与频率。因为负重完成动作后，一方面其留下的“惯性”作用，有利于提高下一个动作练习时的速度，另一方面负重动作练习后神经中枢的“剩余兴奋”在后一个动作练习过程中仍保持着运动指令，从而可提高后一个动作练习的速度。但这种负重的重量要小一些，负重量大则不利于保持正确的技术动作，而且要与不负重练习结合一起进行，以利于将负重动作练习后的动作速度，很快转移到不负重的专项动作上去。

2. 借助外力和减少外界环境的练习

例如跑步的项目采用的顺风跑借用风力、减少阻力，提高动作的速度和频率；下坡跑、领跑、牵引跑等。在克服自身体重的练习中，为增加动作速度，可采用助力减轻其体重，加快完成动作的速度等。

3. 采用灯光、信号等外界刺激，加快动作速度和动作频率的练习

例如用声响的快节奏要受训者随声响节奏同步做动作，游泳随灯光信号移动速度快速游进等练习，有助于提高受训者动作速度感，加快动作速度和频率。

（三）移动速度的主要方法

移动速度是速度素质综合表现的一种快速运动能力，并受其他素质和技术的影响，因此移动速度的训练除了要提高受训者的反应速度、动作速度和频率外，还要相应发展力量等素质，以及正确而熟练地掌握技术动作。

1. 全面发展全身各部位肌肉的力量

例如，受训者最大力量的训练可采用负重屈伸、直腿抓举、卧举、下蹲、杠铃肩负、俯卧挺身、提踵等各种练习，以促进各部位肌肉群力量的发展。其他项目的训练也都要根据专项特点选择最佳的内容和手段。

2. 速度力量爆发力的训练

此训练可多采用超等长练习，如以最快速度反复原地纵跳、单足跳 40 m、立定跳远、三级跳远、上下跳台阶（单、双足）以及跳深练习等。但是通过力量训练，受训者提高了的力量要转化到移动速度中去，往往是在力量训练的负荷减少后才表现出来，这种现象叫“延缓转化”。

3. 重复跑的练习方法

（1）跑的强度，通常要用 85% ~100% 的强度，但这种强度在训练中要有变化，如固定一种强度重复练习，易形成“速度障碍”。

（2）练习的持续时间不能长，应在 10 s 左右，若以距离来说可以为 40 m→60 m→80 m。

（3）重复的次数和组数，以不影响强度的保持为限。为加长训练的总时间，可适当增加训练的组数，延长组间间歇，以保持每次练习的强度，从而增加练习总次数和总时间。

（4）组间间歇时间应使受训者机体基本恢复，保证下组练习达到既定的强度。

四、发展速度素质的注意事项

1. 要合理安排速度素质练习时间和顺序

速度素质练习的时间，在一个大周期中主要放在准备期的后期和比赛期的前期；在一周中最好安排在小强度训练或调整训练后的第一天进行；在一天或一次训练课中，一般放在上午或课的前半部分，最好安排受训者身心状态最佳、精力最充沛的时候进行。因为人体疲劳后神经过程灵活性降低，兴奋与抑制的快速转换不可能建立，在这时候发展速度素质效果不好。

2. 要以发展力量和柔韧等来促进速度素质

力量特别是快速力量和柔韧性，是影响速度素质的重要因素。因此，在发展速度素质中，首先要注意发展快速力量。其次，通过各种手段提高柔韧素质。柔韧性提高后可以增加力的作用范围和时间，同时能使肌肉协调性得到改善，从而减少肌肉阻力和增大肌肉合力，最终导致运动速度的提高。

3. 发展速度素质时应重视肌肉放松

肌肉放松对速度的提高非常重要。肌肉放松，张弛有度，能够减少肌肉本身的内阻力，增大肌肉合力，使血液循环流畅，若肌肉紧张度达到 60% ~80%，血液流动就会严重受阻，时间稍长，动作就会失去协调性，已有的快速能力也就无从发挥。

五、速度素质训练的常用练习

（一）跑的专门性练习

1. 原地摆臂

锻炼目的：原地摆臂主要体会摆臂技术和动作的协调性。

动作要领：呈弓步姿态，上体稍前倾，两手半握拳，两臂弯曲呈90°。肩关节放松，以肩为轴，做前后协调而有力的摆动。

在练习中，注意摆臂的方向、幅度和肘关节角度的变化。可听掌声作不同节奏的摆臂练习。

2. 小步跑（图4－71）

锻炼目的：小步跑主要体会膝关节放松和脚“扒地”动作，发展跑的频率。

动作要领：身体稍前倾，大腿抬起约40°，膝关节放松，随后大腿积极下压，小腿顺惯性向前摆动，前脚掌积极向后下方“扒地”，两臂配合两腿协调摆动。

图4－71　小步跑

训练方法：可由行进间的低频率小步跑过渡到高频率的小步跑。距离为20～40 m。

3. 高抬腿跑（图4－72）

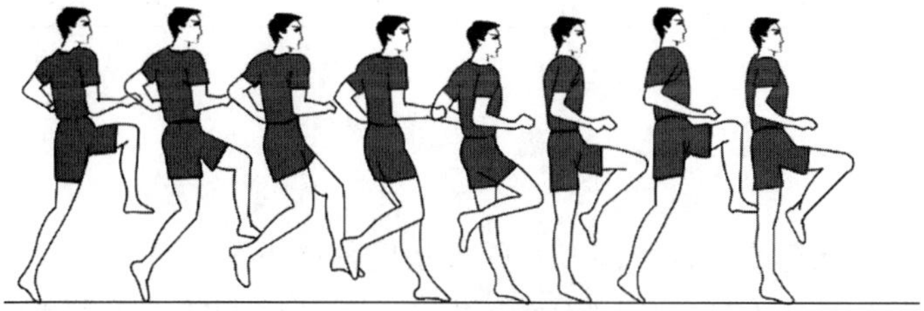

图4－72　高抬腿跑

锻炼目的：高抬腿跑主要体会前摆腿高抬动作，增强腿部肌肉力量。

动作要领：在跑时，上体正直，提高重心，大腿向上高抬约90°，随后积极下压，膝关节放松，小腿自然伸开并用前脚掌着地。同时，支撑腿踝、膝、髋关节充分伸展。两臂配合两腿动作，做前后有力的摆动。

训练方法：先由原地高抬腿开始，再到行进间高抬腿走，最后过渡到高抬腿跑。距离为20～40 m。

4. 后蹬跑（图4－73）

图 4－73　后蹬跑

锻炼目的：后蹬跑主要体会腿部的蹬、摆技术，增强腿部力量。

动作要领：在跑时，上体稍前倾，支撑腿后蹬时充分蹬直。同时，摆动腿屈膝领先向前摆出，然后大腿积极下压，前脚掌向后“扒地”。两臂配合两腿做前后摆动。

训练方法：先进行原地小幅度的交换腿后蹬模仿动作练习，再由慢速后蹬跑过渡到中、快速后蹬跑。距离约为 40 m。

5. 车轮跑（图 4－74）

图 4－74　车轮跑

锻炼目的：车轮跑主要体会大腿和小腿大幅度前摆下压动作。

动作要领：在跑时，上体正直，支撑腿充分伸展，摆动腿大小腿折叠前抬，脚跟接近臀部，大腿前抬与躯干约呈 90°。随后大腿积极下压，膝关节放松，小腿顺势摆出，前脚掌迅速向后“扒地”。两臂配合两腿协调摆动。

6. 下坡跑

锻炼目的：主要发展动作频率。

动作要领：在斜坡路面向下跑进，当跑速达到最快速度后，保持高频率的惯性跑。距离为 60 ~ 80 m。

7. 上坡跑

锻炼目的：主要发展腿部后蹬力量。

动作要领：在斜坡路面向上跑进，体会大腿积极前抬的动作，提高大腿的力量。全程要保持大腿前抬的动作。距离为 20 ~ 40 m。

(二) 100 (200) m 跑

100 m 跑主要用于提高速度素质，改善心肺功能，发展反应能力、协调能力和快速出击的能力。其动作过程分为起跑、加速跑、途中跑和终点跑 4 个部分。

1. 起跑

锻炼目的：起跑是为了使身体迅速摆脱静止状态，获得向前冲力。起跑姿势一般采取蹲踞式，也可采取半蹲踞式和站立式。蹲踞式起跑前，安装起跑器，如图 4 - 75a 所示，挖起跑穴，如图 4 - 75b 所示。

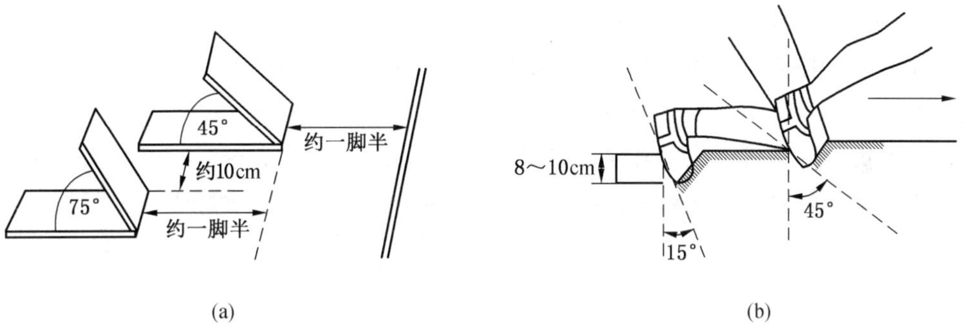

图 4 - 75　安装起跑器、挖起跑穴的方法

动作要领：起跑分为“各就位”“预备”“起跑”3 个阶段。

(1) “各就位”。在听到“各就位”口令后，做几次深呼吸，走到起跑器或起跑穴前，两脚踏起跑器或起跑穴，后膝跪地，两手四指并拢与拇指呈“八”字形，支撑于起跑线后沿处比肩稍宽，两臂伸直，头自然下垂。注意听“预备”口令，如图 4 - 76a 所示。

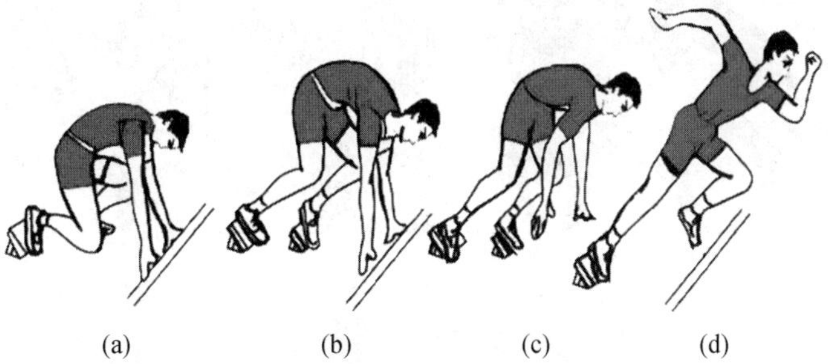

图 4 - 76　起跑

(2) “预备”。在听到 “预备” 口令后，平稳地抬起臀部 (约高于肩)，身体重心向

前上方移动。此时，身体重心落在两臂和前腿之间，两脚贴紧起跑器或起跑穴，使两小腿趋于平行，前腿膝角 90°～100°，后腿膝角 110°～140°，构成较好的用力姿势。集中注意力听起跑信号，如图 4－76b 所示。

（3）起动。在听到枪声或“跑”的口令时，两手迅速推地，两臂屈肘做积极有力的前后摆动，两腿快速用力猛蹬起跑器或起跑穴。同时，后腿以膝部领先迅速向前方摆出，前腿充分蹬直，上体保持较大的前倾姿势，如图 4－76c 和图 4－76d 所示。

2. 起跑后的加速跑

锻炼目的：加速跑是充分利用起跑后身体向前的冲力，在较短的时间内尽快获得高速度。

动作要领：在起跑后，后腿前摆并积极下压着地，随即迅速转入后蹬。前腿蹬离起跑器或起跑穴后积极前摆。两臂配合两腿做快速有力的前后摆动。起跑后的第一步一般距前起跑器约为 3 脚半，第二步距第一步约为 4 脚半，在不降低频率的情况下，逐渐增大步长，两脚着地点逐渐接近成一直线，如图 4－77 所示。跑进中，两臂积极摆动，两腿依次用力蹬地，上体随着步长和跑速的增大，逐渐抬起转入途中跑，如图 4－78 所示。

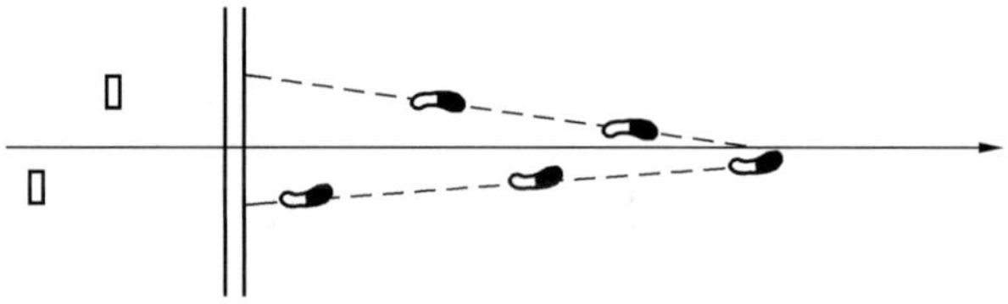

图 4－77　两脚着地点

图 4－78　加速跑

3. 途中跑（图 4－79）

锻炼目的：途中跑是继续发挥起跑后的加速跑所获得的速度，并保持最大速度向前跑。

图 4 – 79　途中跑

动作要领：大腿迅速前摆，步幅要大，两臂自然用力摆动，加大腿的前摆幅度，加快步频。重心平稳前移，两脚沿直线跑。头部应正对前方，目视跑进方向，肩、颈、脸部放松，躯干保持正直稍前倾（7° ~10°）。

4. 终点跑（图 4 – 80）

图 4 – 80　终点跑

锻炼目的：保持惯性，发展速度耐力。

动作要领：终点跑是全程跑的最后一段距离。动作与途中跑相同，但要加大腿的蹬地力量和两臂的摆动速度，身体适当加大前倾。当离终点最后一步时，上体迅速前倾，用胸或肩撞终点线。

（1）在“各就位”时，两脚踏起跑器或起跑穴的位置要正确；调整好“预备”姿势，使身体构成最佳的发力姿势；听到枪声或“跑”的口令时，起动要迅速。

（2）途中跑的腿部动作分为以下 3 个过程：①后蹬。两腿交替跑进中，当身体重心移过支撑点垂直面后，支撑腿开始后蹬。后蹬从伸展髋关节开始，并迅速伸展膝关节和蹬伸踝关节，最后由脚趾蹬离地面。后蹬结束瞬间，髋、膝、踝关节充分蹬伸，如图 4 –

79f～图 4－79i 所示。②前摆。前摆是从后蹬腿蹬离地面时开始。小腿随着蹬地后的惯性向大腿靠拢，形成大小腿边折叠边前摆。大腿摆过垂直部位后，继续积极地以膝领先前摆，并把同侧髋一起带出，膝关节和小腿则处于放松状态，如图 4－79i 和图 4－79j 所示。③着地。当摆动腿向前上摆到最大限度后，大腿积极下压，膝关节放松，小腿顺惯性前摆，用前脚掌完成向后下方“扒地”的着地动作。着地点应在膝关节的垂直下方，脚着地后顺势屈膝、踝关节缓冲，并使身体重心迅速前移，如图 4－79b～图 4－79d 所示。

（3）正确的摆臂动作有助于维持身体平衡，加强腿的后蹬和前摆效果。在途中跑中两臂摆动时，两手半握拳，肘关节自然弯曲约呈 90°，以肩为轴前后摆动。摆动要幅度大、频率快。前摆时，手高不超过下颌；后摆时，肘关节稍向外。

（4）在途中跑时，动作轻松有力，协调自然，幅度大，频率快，重心平稳前移，两脚沿直线跑。

训练方法：

（1）在训练前，慢跑 2～5 min，环转颈、腰和膝关节，缓慢静力性牵拉腿部肌肉韧带。

（2）起跑动作练习：先个人练习体会蹬离起跑器（穴）时两腿、两臂和身体各部动作，再统一发口令，按“各就位”“预备”和“跑”3 个口令成组进行练习。

（3）起跑和起跑后加速跑练习。距离为 40～60 m。统一发口令，按“各就位”“预备”和“跑”3 个口令成组进行练习。

（4）途中跑练习：中等速度跑：距离为 60～100 m，反复多次。跑的动作要放松、协调、步幅开阔，并强调后蹬和高抬腿摆动的正确性，注意两臂摆动的协调性。加速跑。距离为 60～120 m，反复多次。跑时，按动作要领先中速前进，然后依次加大步幅和频率，并逐渐加大速度保持至终点。反复途中跑练习。距离为 80～120 m。由慢到快逐渐加速至最高速度，并保持至终点。

（5）全程跑练习：50 m 全程跑练习。由起跑开始至终点撞线止。在练习时，应强调起跑后的加速跑要尽快发挥速度，达到最高速度并保持到终点。100 m 全程跑。由起跑开始至终点撞线止。在练习时，起跑后的加速跑和途中跑要紧密衔接，途中跑动作要放松、协调、有节奏，并持续高速跑到终点。途中跑及冲刺跑，要加强腿的后蹬动作，上体保持正直或稍前倾，加大两臂摆动力量，以最高速度跑至终点撞线。

在训练后，抖动、拍打大腿肌肉，揉捏小腿后侧，做好训练后的整理放松活动。

第三节　耐力素质训练

一、耐力素质的定义

耐力素质指人体持续运动的能力。由于人体的功能系统不同，所以耐力素质大致可以分为有氧耐力和无氧耐力。而且两者在表现上也都分别存在两种情况。一种是能够运动多久，另一种是能够运动多快，另外两者也是反映人体健康水平或体质好坏的一个重要指标。耐力训练的生理机能是提高有氧代谢和无氧代谢能力。采用较多次数重复的短距离快跑，心率每分钟超过 180 次的练习是无氧代谢训练；强度较小的匀速长距离跑，心率每分钟 150 次左右的练习则属于有氧代谢训练。各项目由于距离的差别，有氧代谢训练和无氧代谢训练的比例不同，距离越长，有氧代谢训练的比例越大。训练时应根据不同距离的项目，采取不同的耐力练习。

二、耐力素质的分类

根据活动持续的时间，可把耐力素质分为短时间耐力、中等时间耐力和长时间耐力。短时间耐力主要指持续时间为 45 s ~ 2 min 运动项目（如 400 m 跑、800 m 跑）所要求的耐力。运动中的能量供应主要通过无氧过程提供，氧债很高。400 m 跑能量的 80% 由无氧系统提供，800 m 跑中能量的 60% ~75% 由无氧系统提供。中等时间耐力主要指持续时间为 2 ~ 8 min 的运动项目所需的耐力。其强度小于短时间耐力项目而大于长时间运动项目，供氧不能全部满足需要会出现氧债。5000 m 跑中无氧系统提供约 20% 的能量，1500 m 跑中能量的 50% 由无氧系统提供。通过有氧和无氧的混合过程提供体内所需要的能量。长时间耐力是指持续时间超过 8 min 以上的运动项目所需要的耐力。在整个运动过程，人体心血管和呼吸系统高度动员，心率、每分钟心脏血液输出量、肺通气量都达到相当的程度，来保证运动的有氧过程。

根据与专项运动的关系，耐力素质可分为一般耐力和专项耐力。一般耐力是指受训者有机体各器官系统长时间协调工作的能力，并包括以下特征：工作持续时间长，不间断，大肌肉群参加工作，运动强度相对不大，心血管系统的功能与活动形式与时间相适应。专项耐力是指运动员有机体为了提高专项成绩，最大限度地动员机能能力，长时间的承受专项负荷，并保持工作的能力。专项耐力的突出特征是突出体现专项特点，满足专项运动的需求。

根据器官系统的机能，耐力素质能分为心血管耐力和肌肉耐力。心血管耐力是指循环系统保证机体长时间肌肉活动时营养和氧的供应以及运走代谢废物的能力，是影响耐力素质最重要的内在因素。肌肉耐力是指受训者肌肉系统在一定的内部与外部负荷的情况下，能坚持较长时间或重复较多次数的能力。

根据肌肉的工作方式，耐力素质还可分为静力性耐力和动力性耐力。静力性耐力是指有机体在较长时间的静力性肌肉工作中克服疲劳的能力。如体操项目中直角悬垂表现出来的耐力水平。动力性耐力是指有机体在较长时间的动力性肌肉工作中克服疲劳的能力。

三、耐力素质的主要方法

（一）一般耐力的主要方法

提高一般耐力最主要就是发展受训者的有氧供能水平，这可用长时间的跑和其他周期性项目为手段，采用持续训练法和间歇训练法。

1. 采用持续训练法发展一般耐力

（1）持续练习的时间要长，一般要在 40 min 以上。

（2）持续练习的负荷强度，如以负荷过程中的心率衡量，应控制在每分钟 150 ~ 160 次，心率控制在这个水平可增加心脏血液输出量，最大吸氧量可达 80% 左右，并可产生心脏容积增大的效应。

（3）持续练习的方式，主要是不间断的连续进行，可以匀速，也可以变速。在持续练习时，提高和改善受训者的呼吸能力，对一般耐力训练是很重要的。要在练习过程中使呼吸节奏与动作节奏协调一致，避免发生紊乱，并注意加深呼吸的深度。这可减少能量消耗，坚持更长时间的负荷，有利于一般耐力的提高。

2. 采用间歇训练法发展一般耐力

（1）练习的持续时间，控制在 60 ~ 100 s，这能保证在间隙时间里吸氧量达到最大值，提高呼吸系统的功能。

（2）练习的强度，达到本人最高强度的 85% ，如以心率衡量可达每分钟 170 ~ 180 次。因为在这种强度工作后的 10 ~ 100 s 内，耗氧量能大大增强，心血输出量也增加，从而促使有氧耐力得到提高。这是近些年来通过间歇训练法发展有氧耐力的一种较有效的方法。

（3）间歇时间，控制在 45 ~ 100 s，最多不要超过 4 min。其休息时间之所以不能过长，主要是为了不使上一次练习后已进入工作状态的肌肉微血管收缩，以保证间歇后的练习比较容易的进入工作状态。

（4）间歇时的休息方式，以积极性休息如走和慢跑为好，这既可加速恢复，又可保持下次练习时神经系统的必要兴奋性。

（5）练习的组数，在最多不超过 4 ~ 9 min 的间歇休息时间里，心率不能恢复到每分钟 120 ~ 140 次时，就不再进行下一组练习。

（二）专项耐力训练的主要方法

专项耐力是指有机体克服专项训练负荷所产生的抗疲劳的能力。由于各专项特征不同，专项耐力也具有以下不同的特征。

长距离和超长距离项目，如 10000 m 跑、负重武装越野等，其耐力在很大程度上是由受训者有氧供能能力所决定的，因此其专项耐力是以有氧耐力为特征。

中等距离的项目，如 400 m 救人物资疏散、200 m 灭火障碍，其耐力有相当程度是由糖酵解供能所决定的，因此其专项耐力是以糖酵解也即是通常所说的速度耐力为特征。

短距离类的项目，如 100 m 跑、50 m 跑、100 m 游泳等，其耐力是由磷酸原供能和糖酵解供能所决定的，因此其专项耐力也要以无氧耐力为特征。

由于各专项特征不同，其耐力特征也不一样，有的是以无氧耐力或有氧耐力为特征，有的是以长时间坚持最大肌肉用力为特征。因此专项耐力训练须针对专项所需耐力的特征进行。

四、发展耐力素质的注意事项

1. 耐力训练中的呼吸方法

发展耐力素质，特别是发展有氧耐力水平，正确的呼吸是十分重要的。呼吸的作用在于摄取发展耐力必要的氧气和及时排出代谢过程产生的二氧化碳。机体摄取氧气是通过呼吸频率和加深呼吸深度来实现的，二者之间，后者更为重要。耐力训练对氧气的需求量大，受训者要重视呼吸问题。有氧训练时，受训者的呼吸，并不是靠加快呼吸的频率，而是以加深呼吸的深度、特别是呼气的深度。只有呼气深，呼出的二氧化碳气体多，才能吸进更多的氧气。同时应培养受训者用鼻子呼吸的习惯（游泳除外），因为鼻腔有黏膜可以净化空气，也可以使氧气暖和一些再吸入气管，还可以减少尘埃和冷气进入肺部。用嘴呼吸会出现以横隔膜升降的浅呼吸，用鼻呼吸就避免这种现象。

在耐力训练时，受训者应注意练习呼吸的节奏与动作节奏的协调一致，呼吸节奏紊乱，就会使动作节奏遭到破坏，也会使能量物质的消耗增加，不利于耐力水平的提高。

2. 练习者的主动性

受训者在训练中是否主动投入，对练习的效果有很大的影响。当受训者主动投入时，其中枢神经系统、内脏系统和肌肉系统等都能处在一个良性状态下，为机体承受较大的运动负荷创造了非常好的条件，有利于耐力水平的提高。在耐力练习中影响练习主动性的因素较多，主要是和兴趣、意志品质、目标追求、思想认识有关。因此，耐力练习除了采用多种多样的方法与手段激发受训者的兴趣外，还要注意培养受训者刻苦耐劳、坚韧不拔的意志。

3. 有氧耐力和无氧耐力的有机结合

有氧耐力和无氧耐力虽然在代谢过程中表现出较大差异，但是两者存在着非常密切的关系。有氧耐力是基础，无氧耐力的发展是建立在有氧耐力提高的基础上。通过有氧耐力练习能使心脏体积增大，每搏输出量提高，从而为无氧耐力的提高打下坚实的基础。如一开始就进行无氧耐力训练，就很难提高每搏输出量，还会影响全身血液的供给，对今后发展不利。反过来，发展有氧耐力过程中，穿插一些无氧耐力练习，能改善受训者的呼吸能力和循环系统的功能，这有利于提高机体输送氧气的能力，对提高有氧耐力水平极为有利。由此可见，有氧耐力和无氧耐力之间是相互联系，相互促进的。所以，在耐力练习中要注意两者的结合，至于有氧耐力练习和无氧耐力练习的比例，应视实际情况而定。

4. 注意消除受训者的疲劳

耐力练习时间长，消耗的能量大，所以训练后积极补充能源物质很重要，它使受训者机体更快地恢复及获得超量能源的储备。另外还要采取有效的措施和手段，使疲劳的肌肉及神经系统得以放松和及早消除疲劳，为下次练习创造条件，这对耐力性的训练极为重要。

5. 训练中要及时加强医务监督

由于耐力练习时间较长，受训者负荷较大，对人体各系统的影响也比较深刻。如果受训者在健康水平不佳或者机能能力有障碍的情况下，进行大负荷的耐力练习，就容易对人体各系统的功能造成严重的损害。因此在耐力训练时，加强医务监督就非常必要。耐力练习中的医务监督一般包括两个方面的内容：一是练习前的机能评定，简单的有血压、心率情况以及受训者的自我感觉。二是练习时受训者对负荷安排的承受情况，如重复动作的变异程度、受训者练习时的面部表情变化等。一旦发现异常情况就应根据实际情况，减轻负荷或停止练习，以防不测。

五、耐力素质训练的常用练习

（一）肌肉耐力练习

1. 重复爬坡跑

锻炼目的：发展下肢后蹬和耐力。

动作过程：在15°的斜坡道或15°~20°的山坡上进行上坡跑，重复5组或更多，距离为250 m及以上，间歇为4~5 min。强度为60%~70%。也可根据训练目的决定强度，可参考心率把握运动强度，也可负重进行。

2. 连续半蹲跑

锻炼目的：发展下肢、髋关节肌群力量和耐力。

动作过程：呈半蹲姿势（大小腿约呈100°）向前跑进50~70 m，重复5~7组，组间间歇为4~5 min，强度为60%~70%。不规定速度，返回时尽量放松身体，在进行下一组练习前，可做15 s的贴墙手倒立。

3. 原地间歇高抬腿跑

锻炼目的：发展屈髋肌力量和耐力。

动作过程：原地或前支撑做高抬腿跑练习，每组100~150次，重复6~8组，组间间歇为2~4 min，强度为50%~60%。要求动作规范，不要求时间，但动作要不间断地完成，也可负重做练习，但每组练习次数和组数可适当减少。

4. 后蹬跑

锻炼目的：发展后蹬、耐力及肢体协调性。

动作过程：后蹬跑每次100~150 m或负重后蹬跑60~80 m，重复6~8组，组间间歇为4~5 min，强度为50%~60%。

5. 连续换腿跳平台

锻炼目的：发展足踝部和小腿爆发力。

动作过程：平台高度为40~50 cm，单脚放在平台上，另一脚在地上支撑，两脚交替跳上平台各40~50次。要求两臂协调配合，上体正直，重复4~5组，组间间歇为4 min，强度为50% ~65% 。

6. 半蹲连续跳

锻炼目的：发展下肢伸肌耐力。

动作过程：在草地上做连续向前双脚跳，落地成半蹲（膝关节呈90° ~100°），落地后迅速进行第二次。每组20 ~40次（也可为长度50 ~60 m），重复4 ~5组，组间间歇为5 min，强度为55% ~65% 。

7. 负重连续转跳

锻炼目的：发展核心肌群耐力。

动作过程：肩负杠铃等轻器械做连续原地轻跳或提踵练习，每组40 ~50次，重复6 ~8组，组间间歇为4 ~5 min。强度为40% ~60% 。

8. 连续纵跳摸高

锻炼目的：发展小腿肌群耐力。

动作过程：在摸高器或篮球架下站立，连续纵跳双手摸高。每组40次，重复4 ~6组，组间间歇为2 min。强度为50% ~60% 。

9. 手倒立

锻炼目的：发展上肢肩部肌群耐力。

动作过程：独立完成手倒立或对墙做或在帮助下完成。每组倒立静止2 ~4 min，重复4 ~6组，组间间歇为5 min，强度为40% ~50% 。

10. 收腹举腿静力练习

锻炼目的：发展腹肌耐力。

动作过程：在双杠或垫上做收腹举腿（直角支撑）动作，每次静止1 ~2 min，重复4 ~5次，组间间歇为5 min，强度为40% ~50% 。静止时躯干与大腿间的夹角不能大于100°，静止时间由40 s开始，逐渐增加。

（二）无氧耐力练习

1. 原地间歇高抬腿跑

锻炼目的：发展屈髋肌耐力。

动作过程：原地做快速高抬腿练习，如发展非乳酸性无氧耐力，则可做每组5 s、10 s、40 s钟快速高抬腿练习，重复6 ~8组，组间间歇2 ~4 min，强度为90% ~95% 。要求越快越好。为发展乳酸性无氧耐力,则可做1 min练习,或100 ~150次为一组,重复6 ~8组，组间间歇为2 ~4 min，强度为80% ，要求动作规范。也可前支撑做高抬腿跑练习。

2. 高抬腿跑转加速跑

锻炼目的：发展屈髋肌耐力。

动作过程：行进间高抬腿跑20 m左右转加速跑80 m。重复5 ~8次，组间间歇为2 ~4 min，强度为80% ~85% 。

3. 反复起跑

锻炼目的：发展下肢耐力。

动作过程：蹲踞式或站立式起跑 40 ~ 60 m。重复 4 ~ 6 次，重复 4 ~ 6 组，组间间歇 1 min，组间间歇为 4 min，强度为 85%。

4. 反复跑

锻炼目的：发展下肢耐力。

动作过程：跑距为 60 m、80 m、100 m、120 m、150 m 等。重复次数应根据距离的长短及受训者的水平而定。一般每组 4 ~ 5 次，重复 4 ~ 6 组，组间间歇为 4 ~ 5 min。强度一般用心率控制，约为 80%。如短跑专项的距离，练习时心率应达到每分钟 180 次，间歇恢复至每分钟 120 次时，就可以进行下次练习。

5. 间歇接力跑

锻炼目的：发展下肢耐力及心肺机能。

动作过程：跑道上，四人成两组，相距 200 m 站立，听口令起跑，每人跑 200 m 交接棒，每人重复 8 ~ 10 次，强度为 80%。明确每棒跑进的时间。

6. 变速跑

锻炼目的：发展下肢耐力及心肺机能。

动作过程：变速快跑和慢跑相结合进行。快跑段与慢跑段距离，应根据受训者专项来定。如发展非乳酸性无氧耐力，则采用 50 m 快、50 m 慢、100 m 快、100 m 慢或直道快、弯道慢或弯道慢、直道快等。为发展乳酸性无氧耐力，常采用 400 m 快 200 m 慢，或 400 m 慢 200 m 快，或 600 m 快 200 m 慢等，强度为 60% ~ 80%。

7. 反复变速跑

锻炼目的：发展下肢耐力及心肺机能。

动作过程：在场地上听口令或看信号做向前、后、左、右的变向跑。每次进行 2 min，重复 4 ~ 5 组，组间间歇为 4 ~ 5 min，强度为 65% ~ 70%。变向跑的每一段均为往返跑，即跑出去后，返回起跑位置，每一段至少 50 m，间歇后心率恢复到每分钟 120 次以下，再开始继续练习。

8. 球场往返跑

锻炼目的：发展下肢耐力。

动作过程：篮球场端线站立，听口令起跑至对面端线后再转身跑回。每组往返 4 ~ 6 次，重复 4 ~ 6 组，强度为 60% ~ 70%。

9. 综合练习

锻炼目的：发展下肢耐力及心肺机能。

动作过程：沙坑中纵跳 20 次→途中跑 50 m→双杠臂屈伸 10 次→双杠支撑前进，往返 4 次为一组，4 ~ 5 组，组间间歇为 5 min，强度为 60% ~ 70%。沙坑纵跳为全蹲跳起，途中跑为 70% 速度，双杠臂屈伸符合标准，支撑前进不能间断或落杠。

（三）有氧耐力练习

1. 定时跑

锻炼目的：发展心肺机能。

动作过程：在场地或公路上做 10 ~ 20 min 或更长时间的定时跑，强度为 50% ~60% 。

2. 定时定距跑

锻炼目的：发展心肺机能。

动作过程：

(1) 在场地或公路上做定时跑，跑完固定距离。如要求在 15 ~ 20 min 内跑完 3000 ~ 5000 m 的距离，强度为 50% ~65% 。

(2) 3000 (5000) m 跑。3000 (5000) m 跑主要用于提高耐力素质，培养吃苦耐劳、坚韧不拔的意志品质。其动作过程分为起跑、途中跑和终点跑 3 个部分。

① 起跑：

起跑通常有半蹲踞式或站立式起跑。在中距离跑中通常采用半蹲踞式或站立式起跑；在长距离跑中一般采用站立式起跑。

起跑分为“各就位”和“鸣枪”或“跑”两个过程。

采用半蹲踞式起跑（图 4 – 81）时，听到“各就位”口令后，走到起跑线后，两脚前后开立（约一脚半）。前脚的翼侧手，拇指与其他四指呈“八”字形撑于起跑线后，另一臂在体侧。上体稍前倾，体重主要落在前腿和支撑臂上。动作近似蹲踞式起跑。

采用站立式起跑（图 4 – 82）时，在听到“各就位”口令后，走到起跑线后，两脚前后开立，两腿弯曲上体前倾，两臂自然下垂或前后分开，身体保持稳定姿势，集中注意力听枪声或“跑”的口令。在听到枪声或“跑”的口令时，两腿用力蹬地，后腿迅速前摆，两臂配合两腿动作，做快速而有力的摆动，使身体迅速向前冲出。

图 4 – 81　半蹲踞式起跑

图 4 – 82　站立式起跑

② 途中跑：

途中跑的技术分“振幅型”和“频率型”两类。“振幅型”要求动作幅度较大，步幅较长，中长跑通常采用这一类型。“频率型”要求两腿积极交替，步频较快，步幅适宜，短跑一般采用“频率型”（图 4 – 83）。

腿部动作要轻松协调、有节奏。脚着地方法可用前脚掌外侧先着地，并过渡到全脚掌；也可用全脚掌着地。着地要轻松柔和，尽量减少脚着地的冲击力。

图4－83 “频率型”途中跑

在跑时，上体保持正直或稍向前倾，腹部微收，头部自然与上体呈一条直线，颈、背、肩部自然放松，两眼平视前方。

在进入弯道后逐渐加大身体的倾斜度，外侧肩高于内侧肩，外侧臂摆幅大并稍向前；内侧臂摆幅小并向后。外侧腿前摆时，膝稍内扣，脚掌内侧先着地；内侧腿用脚掌外侧先着地。

在跑动中，呼吸的节奏要与跑的节奏相配合，一般是跑2步或3步一呼气，跑2步或3步一吸气，用鼻和嘴同时进行。体力分配应根据训练水平情况，计划好全程的时间和各段距离的跑速。一般情况下，应以较均匀的速度跑完全程。

③ 终点跑：

终点跑是临近终点的一段加速跑。加速距离一般在400 m，加速跑时，要竭尽全力，以顽强的毅力跑过终点。

动作要领：

腿部动作。在跑时，腿后蹬的力量比短跑小，后蹬角度比短跑大（约60°），腿前摆的幅度、高度比短跑略小，动作轻松协调、有节奏。

上体与臂部动作。在跑时，上体不要故意晃动或左右扭摆。两臂摆动的幅度小于短跑，摆动时应和上体及腿部动作协调配合。

呼吸方法。中长跑由于距离长、体力消耗大，对氧的需求量很大。为了供给机体较多的氧气，必须加大呼吸频率和呼吸深度。在呼吸时应着重将气呼出，只有充分呼出二氧化碳，才能吸进大量氧气。呼吸的节奏要与跑的节奏相配合，跑2步或3步一呼气，跑2步或3步一吸气，在起跑、途中跑和终点冲刺跑时，都不能有任何闭气。

3. 变速跑

锻炼目的：发展心肺机能。

动作过程：在场地上进行。快跑段、慢跑段距离应根据专项任务与要求决定。一般以400 m、600 m、800 m、1000 m等段落进行。例如：中等跑的受训者常采用400 m快跑、200 m慢跑的变速或600 m快跑、200～400 m慢跑等变速。长跑的受训者常采用1000 m快、400 m慢等变速。重复次数一般4～8次为一组，1～2组。组间间歇10～12 min。一般以心率控制，快跑段落心率控制在每分钟140次左右，慢跑段落心率控制在每分钟120次以下，间歇时心率恢复到每分钟100次以下时，开始下一组练习。

第四节　灵敏素质训练

一、灵敏素质的概念

灵敏素质是人体神经支配肢体动作的能力及完成动作的连贯和协调能力。它主要体现为移动灵敏，动作灵敏，反应灵敏、协调性和平衡方面的能力。

（一）移动灵敏

移动灵敏，是人体快速改变运动状态的能力，它包括加速，减速，急停，变向，正向跑，反向跑，横向跑等。移动灵敏是一个复合的运动过程，体现了力量与速度。

（二）动作灵敏

动作灵敏，是人体快速改变身体姿态以及动作连续性的能力。动作灵敏其实是一个复杂的体现，主要体现肢体的协调性，动作灵敏要求连贯性，稳定性，准确性。

（三）反应灵敏

反应灵敏，是人体判断外界信号之后能否做出正确动作的能力。反应练习其实是在强化我们的反应灵敏，即判断出外界信号之后，迅速做出精准的条件反射的过程。此外，反应灵敏的优劣还有一个重要的因素叫感觉统合能力，需要重点发展的素质之一。

（四）平衡

平衡，是人体保持姿态稳定以及重心稳定的能力，即存在于安静状态下，也存在于运动状态下。它是以上所有灵敏素质表现的前提。

二、影响灵敏素质的因素

（一）敏捷的思维能力

在运动或完成任务中，各种运动技术和运动技能的灵活应用，大脑神经活动过程兴奋与抑制的转换程度与快速工作能力的平衡，均取决于敏捷的思维判断能力。

（二）感觉器官

运动分析器与本体感受器的灵活性与准确性，以及肌肉收缩的协调性与节奏感是影响灵敏素质的重要因素。通过长时间协调训练，可使上述能力得到全面发展和提高。

（三）性别、体型、疲劳程度

灵敏素质与性别有关。在儿童期男女灵敏性素质几乎无差异；在青春期男子逐渐优于女子；在青春期以后男子明显优于女子。女子进入青春期，由于体重增加，有氧能力下降，内分泌系统变化，灵敏素质会一度出现明显的生理下降趋势。不同的运动项目对体型有不同要求，一般而言，过长而瘦高，过胖或梨形体型的人缺乏灵敏性；O 型腿、X 型腿的人缺乏灵敏性。此外，疲劳时动作反应迟钝，速度降低，动作不协调，灵敏性会显著降低。

三、灵敏素质训练的主要方法

（一）徒手练习法

1. 单人练习法

1）腿臂协调操

锻炼目的：发展肢体协调性。

动作要领：

（1）腹背屈伸单脚跳。

在预备时，两手前上举，一脚在前，一脚在后，单脚跳起的同时，腹背前屈手脚相触，然后跳换至另一脚的同时，腹背后屈两手前上举，完成一个循环，之后重复前面动作。

（2）肘膝触碰单脚跳。

在预备时，左手前上举，左脚在前，右脚在后，左脚连续跳起两次的同时，肘膝相触一次，再次起跳两次的同时，手脚完成一次相触，腹背前屈手脚相触，然后跳换至另一脚的同时，动作同以上，重复交替进行。

（3）手脚触碰单脚跳。

单脚跳的同时，异侧的手脚先在体前相互触碰，然后转至体后相互触碰，以此重复进行，由慢到快，动作协同一致，连贯流畅。

（4）挺髋甩臂协调操。

在预备时，两脚开立与肩同宽，两手臂由左侧开始，向左侧挺髋的同时，两手臂甩至反方向体侧，向右侧挺髋的同时，两手臂复位，再向左侧挺髋的同时，两手臂交换体前运动的顺序，然后依次重复进行。

（5）原地跳转体 180°、270°、360°、720°。

由站立姿势起，在起跳时迅速转头转体，要求起跳转体协调流畅，动作迅速，重心稳。

2）燕式平衡

锻炼目的：提高下肢的协调性和平衡性。

动作要领：由单腿站立、另腿后举、两臂侧上举姿势开始，前脚向前一步，上体前倾，两臂前举或经前绕至侧平举，抬头、挺胸，支撑腿膝关节绷直，另一腿经后向上逐渐抬起，同时上体下压与地面平行，呈后举腿高于头部的腹平衡，如图 4 – 84 所示。支撑腿绷直，用全脚掌控制平衡，后举腿尽量高举。

图 4 – 84　燕式平衡

3）10 m × 5 往返跑

锻炼目的：提高快速位移能力，发展下肢爆发力和灵活性。

动作要领：在间距 10 m 的区域内，起跑动作可用蹲式、半蹲、立式起跑。当听到起跑的口令或枪声迅速向前跑进。跑至对面终点线时一脚触及终点并迅速转身，触线脚迅速向前迈进向终点线跑进，跑至起跑线为一次往返，往返 5 次为完成。

（1）在起跑时要集中注意力，双眼目视前方，注意听起跑口令或枪声。

（2）在进行往返转身动作时，在距离接触线约 2 m 时身体重心下沉并减速，一脚支撑一脚向接触线伸出，上体重心稍向后迅速转身。

训练方法：

（1）提高腿部的力量，采用深蹲起立、单腿跳、负杠铃深蹲起立等练习，增强腿部力量。

（2）先加强 40 m 或 50 m 的短跑速度，再进行往返跑。

（3）对身体的转身动作进行专项练习。

2. 多人练习法

1）“贴膏药”

锻炼目的：提高快速位移能力、反应能力。

动作要领：两人结对，前后站立，选定两人指定追逐者和被追逐者，明确被追逐者的跑动范围不能离结对站立者过远，追逐者在追逐过程，被追逐者须由体前后背贴至任意一对站立者，然后后侧一名即成为下一被追逐者，若追逐者触碰至被追逐者身体任意一处，即交换追逐双方。

2）两人三足（n 人 $n+1$ 足）

锻炼目的：提高身体协调性。

动作要领：两人同向相邻站立，将相邻的两脚用腰带或绳带固定，手臂相互搭肩，然后听口令，两人或多人协调行进或跑进。

3）两人背夹球横向跑

锻炼目的：提高身体协调性。

动作要领：两人结对背向站立，两肩背相互夹球，呈预备姿势，听到开始口令，向指定方向侧向移动，移动过程中球不能掉落。

（二）器械练习法

器械练习法包括各种形式的运球、传球、顶球、托球、追球、单（双）杠、跳绳、灵敏梯等。

1）灵敏梯

灵敏梯也叫速度梯，以平放在地上的软梯或绳梯为对象，进行步伐训练的一种运动方式。能够增强身体的灵活性、敏捷性和协调性，减小下肢受伤概率，提高身体运动的节奏性。根据通过的方式可分为：前进小碎步（正向）、横向小滑步、前前后后（侧向）、进进出出（正向），前后交叉步（侧向）及蝎子摆尾（正向）。

（1）前进小碎步（正向）（图 4－85）。

锻炼目的：提高步频和速度。

图 4-85 前进小碎步（正向）

动作要领：前脚掌着地，每步落在小方格以内，要求轻快、节奏感强，脚踝有弹性。

（2）横向小滑步（图 4-86）。

锻炼目的：提高步频和速度。

动作要领：身体横向站立，两脚平行滑动，依次落入小方格内，然后依次移动下一方格，重复进行，前脚掌着地，步子轻快。

（3）前前后后（图 4-87）。

图 4-86 横向小滑步

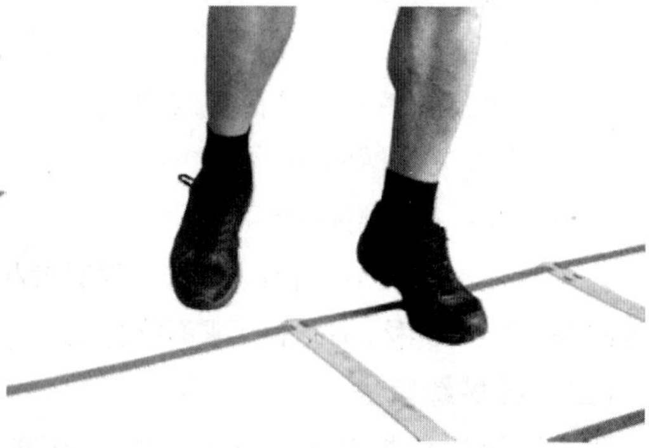

图 4-87 前前后后（侧向）

锻炼目的：提高步频和速度。

动作要领：身体侧向站立，两脚依次踏入小方格内，再依次踏出小方格外，然后依次踏入下一方格内，依次重复。

（4）里里外外（图 4-88）。

锻炼目的：提高步频和速度。

动作要领：身体正向站立，两脚依次踏入小方格内，再依次踏出小方格外，然后依次

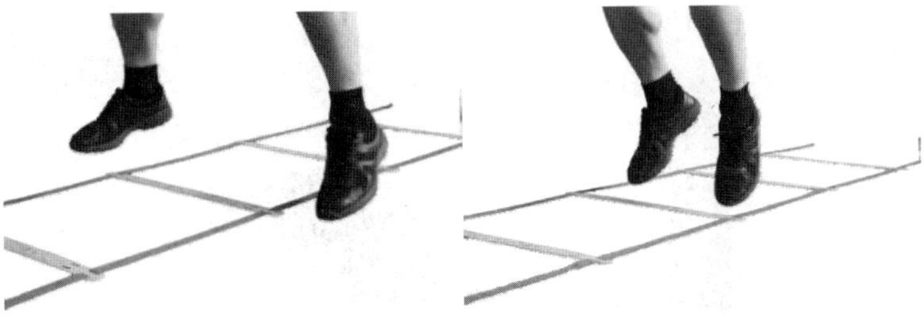

图4－88　里里外外（正向）

踏入下一方格内，依次重复。

（5）前后交叉步（图4－89）。

锻炼目的：提高下肢的协调性以及灵敏性。

动作要领：身体侧向站立，两脚依次交叉踏入小方格内，再交换依次交叉踏入下一小方格内，然后依次重复。

（6）蝎子摆尾（图4－90）。

图4－89　前后交叉步（侧向）

图4－90　蝎子摆尾（正向）

锻炼目的：提高下肢的协调性和脚步节奏感。

动作要领：身体正向站立，右（左）脚向前踏入小方格内，左（右）脚向右（左）后交叉踏出小方格外的同时，左（右）脚踏入下一方格，交换双脚交叉，依次重复。

2）壶铃

锻炼目的：提高下肢的协调性和平衡性。

动作要领：右（左）手提壶铃，左（右）侧单腿站立，上体前俯的同时，右腿慢慢抬起保持约与上体在同一条直线上，停顿少许，慢慢恢复，然后交替进行，如图4－91所示。支撑腿微屈膝，用全脚掌控制平衡。

图 4－91　单腿负重硬拉

(三) 组合练习

1. 两个动作组合练习法

主要有交叉步接后退跑，后踢腿接圆圈跑，侧手翻接前滚翻，侧手翻接后滚翻等。

2. 三个动作组合练习

主要有交叉步接滑步和障碍跑，360°跳转体接侧手翻和前滚翻，弹踢接腾空飞脚和鱼跃前滚翻，滑跳接交叉步和转身滑步跑等。

3. 多个动作组合练习

主要有倒立前滚翻接侧滚→跪起跳、蛇形绕杆→跳栏→前滚翻、腾空飞脚接旋子→前滚翻→乌龙绞柱、摆腿→鱼跃前滚翻等。

第五节　柔韧素质训练

一、柔韧素质的定义

柔韧素质是指人体关节活动幅度的大小及跨过关节的韧带、肌腱、肌肉、皮肤及其他组织的弹性和伸展能力。

柔韧素质包括两个方面的含义：一个是关节活动幅度的大小，另一个是附着关节的韧带、肌腱、肌肉等软组织的伸展性。关节的活动幅度主要取决于关节本身的装置结构。韧带、肌腱、肌肉等软组织的伸展性则主要通过合理的训练获得。

二、柔韧素质的分类

人们通常把柔韧素质简称为柔韧性。柔韧素质通常分为一般柔韧素质和专项柔韧素质。

一般柔韧素质是指受训者在进行训练时，为适应这类身体练习，保证一般训练顺利进行所需的柔韧素质。如，消防员在快速奔跑时，加大必要的步幅所需要的腿部的柔韧性，在抱扛假人练习时，所需要的大肩部肌群和腿后群肌肉表现出来的柔韧性。

专项柔韧素质是指专项运动技术所特殊需要的柔韧性。它建立在一般柔韧性基础上，并由各专项动作的生物学结构所决定。如消防员为了完成救援任务，腰腹核心部位必须表现出大幅度的活动范围。

三、柔韧素质训练的主要方法

针对影响柔韧素质的因素，无论是一般柔韧素质还是专项柔韧素质训练，都要针对影响因素的不同，科学地安排柔韧素质训练，其基本的训练原理是，通过提高跨过关节的韧带和肌肉的伸展性来提高关节的活动幅度。骨关节结构是难以改变的，肌肉和韧带的伸展性的提高主要是通过拉伸来实现。

柔韧素质训练的基本方法是拉伸法，拉伸法可分为动力性拉伸法和静力性拉伸法两种，这两种方法又都可采用主动性和被动性两种练习方法进行。

（一）动力性拉伸法

动力性拉伸法是指有节奏的多次重复同一动作的练习，使有关部位的肌肉、韧带逐渐拉长。

1. 压腿（图 4 -92）

图 4 -92　压腿

锻炼目的：拉伸腿部、髋部肌肉韧性。

动作要领：受训者将一脚放在一定的高度上，另一腿站立于地面，脚尖朝前，正方向、侧方向或后方向压腿。反复练习数次后换腿。

2. 踢腿（图 4 -93）

锻炼目的：拉伸腿部、髋部肌肉韧性。

图 4－93　踢腿

动作要领：受训者侧对把杆，单手抓握把杆，一脚站立于地面，脚尖朝前，一脚做上踢、后踢或侧踢。反复练习数次后换腿。

3. 摆腿

锻炼目的：拉伸腿部、髋部肌肉韧性。

动作要领：受训者一手抓握把杆，一脚站立于地面，一脚做向前、向侧摆腿动作。反复练习数次后换腿。

图 4－94　坐位压腿

4. 坐位压腿（图 4－94）

锻炼目的：拉伸腿部、髋部肌肉韧性。

动作要领：受训者坐在地上，两腿分开至最大极限，帮助者站在受训者背后，双手放在受训者背上，帮助受训者下压上体。反复练习数次后两人交换。

5. 坐位双人压腿

锻炼目的：拉伸腿部、髋部肌肉韧性。

动作要领：两名受训者面对面坐在地上，两腿分开至最大极限，双脚互相顶住，双手相握，一人前倒，一人后仰。反复练习数次。

（二）静力性拉伸法

静力性拉伸法是指通过动力拉伸，缓慢地将所需发展的部位肌肉和韧带拉长，当拉长到一定程度时，就静止不动一段时间，以持续刺激该部位的肌肉和韧带，达到拉长的效果。如普拉提垫上动作、瑜伽等。

1. 腰腹部

1）转腰

锻炼目的：拉伸腿部、髋部肌肉韧性。

动作要领：两脚分开与肩同宽，双手臂屈臂交叉于脑后，向右（左）侧屈体侧拉，保持静止数秒，换方向重复练习，如图 4－95 所示。

2）分腿体前屈

锻炼目的：拉伸腿部、髋部肌肉韧性。

动作要领：两腿分开至最大极限，上体前屈，双手向上伸展。

3）后屈

锻炼目的：拉伸腿部、髋部肌肉韧性。

动作要领：两膝跪地，躯干慢慢后仰，两臂后伸自然伸直，双手抓握脚踝或脚跟，身体放松，保持数秒，如图 4 –96 所示。

4）双人拱桥

锻炼目的：拉伸腿部、髋部肌肉韧性。

动作要领：受训者两脚分开与肩同宽站立，帮助者站在受训者侧方。当受训者身体向后呈反弓下压时，帮助者双手十指交叉环抱受训者腰部给予适当托力，受训者身体慢慢向下，双手放在地上支撑数秒，如图 4 –97 所示。

图 4 –95　腰腹部拉伸

图 4 –96　分腿体前屈拉伸

图 4 –97　双人拱桥

2. 腿部

1）坐（立）位体前屈（图 4 –98）

锻炼目的：主要用于提高人体腰背部及腿部后侧肌肉、肌腱及皮肤的弹性和伸展性，增强腿、腰部关节的柔韧性。

动作要领：坐位或直立，两臂前举（上举），上体前屈下潜，两腿伸直，臀部稍后移，胸部尽量与腿相贴，双拳（双掌）同时前伸（触地面），并保持 4 s。

保护与帮助方法：保护者位于受训者一侧成跪立，当受训者体前屈下潜时，一手扶腿后侧，一手扶背部，合力助力，帮助胸腿相贴，但不能过分用力，防止肌肉拉伤。

2）横叉、纵叉（图 4 –99）

锻炼目的：拉伸腿部、髋部肌肉韧性。

图 4－98　坐（立）位体前屈

图 4－99　横叉、纵叉

动作要领：双腿前后（左右）分开至最大极限后，保持静止数秒。

（三）主动性练习

主动性练习是指在动力或静力拉伸时，不依靠外力，而只是以自己的力量将肌肉、韧带拉长。

（四）被动性练习

被动性练习是指在动力或静力拉伸时，依靠外力作用将肌肉、韧带拉长。被动性练习拉伸肌肉、韧带的程度。往往高于主动性练习，其相差的程度反映了其柔韧性发展的潜力。但是各项目训练中所要求的柔韧性，都是训练者主动完成的，因此主动性柔韧的作用比被动性柔韧更大，被动性练习主要是将受训者的柔韧素质潜力挖掘出来。

四、发展柔韧素质训练的注意事项

1. 要结合专项特征控制好柔韧素质的发展水平

在训练中，虽然专项对柔韧素质往往有较高的要求，但一般说来，没有必要使其发展水平达到最大限度。只要控制在保证顺利地完成必要的动作，并有一定的“柔韧性储备”（即柔韧水平稍许超过完成动作的最大限度）即可。超过关节的解剖学结构限度的灵活性（过分发展柔韧素质），会导致关节和韧带变形，影响关节结构的牢固性。某些部位柔韧性的过分发展，甚至会影响到受训者身体的形态发展。

2. 要循序渐进，持之以恒

由于肌肉、韧带的伸展性的提高不是一蹴而就的，所以练习应逐步提高要求，做到循序渐进，不能急于求成。在拉长肌肉的同时可能会出现疼痛现象，对此要进行具体分析，只能从原有水平作为衡量标准，不能盲目硬拉。在同伴的帮助下进行被动性练习时更应谨慎，以免肌肉、韧带拉伤。柔韧素质发展较快，但停止训练后，肌腱、韧带已获得的伸展能力消退也快。因此，柔韧训练要做到系统化、经常化。

3. 要有适宜的外界温度和练习的时间

外界温度以 18°为好，在这个温度下进行练习，肌肉和韧带的伸展性较好。超过这个温度，肌肉紧张或无力都会影响到其伸展能力。

一天之中，任何时间都可以进行柔韧性训练，但在不同的时间，效果不一样。早晨柔韧性会明显降低。所以早晨可做一些强度不大的“拉韧带”练习。一日之中在 10 ~ 18 时人体能表现出良好的柔韧性，此时可进行一些强度较大的柔韧性练习。

4. 柔韧素质要和其他素质结合进行训练

柔韧素质训练要和其他素质训练结合进行，特别是与力量素质训练相结合，使肌肉、韧带柔而不软，韧而不僵，刚劲有力，使关节的活动幅度掌握自如。

5. 在柔韧练习后要注意放松和防止受伤

在柔韧练习中，每个伸展练习之后，应做相反方向的练习，使供血功能机能加强，有助于伸展肌群的放松和恢复。如压腿之后做几次屈腿练习，体前屈练习后做几次挺腹收跨动作等。柔韧素质训练前，通过准备活动可提高肌肉的温度，降低肌肉内部的黏滞性，防止拉伤。在拉长肌肉的过程中，不宜用力过猛，特别是在柔韧被动练习时，组训者施加的外力要循序渐进，要了解受训者的个性特征，还要及时发现受训者的练习反应，以便合理的加力与减力，保证练习的正常进行。

第六节 基础素质组合训练

一、组合练习的定义

组合练习是通过不同强度、不同形式和项目动作进行的编排组合，以达到全面增强消防员的基础性体能素质，提高身体的速度、耐力、上下肢和腰腹部力量，发展灵敏度和协调能力。组合项目是根据训练目的需要，按照速度、耐力和灵敏度所体现的内容进行科学的组合。

二、组合练习的注意事项

（1）要遵循训练的基本规律，由慢至快，由简至繁，先协调灵敏后力量速度的顺序。

（2）组合要有明确的训练目的，切忌项目随意搭配。

三、常见的几种组合练习

（一）30 m×2 蛇形跑

1. 场地器材及人员着装要求

在标准田径场的跑道上（道宽 1.25 m），划两条间隔 30 m 的平行线，作为起终点线和折返线。器材：在两条间隔 2.5 m 的跑道分道线上直线相距 5 m 处，设置 1 根立杆，共设 7 根立杆，立杆高度不低于 1.8 m；秒表。受训者着作训服或体能训练服，穿制式胶鞋。30 m×2 蛇形跑场地如图 4－100 所示。

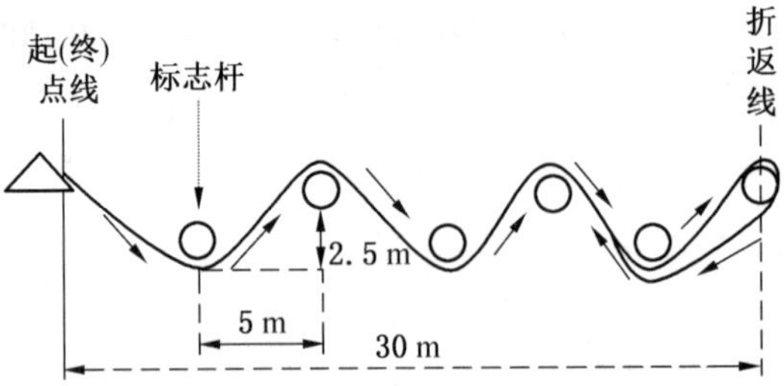

图 4－100　30 m×2 蛇形跑场地示意图

2. 动作要领

预备姿势：双脚站立在第一标志杆左侧的起点线后，在听到“预备”信号后，做好站立式起跑动作。

动作练习：在听到“起跑”信号后跑向第二标志杆，并从外侧绕过标志杆，依次绕杆至最后一根标志杆折返，按原路返回至起终点线。

3. 训练方法

（1）站立起跑和起跑后加速跑练习。体会第一步绕杆技术和摆臂技术。进行听信号站立式起跑，加速 20～40 m（反复练习）。

（2）快速跳跃练习，提高踝关节稳定性与腿部力量。

（3）上坡重复跑练习。

（4）加速变向跑练习。

（5）短距离间歇跑练习。跑的距离为 40 m→60 m→80 m，强度分别控制在 95%、90%、85%。例如：50 m×4 次，每次间歇 90 s。

4. 注意事项

（1）在训练前做好准备活动；在训练结束后重点安排腿部肌肉的拉伸放松。

（2）要避免在湿滑地面上练习，注意预防损伤。

（二）10 m×5 往返跑

1. 场地器材及人员着装要求

相距 10 m 两条平行直线，作为起点线和折返线。受训者着作训服或体能训练服，穿制式胶鞋。往返跑场地如图 4－101 所示。

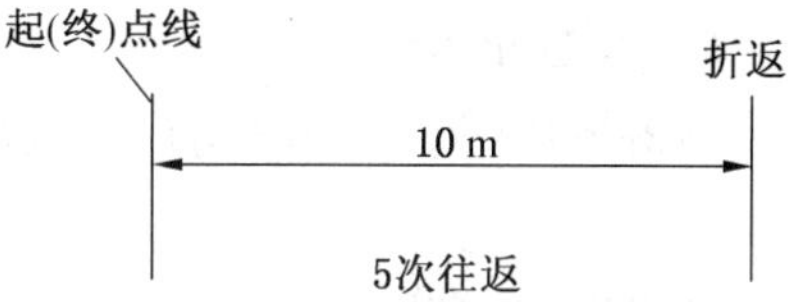

图 4－101 往返跑场地示意图

2. 动作要领

预备姿势：两脚开立，右（左）脚在前。右（左）臂在后，肘微屈，左（右）臂在前。抬头目视前方，身体微向前倾，膝关节微屈。

动作练习：受训者位于起点线后，听到“开始”信号后加速跑至 20 m 折返标志线，用左脚或右脚急停制动，迅速降低重心用脚触及折返线，然后跑回并用脚触及起点线即为完成一次往返跑，共往返 5 次。

3. 训练方法

站立式起跑、加速跑、上坡跑、蛙跳、单脚跳、立定跳远、跳绳、变向跑、折返跑等。

4. 常见错误与纠正方法

常见错误：脚未触及折返线或脚在触及折返线时身体重心过高。

纠正方法：在跑至 20 m 折返标志线时应用左脚或右脚急停，迅速降低重心用脚触及折返线。

（三）组合练习一

此组合主要锻炼上肢、下肢和腰腹部力量练习，其动作过程：由左右屈体转 20 次、屈膝两头起 20 次、击掌俯卧撑（女俯卧撑）5 次、背手蛙跳（女蛙跳）25 m、仰卧手足走 25 m 这 5 个动作组成。

1. 场地器材及人员着装要求

场地可设置在篮球场、田径场跑道或平整地面上，划两条宽度 1.25 m，长度 28 m 的平行线，其顶端划两条连线，顶端一侧向场内 4 m 处划一条起终点线为力量区域，力量区域内放置 1 个垫子，其余场地为行进区域。受训者着作训服或体能训练服，穿制式胶鞋。徒手组合练习场地如图 4－102 所示。

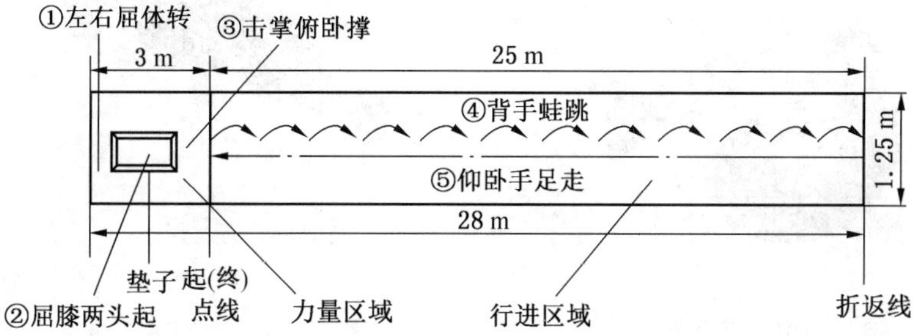

图 4－102 徒手组合练习场地示意图

2. 动作要领

1）左右屈体转

预备姿势：双脚分开与肩同宽站立，挺胸、收腹、立腰，两臂侧平举，掌心向前，如图 4 – 103 所示。

动作练习：做上体前屈转体和一手触摸异侧脚脚背动作，另一手伸直上举位，然后上体抬起还原成预备姿势，如图 4 – 104 所示。变换反方向依次重复 20 次练习。

图 4 – 103　预备姿势

图 4 – 104　上体前屈转体

2）屈膝两头起

预备姿势：仰卧于垫子上，两臂弯曲，双手触摸同侧耳朵，两腿伸直。

动作练习：上体做向前屈体动作，同时双腿做屈膝收腿动作，使双肘触及同侧双膝，然后上体后仰和伸腿还原成预备姿势，如图 4 – 105 所示。重复练习 20 次。

3）击掌俯卧撑

预备姿势：双手手掌着地，手指向前，两手间距比肩稍宽，两臂伸直，两脚并拢脚趾着地，身体挺直呈直线动作姿势，如图 4 – 106 所示。

图 4 – 105　屈膝两头起

图 4 – 106　俯卧撑预备姿势

动作练习：保持身体挺直的平板动作，两肘关节弯曲和外展，身体下降，使双肩关节与双肘关节平齐。在保持身体平板动作的基础上，双臂做快速伸肘撑起身体与顶肩动作，使两掌推离地面后迅速击掌，然后两手撑地成预备姿势，如图 4－107 所示。

4）半蹲蛙跳

预备姿势：双脚站立于起终点线后，两膝屈膝半蹲，上体稍前倾，双手放置于后腰处，一手抓握另一手腕，如图 4－108 所示。

动作练习：双膝做迅速蹬伸动作，使身体向前上方腾空跃起，然后做屈髋屈膝前脚掌着地的缓冲落地动作，重复跳越至折返线，如图 4－109 所示。

图 4－107　击掌动作

图 4－108　预备姿势

图 4－109　起跳动作

5）仰卧手足走

预备姿势：面对行进区域，双脚开立于折返线后，两膝弯曲，双手支撑于背后地面上，身体成仰卧姿势，髋部上挺，如图 4－110 所示。

图 4－110　仰卧手足走

动作练习：双腿和双手依次做交叉向前手足走动作行进。

3. 训练方法

1）左右屈体转

练习步骤：立位体前屈、坐位体前屈练习；坐位分腿交叉体前屈练习；立位分腿交叉体前屈练习。

2）仰卧交叉转体

练习步骤：仰卧交叉转体（图 4－111）、仰卧举腿、斜板仰卧起坐、单杠悬垂举腿练习。

图 4-111　仰卧交叉转体

3）击掌俯卧撑

练习步骤：快速俯卧撑、俯卧撑顶肩离地、快速俯卧撑推手离地、向上助力击掌俯卧撑练习。

4）背手蛙跳

练习步骤：立定跳远、纵跳收腿、连续跳跃低障碍练习。

5）仰卧手足走

练习步骤：手抓踝前行、在帮助下做仰卧手足走练习。

（四）组合练习二（图 4-112）

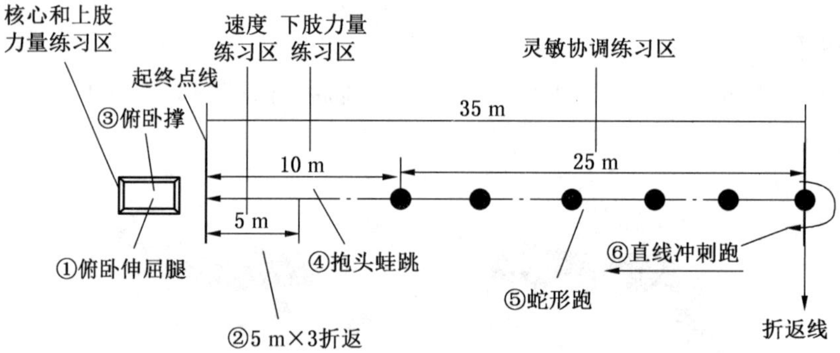

图 4-112　组合练习二

此组合主要锻炼上肢、下肢和腰腹部力量，其动作过程：俯卧伸屈腿 10 次、5 m 折返跑 4 次、俯卧撑 10 次、蛙跳 10 m、蛇形跑 25 m 和返回直线跑 35 m 这 6 个环节组成。

1. 场地器材及人员着装要求

场地可设置在田径场跑道或平整地面上，画两条宽度为 35 m 的平行线，其顶端划两条连线，起点处为核心腰腹力量区域，其余场地为行进区域、速度练习区、下肢力量区、灵敏协调练习区。受训者着作训服或体能训练服，穿制式胶鞋。

2. 动作要领

1）俯卧伸屈腿（图 4－113）

图 4－113　俯卧伸屈腿

俯卧伸屈腿主要用于发展腰腹肌力量，提高腰背肌肉韧带的柔韧性和灵活性，增强人体内部器官的功能。

在平地上成俯撑，一腿用力屈髋、屈膝，使腿向前运动，大腿尽量靠近胸部，而后迅速向后伸出，两腿交替做单腿伸屈动作。依此反复进行。

当做俯撑伸屈腿时，身体保持平直，不得翘臀、弯膝；一腿屈膝向前运动时，方向正直向前，防止外摆或里合过大；腿前屈到位，使大腿尽量靠近胸部；后伸腿充分伸直。

2）5 m 折返跑

折返跑主要用于提高身体的灵敏性和爆发力。

在俯卧伸屈腿结束后，迅速由起点开始做 5 m 距离的折返跑并进行 4 次折返，折返过程中，手要触碰折返线。

俯身触线快，两腿后蹬充分。

3）俯卧撑

俯卧撑主要锻炼上肢伸肌肌群力量。

在衔接折返跑动作后，迅速在起点线后做俯卧撑 10 次，动作过程中，屈臂到位，身体收紧。

俯身快，撑臂快，身体保持直线。

4）蛙跳（图 4－114）

蛙跳主要用于提高腿部伸肌力量和腰腹肌力量。

两脚分开与肩同宽，两脚呈外八字，两腿屈膝呈蹲式，两手十指交叉抱于脑后。起跳时，两脚用力蹬地，使身体向前上方腾起，腾起时两腿并拢，身体呈反弓形。随着重心前移，大腿向前上收，小腿前伸。落地时，两脚分开成蹲式，大小腿之间的夹角小于 90°。

在呈蹲式时，上体稍向前倾；身体在空中腾起时，两腿并拢主动向后上摆，上体主动后仰，挺腹，使身体呈反弓形；两脚同时动作，同时着地，蹬伸充分。

5）蛇形跑

蛇形跑主要用于提高在快速运动中，转弯前进的技能，增强身体的协调性和灵敏反应

图 4－114　蛙跳

能力。

其动作要领与途中跑基本相同。向左绕行，当接近第一根标志杆时，左脚稍向左前跨步，在标志杆左侧着地，身体重心向右前倾斜，右脚顺势向右前迈出绕过标志杆；当接近第二根标志杆时，右脚稍向右前跨步，在标志杆右侧着地，身体重心向左前倾斜，左脚顺势向左前迈出，而后依次跑进。当向右绕行时，要领与向左绕行相同，方向相反。

在接近标志杆时，上体前倾，重心降低，变换身体方向要快，动作协调；在标志杆一侧着地的脚，要适当增大步幅。

6）折返冲刺跑

折返跑主要用于提高身体的快速奔跑能力。

按 100 m 跑起跑和加速跑的动作要领进行。

起跑和加速跑要快。

第七节　基础素质器械训练

一、器械训练的定义

器械训练是指通过各种不同的训练器材发展身体的力量、耐力、灵敏和协调等素质。

二、器械训练的分类及特点

（一）器械训练的分类

按照器械功能及特点可分为：固定器械，如单（双）杠、蝴蝶机、胸推机等；半固定器械，如史密斯机、龙门架、TRX 悬挂绳、弹力绳等；自由器械，如哑铃、杠铃等。

（二）器械训练的特点

1. 固定器械训练的特点

（1）器械的运动有固定的约束，有固定的运动轨迹和幅度；

（2）能够对受训者起到保护的作用，相对安全；

（3）对身体力量训练能够有正确的受力感及较强的针对性。

2. 半固定器械训练的特点

半固定器械训练，训练器材部分部位相对固定，但运动方向可以变化角度，能够在力量锻炼的过程中起到对肌肉不同体位的受力感。

3. 自由器械训练的特点

自由器械训练方便，适宜普遍人群。

三、器械训练的主要方法

前面力量素质章节已经介绍了哑铃、杠铃、TRX 悬挂绳、战绳、瑞士球等器械的训练，这里重点介绍单双杠器械训练的方法。

（一）单杠引体向上（图 4－115）

图 4－115　引体向上

1. 场地器材及人员着装要求

制式单杠，松软沙地或体操垫，镁粉。受训者着作训服或体能训练服，穿制式胶鞋。

2. 动作要领

预备姿势：两手正握杠，双手间距比肩稍宽，呈直臂悬垂姿势。

动作练习：在做引体动作时，屈臂引体至下颌超过杠面；在做臂悬垂动作时，两臂自然伸直，还原成预备姿势。重复练习。

3. 训练方法

1）辅助练习

在完成动作过程中帮助者站于受训者后面，双手托受训者腰部或抓握两踝关节，向上助力帮助受训者完成动作，如图 4－116 和图 4－117 所示。

图 4－116　托腰辅助练习

图 4－117　抓踝辅助练习

2）抗阻练习（图 4－118）

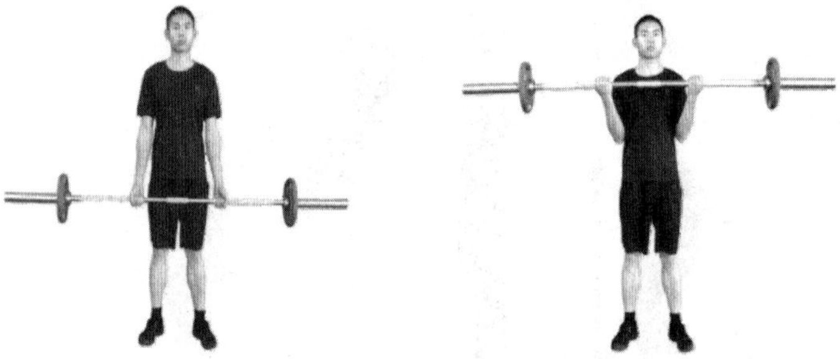

图 4－118　抗阻练习

利用杠铃、哑铃、弹力带或受训者负重、背包或脚挂重物等形式进行抗阻练习。以利用杠铃练习为例，受训者两脚开立，双手反握杠铃（杠铃重量约为 15～20 kg；也可用其他重物代替），与肩同宽，两臂自然伸直，杠铃静置大腿前侧开始，以肘关节为轴做两臂的屈臂动作，两肘需完全屈收，杠铃位于锁骨部位，再放松伸臂至大腿前。每组引体向上练习后，可立即进行此练习，能有效提高对上臂肱二头肌的刺激深度。

3）静力性练习

（1）直臂悬垂练习。受训者在引体向上预备姿势基础上做静止悬垂动作练习。

（2）屈臂悬垂练习。受训者在手臂弯曲不同角度的情况下进行静止悬垂动作练习，也可增加负重的练习。

4. 常见错误与纠正方法

仰头挺胸，造成上体后仰，上拉困难。

纠正方法：拉杠引体时，含胸微屈髋，快速拉杠。

5. 保护与帮助

在完成动作过程中帮助者站于受训者身后，当受训者屈臂拉杠力觉不足时，可双手托受训者腰部或扶腿，向上助力帮助受训者完成动作。

（二）单杠屈臂悬垂（图4－119）

图4－119 单杠屈臂悬垂

1. 场地器材及人员着装要求

制式单杠，松软沙地或体操垫，镁粉。受训者着作训服或体能训练服，穿制式胶鞋。

2. 动作要领

预备姿势：两手正（反）握杠，双手间距比肩稍宽，呈屈臂悬垂姿势。

动作练习：在做屈臂悬垂时，屈臂引体至下颌超过杠面；当力竭下杠或下颌低于杠面时，结束动作，然后重复练习。

3. 保护与帮助

在完成动作过程中帮助者站于受训者身后，当受训者屈臂拉杠力量不足有脱杠趋势时，双手及时托扶受训者腰部。

4. 训练方法

1）斜身引体向上练习

受训者站在双杠侧面，双手正（反）握杠面成直臂斜身悬垂动作姿势。在保持斜身平板动作的基础上，引体向上，胸部或下颌尽量贴近杠面，还原成准备姿势，重复练习。

2）俯卧平板支撑练习

受训者双手或小臂支撑于地面，双脚脚尖着地，身体收紧打平成平板静力性动作，根据自身的能力保持一定时间。

3）弹力带练习

选择适当的弹力带悬挂于单杠上，双脚踩在弹力带下端，借助弹力带的收缩性，完成屈臂悬垂动作。

5. 保护与帮助

在动作过程中帮助者站于受训者身后，当受训者屈臂拉杠力量不足时，可双手托受训者腰部或扶腿，向上助力帮助受训者完成动作。

（三）单杠卷身上（图4-120）

图4-120 卷身上

1. 场地器材及人员着装要求

制式单杠，松软沙地或体操垫，镁粉。受训者着作训服或体能训练服，穿制式胶鞋。

2. 动作要领

预备姿势：两手正握杠，双手间距比肩稍宽，两臂自然伸直。

动作练习：在卷身上时，屈臂向上引体，同时含胸、收腹、屈髋上举大腿，上体后倒，在屈臂引体时，腿向后上方伸出过杠，使腹部贴杠，身体绕单杠转动成杠上直臂正撑动作；在下落时，身体后倒，两臂用力缓慢下放伸直，还原成预备姿势。重复练习。

3. 训练方法

1）帮助练习

帮助者在受训者一侧，一手托受训者臀部，另一手推其肩部，帮助其完成动作。

2）仰卧两头起

受训者仰卧，两臂上举。练习时，收腹举腿，同时上体前屈，两手碰触脚背部位。

3）单杠悬垂收腹举腿

双手握住单杠或肋木，身体呈悬垂姿势。在练习时，两腿伸直上举，上举幅度根据腹部肌肉力量而定，力量较好者双脚举至单杠杠面，力量较差者可减小幅度，或屈膝完成，如图4-121所示。

图 4－121　悬垂举腿

4）负重练习

腹部力量较强者可在踝关节或小腿部位负重后进行练习，重量逐渐增加。

4. 常见错误与纠正方法

（1）过早抬头挺胸，造成收腹举腿困难。纠正方法：强调抬头挺胸的时机。

（2）在上体后倒时，臂放松，身体下沉。纠正方法：握低杠站立，一脚蹬地，一腿向上摆起，腹部贴杠，在助力下体会动作。

5. 保护与帮助

帮助者在杠下一侧，当受训者卷身上动作力量不足时，手托其臀部和推肩向上助力完成。

（四）双杠杠端臂屈伸（图 4－122）

图 4－122　杠端臂屈伸

1. 场地器材及人员着装要求

制式双杠，松软沙地或体操垫，镁粉。受训者着作训服或体能训练服，穿制式胶鞋。

2. 动作要领

预备姿势：面向杠端站立，双杠宽度约大于肩宽 10 cm，两手握于杠端，跳起成杠上直臂支撑动作。

动作练习：在做屈臂动作时，双肘关节同时弯曲且稍外展，屈臂后肩关节低于肘关节；在做伸臂动作时，保持身体挺直，双肘关节同时做伸直动作，撑起身体。重复练习。

3. 训练方法

1）帮扶练习

帮助者站于受训者身后，双手托受训者腰部或抓住两踝关节，向上助力帮助其完成动作，如图 4－123 和图 4－124 所示。

图 4－123　托腰辅助

图 4－124　抓踝辅助

2）杠上支撑移动

受训者双手握于双杠杠面，两手交替向前移动，身体保持垂直姿势，也可用杠铃片负重，重量约为 15～20 kg，或用其他重物代替。

3）杠上手脚支撑练习（图 4－125）

图 4－125　杠上手脚支撑练习

在正撑双杠的基础上，两脚分别踏在杠面上，呈屈腿仰撑姿势，做臂屈伸。

4）负重臂屈伸

受训者穿沙衣或脚挂重物后进行练习。

5）静力性练习

（1）直臂正撑练习。受训者在臂屈伸预备姿势的基础上进行静力支撑练习。

（2）屈臂撑练习。受训者在肘关节弯曲不同角度的情况下进行静力支撑练习，也可负重练习。

4. 常见错误与纠正方法

（1）在向上撑杠时，挺腹，造成身体重心前移，支撑困难。纠正方法：向上撑杠时，含胸微屈髋，快速撑起。

（2）在做臂屈伸时，前后摆动借助外力完成。纠正方法：用一个标志物放在受训者脚后。

5. 保护与帮助

帮助者站在受训者身后，双手抓握受训者髋部，当受训者伸臂支撑力量不足时，可扶髋向上助力。

（五）双杠支撑平移（图4－126）

图4－126 双杠支撑平移

1. 场地器材及人员着装要求

制式双杠，松软沙地或体操垫，镁粉。受训者着作训服或体能训练服，穿制式胶鞋。

2. 动作要领

预备姿势：面向杠端站立，双杠宽度约大于肩宽10 cm，两手握于杠端，跳起成杠上直臂支撑动作。

动作练习：身体重心移动至左（右）手的同时，右（左）手迅速向前移抓适当距离，然后两手交替进行，使身体向前（后）移动，向后移动至杠端位置后两手推杠跳下呈立正姿势。

3. 训练方法

平板支撑和俯卧撑。

4. 保护与帮助

帮助者站在双杠外侧，跟随受训者移动而移动，当受训者伸臂支撑力量不足时，及时托扶。

（六）双杠摆动臂屈伸（图 4－127）

图 4－127　摆动臂屈伸

1. 场地器材及人员着装要求

制式双杠，松软沙地或体操垫，镁粉。受训者着作训服或体能训练服，穿制式胶鞋。

2. 动作要领

预备姿势：在杠内 1 m 处，跳起呈直臂支撑动作。

动作练习：上体稍向后仰，同时收腹举腿，将腿和臀部向前上方送出，伸展身体向后摆动，摆至终点时，屈臂自然前摆。前摆过垂直部位后用力向前上方踢腿，同时伸直两肘关节，重复练习。

3. 练习方法

做屈臂撑小摆动练习，体会踢腿时机和伸直臂动作；做小摆动臂屈伸，然后逐渐加大摆幅；在帮助下做连贯动作。

4. 保护与帮助

帮助者站在受训者一侧，当受训者向前上方踢腿时，手托其臀部向上助力。

第五章 消防应用体能训练（一）

消防应用体能是体能训练实战化应用的重要方向，要求消防员佩戴个人防护装备及灭火救援器具进行特定科目的训练。其现实意义在于消防员身心素质与实战技能得以综合应用和发展，尤其是战斗精神能够在训练中得以有效锤炼和培育，能够更全面地锻炼和评价消防员从事灭火和应急救援工作的综合体能素质。应用体能是体能训练及考核竞赛的重要组成部分，也是消防员开展技能训练，完成灭火战斗救援任务的基础。

第一节 5000 m（3000 m）负重

5000 m（3000 m）负重跑的动作与中长跑的动作基本相同，由于途中跑的运动时间长，体力消耗大且负重（背负重约 11 kg 的空气呼吸器），所以在跑时应根据场地和环境不同采取不同的跑进方法，途中一般应以跑步为主。跑动中动作轻松协调，保持良好的呼吸节奏，并掌握合理的跑速，平时加强有氧耐力与力量训练。

一、场地设置

400 m 标准田径场或平整场地，如图 5－1 所示。

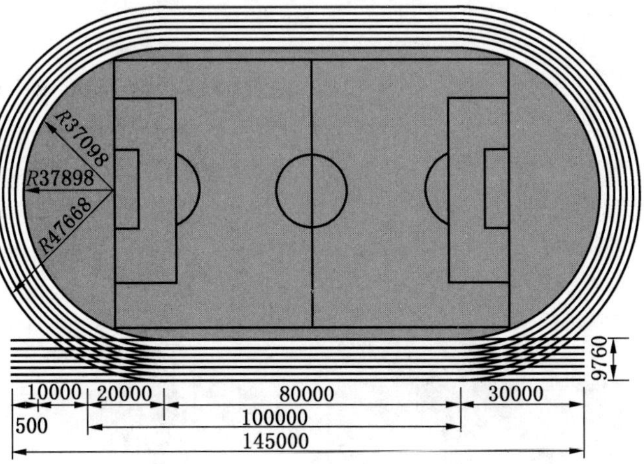

图 5－1 400 m 标准田径场

二、操作程序

受训者在起点线处立正站好，听到“预备”口令后，做好起跑准备，听到“开始”口令后，向前跑出，冲出终点线。

三、操作要求

（1）受训者着作训服或体能训练服、运动鞋。

（2）受训者背负空气呼吸器（不携带面罩），气瓶容积为6.8 L、压力不小于25 MPa。

四、动作要领

5000 m（3000 m）负重跑的完整技术包括起跑、起跑后的加速跑、途中跑、终点跑，核心环节是呼吸。

（一）起跑和起跑后的加速跑

采用站立式起跑，两腿前后站立，两臂一前一后，注意起跑口令。在听到“预备”信号后，上体前倾，整个身体保持稳定姿势，重心前移放到前腿，两臂配合前后摆动。在短时间内达到预定速度后进入途中跑。

（二）途中跑

途中跑是决定长跑运动成绩的主要环节，包括后蹬与前摆、腾空、着地与缓冲、上体姿势与摆臂动作等技术环节。跑动中应强调轻松、有力、节奏好。着地与缓冲时，摆动腿大腿积极下压，小腿顺势前摆并做“扒地”动作，用前脚掌先着地，然后过渡到全脚掌。在摆臂时，上体正直或稍前倾，头颈部肌肉自然放松，两眼平视，两臂弯曲，两肩放松，以肩关节为轴前后自然摆动，摆幅随跑速适当变化。如图 5－2 所示。

图 5－2　5000 m 负重跑步姿势图

（三）终点跑

终点跑是临近终点的冲刺跑，其距离根据训练水平、个人情况而定。一般情况下，在离终点 400 m 或稍长距离处适当提速，在离终点 200 m 左右时全力冲刺。

（四）呼吸

呼吸的节奏取决于个人特点和跑的速度。一般是跑两步或三步一呼气，跑两步或三步一吸气。随着跑速提高，呼吸频率也相应加快。在终点冲刺跑时，有些受训者采用一步一呼、一步一吸的方法。呼吸应自然并有一定深度，随着疲劳出现，应加深呼吸，采用半张口与鼻同时呼吸，以便最大限度满足身体对氧气的需要。

五、常见错误与纠正方法

（一）坐着跑

主要原因有两个方面：一是身体重心的问题，上体后仰重心偏低，极容易产生“坐着跑”的错误动作；二是后蹬发力不充分及后蹬角度不正确也是产生“坐着跑”的原因。

纠正方法：调整跑步姿势，身体调整为前倾状态；加强腰背力量训练；进行辅助跑训练，如小步跑、高抬腿、后蹬跑、跨步跑、跨步跳等练习。

（二）身体摇晃

造成身体摇晃的原因主要是负重奔跑时自身的综合体能还不足以驾驭较快的配速，具体原因有以下 4 个方面：一是跑步时负责前屈的肌群力量较弱；二是臀腿力量较弱；三是左右腿力量不平衡；四是整体核心力量较弱。

纠正方法：一是加强负责前屈的肌群力量训练，尤其是针对可以使髋关节前屈的腹直肌和髂腰肌；二是加强臀腿力量训练来保证伸髋送髋的质量；三是跑动时保持上体正直，身体重心平稳，加强弱侧腿的力量来改善左右力量不均衡，同时注意后蹬和前摆的方向，避免“八字脚”；四是加强核心力量训练，可以稳定脊柱、骨盆，保持正确的身体姿势，提高身体的控制力和平衡性、提高上下肢和动作间的协调工作效率。

（三）动作紧张，呼吸不顺畅

由于氧气的供应落后于身体的需要，在跑到一定距离时，会出现胸部发闷，呼吸困难，四肢无力和难以再跑下去的感受。

纠正方法：掌握好呼吸节奏，以顽强的意志继续跑下去，同时调整步速，让呼吸变得均匀；进行超距离练习，提高消防员身体耐力，平时训练要更进一步达到 8000 m，甚至 10000 m。

（四）空气呼吸器摩擦肩背或晃动

长时间的负重奔跑，肩带、胸带、腰带都可能发生松动，需要及时进行调整，影响速度和时间，在跑步前应尽量调整到位。

纠正方法：在跑步前检查空气呼吸器穿戴是否合适，肩带、胸带、腰带、背托、压力表等是否固定好，并进行跑动测试。

六、成绩评定

计时从发令“开始”至身体有效部位越过终点线为止。评判细则有下列情况之一的，不计取成绩。

（1）完成全部操作后空气呼吸器压力低于 25 MPa。

（2）跑步过程中越过跑道最内侧实线。

七、训练方法

（一）加强有氧耐力训练

（1）原生跑。原生跑是一种低强度的有氧运动，通过逐渐提高最大摄氧量的方法，起到节约糖原、消耗脂肪的目的。在跑步时只用鼻子呼吸，其节奏为跑 4 步吸气，跑 4 步吐气。

（2）匀速配速中长距离跑。通常以每公里 5 min 20 s 以内配速，跑动距离在 3000 ~ 5000 m 为宜，配速跑心率需要达到最大心率的 70% ~80%，以起到提升心血管耐力的目的。

（3）匀速配速长距离慢跑。通常以每公里 6 min 以内配速，慢跑 10 km 以上，达到最大心率的 59% ~74% 心脏最佳做功模式。

（4）匀速限时中短距离跑。通常以受训者 1500 m 最好成绩的 85% 的能力，完成多组 1500 m，心率需要达到最大心率的 80% ~90%，以起到提升心血管耐力的目的。

（5）法特莱克跑。法特莱克跑是一种快慢结合的（变速跑）训练法，是在慢跑中插入不定时间、不定距离的加速跑、重复跑、冲刺跑，能有效提升心肺功能的混氧训练。训练中不断缩短慢跑时间，以提高无氧代谢水平。例如，300 m 全速跑接 100 m 慢跑，400 m 上中速跑接 100 m 慢跑，600 m 中速跑接 200 m 慢跑，或 80 s 全速跑接 40 s 慢跑等项目，通常遇直道快跑，遇弯道慢跑，反复练习数次，最后完成一定距离的冲刺，总时间一般不超过 30 min。

（二）加强速度训练

速度训练是指发展人体快速动作能力而进行的活动。可开展高抬腿跑、后蹬跑、加速跑、上坡跑、负重跑、拖行重物跑等训练提升身体爆发力。

（三）加强力量训练

应重点加强核心力量和下肢力量训练。消防员的核心力量训练主要针对腹直肌、腹外斜肌、竖脊肌、髂腰肌展开。下肢力量训练是指为提高人体髋关节以下区域肌肉力量素质而进行的活动。根据任务特点，消防员的下肢力量训练主要针对股四头肌、股二头肌、臀大肌和比目鱼肌、腓肠肌展开。

八、安全保护

（1）一般情况下，不安排在酷暑、严寒季节和恶劣气候条件下进行训练。

（2）在训练前应对训练场地、器材进行检查。
（3）受训者要充分活动身体，跑步过程中控制心率在合适范围内。
（4）合理安排保障人员，准备急救物品。

第二节　400 m 救人疏散物资

400 m 救人疏散物资训练不仅能提高消防员在灭火救援现场所需要的徒手救人、负重奔跑、物资疏散等基本技能，而且能全面提高力量、速度、耐力等身体素质，培养坚忍的意志品质，为消防员完成各项任务打下良好的体能基础。

一、场地设置

在 400 m 环形跑道上标出起点线（终点线），距起点线 50 m、100 m、200 m、300 m 处分别标出器材线，在各器材线后 2 m 分别标出器材放置区。在 50 m 器材放置区放置假人 1 具（60 kg，带有四肢）、100 m 器材放置区放置泡沫桶 2 只（各 16 kg），200 m 器材放置区放置液化气罐瓶 1 个（规格 15 kg，空瓶）。

二、操作程序

受训者在起点线处立正站好，在听到“预备”口令后，做好起跑准备。在听到“开始”的口令后，参训人员跑至 50 m 处，携带假人跑至 100 m 放到器材放置区，双手各提 1 个泡沫桶跑至 200 m 处放到器材放置区，再携带液化气罐瓶跑至 300 m 处放到器材放置区，再跑出终点喊“好”。

三、操作要求

（1）受训者着抢险救援服全套，护目镜放置在头盔上。
（2）泡沫桶、假人、液化气瓶不得在地面拖拉。
（3）在搬运重物时，不得使用绳索或其他辅助工具，且不能落地。

四、动作要领

在听到枪声或“跑”的口令时，两腿用力蹬地，后腿蹬地后迅速前摆，前腿充分蹬直，两臂前后配合两腿动作做快而有力的摆动，使身体迅速向前冲出，在最短的时间内达到最快速度。扛起假人动作要猛、准、狠、快。携带泡沫桶时两臂垂直双手抓紧握牢，放下泡沫桶位置要准。迅速提起液化气瓶上肩扛起跑至放置区，冲刺跑到终点，喊“好”。

400 m 救人疏散物资的分解动作要领主要包括携带假人、泡沫桶和液化气罐瓶，呼吸控制，体力分配，出发跑与冲刺跑 4 个方面。

（一）携带假人、泡沫桶和液化气罐瓶

首先将假人转体成俯卧，然后单膝跪地，身体前倾，两臂前伸，两手插入被救者的两腋下，双手扶其背部，挺身起立，使其上身靠在右肩并骑在左大腿上，然后上体前倾，右手握住其左手腕向前拉紧，左手从其大腿中间穿过，并抱住其左大腿，两腿同时用力，直体起立，左手握住其左手腕，肩负其放置区。在携带泡沫桶跑动时身体要稳，两臂夹紧，弯道时控制住泡沫桶不要触碰身体。液化气罐瓶上肩要反复练习屈臂动作和上肩动作，一气呵成。携带物资图如图 5-3 所示。

图 5-3　携带物资图

（二）呼吸控制

在最后的加速冲刺阶段要加大呼气力度和吸气深度，尽量把自己肺部的二氧化碳呼出，从而吸进大量的氧气维持身体的氧气供应，最大限度地降低氧气供应不足对成绩的负面影响。

（三）体力分配

应根据个人的体力计划好全程的时间和各段距离的时间比例，合理的分配体力。一般应以比较均匀的速度跑完全程。

（四）出发跑与冲刺跑

1. 出发跑

出发时可采用站立式起跑。

2. 冲刺跑

冲刺跑是指最后一个直道的 100 m。这时人体比较疲惫，应以顽强的意志全力以赴，前移重心加快摆臂和加强后蹬力，冲过终点线。

五、常见错误与纠正方法

（一）假人上肩速度慢

主要体现在力量不足和整体发力感差。

纠正方法：反复练习假人上肩动作（图5－4），辅助训练动作；提高消防员全身尤其下肢和腰腹力量。

图5－4　假人上肩动作图

（二）携带泡沫桶跑动时速度慢

主要体现在力上下肢及核心力量不足。

纠正方法：加强全身力量训练和辅助动作训练，如负重弓箭步跳练习和泡沫桶组合练习（图5－5）等；进行400 m跑速度训练等。

图5－5　泡沫桶组合练习动作图

（三）液化气罐瓶上肩慢

主要体现在上肢力量及整体发力感不足。

纠正方法：反复进行上肩练习，加强辅助训练和上肢力量训练，如进行携液化气罐瓶原地进行屈臂练习和上肩练习（图5－6）。

图 5－6　液化气罐屈臂上肩练习动作图

六、成绩评定

计时从发出“开始”信号时，到消防员冲出终点线，喊“好”止。

1）有下列情况之一的，不计取成绩

（1）擅自改动个人防护装备或不按要求着装。

（2）冲出终点线后个人防护装备佩戴不齐全。

（3）在搬运重物时，使用绳索或其他辅助工具。

（4）未按规定跑道进行操作。

（5）在地面拖拉液化气瓶、泡沫桶、假人超过 1 m。

2）有下列情况的，做加时处理

（1）操作过程中个人防护装备掉落并重新穿戴好的，每件次加 10 s。

（2）液化气瓶、泡沫桶、假人未放在器材放置区内的，每次加 30 s。

（3）泡沫桶、液化气瓶未立放的，分别加 30 s。

（4）在搬运过程中，泡沫桶、液化气瓶、假人落地的，每次加 20 s。

七、训练方法

（1）加强速度与耐力素质训练。

（2）该项目训练通常以徒手 400 m 速度训练为基础，每周安排半距、等距、超距、速耐速度训练各 1 次，间隔实施徒手长距有氧训练作为能力支撑。

（3）加强力量素质训练。

（4）以速度力量训练为主，间隔实施力量耐力和最大力量的核心力量、下肢力量训练。

八、安全保护

（1）一般情况下，不安排在酷暑、严寒季节和恶劣气候条件下进行训练。

（2）在训练前对训练场地、器材进行检查测试。

（3）在训练前组织受训者进行跑步、活动操等运动充分活动身体。

（4）安排保护者两名，分别站在假人的两侧，目视受训者。当受训者失误时，迅速托住假人，以免受伤。

（5）在泡沫桶和液化气罐瓶放置区域安排安全保护人员，防止意外。

第三节　10 楼负重

10 楼负重主要锻炼受训者负重攀登和疏散救人的能力，提高消防员扑救高层建筑火灾登高战斗的实战水平。

一、场地设置

在距离 10 层训练塔前 15 m 处标出起点线，第 10 层最后一个台阶前 1 m 处标出终点线（楼层高度不低于 31 m），起点线处放置 65 mm 口径水带 2 盘。

二、操作程序

受训者着个人全套防护装备在起点线处做好准备，在听到“开始”的口令，受训者迅速携带水带沿楼梯攀登至 10 层，冲出终点线喊“好”。

三、操作要求

（1）受训者着灭火防护服、消防头盔、消防安全腰带、安全绳、腰斧、防护靴，佩戴或携带消防手套、防爆照明灯、呼救器，背负空气呼吸器（不携带面罩）。在开始前，身体不得触碰器材，冲出终点线时全套个人消防装备须齐全。

（2）空气呼吸器气瓶容积为 6. 8 L、压力不得小于 25 MPa。

（3）灭火防护服裤腿及衣袖不得挽起，防护靴不得采取任何措施与灭火防护服裤子或腿部固定，防护靴上沿不得外翻。

（4）在跑动时，个人防护装备及水带不得接触地面。

（5）在听到“开始”口令前，不得触摸水带；每盘水带长度不小于 20 m ±0. 5 m（16 型以上），不得使用任何工具对水带进行捆绑固定，水带接口不可互相连接。

四、动作要领

（1）在听到枪声或“开始”的口令时，两手迅速各提 1 盘水带，两腿用力蹬地，后腿蹬地后迅速前摆，前腿充分蹬直，两臂前后配合两腿动作做快而有力的摆动，使身体迅速向前冲出，在最短的时间内达到最快速度。

（2）在起跑后加速攀爬时，上体前倾稍大，摆臂、摆腿和后蹬的速度都应迅速而积极，和短跑基本相似。一般采用单手携带两盘水带，另一只手扶拉楼梯的方式迅速攀登，如图 5－6 所示。

图 5－7　负重登楼动作图

（3）在攀登过程中，根据自身体能实际情况攀登楼梯，前期攀登中可以一次攀登 2～3 个台阶，后期攀登中因体力下降，可以一次攀登 1 个台阶。正确掌握和合理应用途中攀登的技术是十分重要的。

（4）在攀登时，为了改善气体交换与血液循环的条件，应掌握正确的呼吸方法。刚开始跑时可在自然的情况下加深呼吸，呼吸的节奏要和跑的节奏配合。一般是跑两三步一呼气，跑两三步一吸气，并有适宜的呼吸深度。随着疲劳的出现，呼吸的频率有所增快，应着重将气呼出二氧化碳，才能吸进大量的氧气。呼吸可以采用鼻子和半张开的嘴同时呼吸。

五、常见错误与纠正方法

（一）登楼速度慢

登楼过程中脚部与地面的接触时间比跑步过程中脚部与地面的接触时间长很多，腿部肌肉力量发挥更充分，所以腿部力量的大小直接影响登楼速度。

纠正方法：腿部肌肉力量和耐力的训练是重点；出于预防损伤的考虑，臀部肌力的训练也不能忽视；在供能代谢方面，需要加强抗乳酸的无氧耐力训练，如以高强度间歇的方式进行登台踏跳、负重高抬腿、间歇跑练习。

（二）身体僵硬

纠正方法：做耸肩练习，使受训者充分体会肩部紧张与放松时的状态，做双膝关节的颤动，使消防员肢体感觉放松状态。

（三）转弯慢

纠正方法：利用手扶拉楼梯扶手进行快速转弯，根据动作要领反复练习。

六、成绩评定

有下列情况之一的，不计取成绩。

（1）擅自改动个人防护装备或不按要求着装。

（2）在操作前，水带未双卷立放于地面。

（3）在冲出终点线后，个人防护装备佩戴不齐全，水带散开或掉落未重新整理，拖拉水带至终点线。

（4）在完成全部操作后，空气呼吸器压力低于 25 MPa。

七、训练方法

（1）上肢力量训练：俯卧撑、双杠杠端臂屈伸、单杠引体向上、哑铃、握力器、卧推等。

（2）下肢力量训练：负重深蹲、蛙跳、单腿连续跳、阻力带高抬腿等。

（3）通常采用重量和距离递增训练法，可以在训练中逐渐增加负重和逐渐增加楼层，逐渐过渡到佩戴全部装备负重攀登 10 层楼。

（4）适度安排控速 200 m 半距（控速 38 s）、400 m 等距（控速 1 min 25 s）各 5 ~ 6 组，每组间隔 3 min；适度安排 5000 m 控速有氧训练（每 400 m 控速 2 min 5 s）1 组。

八、安全保护

（1）在训练前应认真检查场地设施安全和器材装备。

（2）负重登楼对下肢力量要求极高，需注意膝关节伤病的发生。

（3）在准备活动中，肌肉、韧带和关节活动要充分，防止拉伤。

（4）与上楼时相比，下楼时膝关节受力要大得多，且受力随下楼速度的增加而增加。可以采取慢速倒退下楼的方式，能够最大限度地减少膝关节受力。

（5）训练完成后进行适度放松运动消除肌肉疲劳。

第四节 5 × 40 m 折返搬运重物

5 × 40 m 折返搬运重物中，受训者需手提一对 15 kg 的壶铃完成 5 次 40 m 冲刺和 4 次急转（停）折返。通过训练，可以提高受训者的快速搬运能力、上肢力量耐力和下肢的爆发力、身体急停及变向能力。

一、场地设置

在训练场上标出起（终）点线和折返线，起点线距折返线 40 m，在起点线处放置 15 kg 壶铃 2 个。

二、操作程序

受训者在起点线处做好准备，听到“开始”的口令，受训者双手各提一个壶铃，往返 5 次完成 200 m，并冲过终点。待受训者操作完毕后，喊“好”。

三、操作要求

（1）受训者着抢险救援服、抢险救援头盔、抢险救援腰带、抢险救援靴。

（2）在开始前，身体不得触碰壶铃，搬运过程中壶铃不得落地。

（3）在折返时，单脚踏入折返线方可返回。

（4）壶铃在提的过程中不允许置于肩上。

四、动作要领

（1）在起跑时屈身，两手接近壶铃，两腿前后分开要弯曲，采用站立式起跑，因折返距离短宜采用站立式起跑，这对迅速转身有利。

（2）在跑动中应降低自身重心，保持平稳速度。途中应跑直线，后蹬速度要快。

（3）取单侧身体转身，有利于转身后的加速跑，180°转身时间影响转身后的加速。转身回头后用前脚掌着地马上加速，最后冲刺抢时间。

（4）受训者应在距离折返线前 2 ~ 3 m，略微降低跑速，降低自身重心，跑至折返线，侧身面对折返线，左下肢成屈蹲，右下肢延伸至折返线处（或稍前处）制动并准备做蹬地起跑，上体下压，用脚触线后，上体迅速转向前进方向，右脚迅速蹬地起跑，继续向前快速跑进。

（5）在折返时身体要快速下蹲，降低重心成扑步，脚尖内扣减速急停，上体开始转向，转身要灵活，重心要稳。折返搬运重物动作，如图 5 – 8 所示。

图 5 – 8　折返搬运重物动作图

五、常见错误与纠正方法

（一）未按直线奔跑

纠正方法：沿直线进行跑步训练，要求脚尖正对前方，跑直线。多做原地袋鼠跳的练习，发展腹肌和踝关节的力量。

（二）急停急加速造成膝关节和踝关节损伤

30 kg 负重在身体奔跑中带来更大的冲量，要急停下来并且重新蹬转加速，需要强大的腿部力量进行缓冲。

纠正方法：加强下肢离心力量训练，最常见的便是弓步蹲和负重弓步蹲练习。

（三）腿部变向能力和身体灵活性不足

纠正方法：反复进行折返跑技巧训练。

（四）后腿动作不充分

纠正方法：进一步明确后蹬、摆腿的动作技术要通过高抬腿后蹬跑及各种跳跃的练习发展蹬摆力量。

（五）低头收腹跑

纠正方法：目视前方目标放松跑，加强挺胸、松髋跑练习。

六、成绩评定

1）有下列情况之一的，不计取成绩

（1）擅自改动个人防护装备的或不按要求着装。

（2）冲出终点线后，个人防护装备佩戴不齐全。

（3）壶铃在跑步过程中掉落，未第一时间拾取。

2）有下列情况的，做加时处理

（1）壶铃在跑步过程中掉落的，每次加 30 s。

（2）在折返时未踏上折返线就返回的，每次加 30 s。

七、训练方法

（1）上肢力量训练：静止提哑铃、单（双）手格斗绳训练、单杠引体向上、俯卧撑、卧推等。

（2）下肢力量训练：跳绳、跳台阶、负重起蹲、负重提踵提高腿部爆发力训练。

（3）核心力量：平板支撑、单腿蹲、自行车卷腹等。

（4）反复完成突然加速和突然减速急停训练。

八、安全保护

（1）在训练前应认真检查场地设施和器材装备。

（2）在准备活动中，肌肉、韧带和关节活动要充分，防止拉伤。

（3）在训练完成后进行适度放松运动消除肌肉疲劳。

（4）在训练完成冲出终点后，壶铃要轻放，严禁乱扔，防止伤人。

第五节　4楼攀爬绳索

4楼攀爬绳索是消防员通过徒手攀爬绳索进入第4层楼的训练，能够进一步提高受训者的综合救援能力。在灭火救援行动中具有重要的实战意义，主要发展消防员的全身力量和协调能力等身体素质。

一、场地设置

将直径为30 mm的麻绳一端固定在训练塔的顶部，另一端垂于塔下，不进行固定。

二、操作程序

受训者在起点线处做好准备，听到“开始”的口令，两手握住绳索，手脚配合向上攀爬，到达训练塔四楼后，身体进入四楼窗口，双脚落地后，喊“好”。

三、操作要求

（1）受训者穿戴抢险救援服、抢险救援头盔、消防安全腰带、抢险救援靴，佩戴抢险救援手套。

（2）在攀爬时，上下肢要协调配合。

（3）双手攀爬依次交替，一手握紧后，另一只手进行攀爬。

（4）收腹抬腿有高度，双脚缠绳方式要准确。

（5）利用双脚缠绕绳索借力，蹬腿配合双手攀爬。

四、动作要领

（一）两手攀登法

受训者面向绳索两腿微弯站立（便于起跳），双臂自然伸直举过头顶，起跳后，双手上下紧握绳索，腿脚自然下垂，两手交替用力向上引体攀爬，动作重复实施，攀至第4层楼，跃入窗内。

（二）手脚配合攀登法（图5－9）

受训者面向绳索垂直站立，双臂自然伸直举过头顶，待起跳后，双手上下紧握绳索，使身体悬起并稍提腿，绳索位于两腿之间，右（左）脚置于绳索左（右）侧，左（右）脚从右（左）脚下将绳索至于左（右）脚面，双脚缠绕绳索，左（右）脚踩住绳索置于右（左）脚面，固定绳索形成借力点；双脚踩绳借力向上收腿，同时双手依次交替攀爬至起始动作状态，并重复实施动作，攀至第4层楼，跃入窗内。

动作要点：第一步，受训者面向绳索垂直站立，双臂自然伸直举高头顶；第二步，双手上下紧握绳索，收腹抬腿，右脚置于绳索左侧，左脚从右脚下将绳子至于左脚面，双脚缠绕绳索，左脚踩住绳索置于右脚面，固定绳索形成借力点；第三步，双脚踩绳蹬腿，同时双手依次交替攀爬至起始动作，动作重复实施。

图5-9 手脚配合爬绳动作图

五、常见错误与纠正方法

（一）攀爬动作不协调，缠绕绳索无力

纠正方法：手脚协调一致，借助脚部力量攀爬，双脚缠绕绳索后，左脚紧紧压住右脚面蹬腿同时进行攀爬。在较低位置进行夹绳辅助练习，定型脚踩绳动作。

（二）双手攀爬发力偏差

纠正方法：手脚并用，双手握绳直臂悬垂，然后收腹屈腿夹绳，两腿蹬直，同时屈臂引体上升。在使用双手进行攀爬时，发力方向垂直于胸部正前方。

（三）攀爬时看脚和向下看

纠正方法：通过夹绳训练来改善此类错误，按照辅助训练动作进行反复练习，增强在爬绳过程中动作的熟练性和协调性。

（四）上绳稳定性差

纠正方法：可通过原地起跳抓绳练习，迅速连贯攀爬，减少在起跳滞留时间带来的晃动。

六、成绩评定

有下列情况之一的，不计取成绩。

（1）擅自改动个人防护装备的或不按要求着装。

（2）在喊“好”后，个人防护装备佩戴不齐全。

（3）借助外力进行攀爬（如蹬踏墙体、窗台等）。

七、训练方法

（1）通常采用难度递增训练法，可先固定绳索下端，在他人的协助下进行短距离训练，逐渐过渡到练习完整动作。

（2）强化引体向上辅助练习，增强前臂屈肌力量。

（3）引体向上、吊卷哑铃、单杠悬垂收腹举腿做卷踩绳练习。

（4）深蹲起、仰卧两头起强化腰腹力量，平板支撑增强核心力量。

（5）影响攀爬绳索成绩的主要有心理因素、体能因素、技巧因素，需根据受训者的特点综合选择训练方法。

八、安全保护

（1）设置安全保护绳和保护者（不少于2人，保护者须戴手套），设立安全员，划定安全区域。

（2）保护者站在绳索侧面，要时刻注意观察，预防爬绳者脱手；在绳索下方放置海绵垫，以缓冲落地，防止脱手摔伤。

（3）在作业前，安全绳要固定牢固，并经过3人吊拉检查，确保安全。

第六节　100 m 消防障碍

100 m 消防障碍是受训者按照要求在规定的线路内，翻越障碍板，通过独木桥，把水带连成一条供水线路的训练，该项训练也经常出现在消防竞技比武项目中。通过训练可使消防员掌握通过障碍的方法，培养坚韧不拔的意志品质，勇于攻坚克难的战斗精神，有效提高其身体综合体能素质。

一、场地设置

在长为100 m的平地上，标出起点线和终点线。起点线上放置多功能水枪1支，在起点线前15 m处横放2 m障碍板1块，25 m处设置器材线，器材线上从左至右放置2盘水带（双卷立放，水带口朝前），35 m处设置独木桥1座（长为8 m、桥面宽为0.18 m、桥面距地面1.2 m），标出独木桥限界线（主桥尾线），50 m处设置分水器线，放置三分水器1个，中间65 mm出水口朝向正前方，100 m处设置水枪放置线。

二、操作程序

受训者在起点线处做好准备，听到“开始”的口令后，将多功能水枪插于腰间（或背于肩上），徒手向前奔跑，翻越2 m板障，在到达25 m处携带2盘水带攀登独木桥，至分水器线后，连接2盘水带，水带两端分别连接水枪和分水器，向前奔跑将水枪放置在水枪放置线后，喊“好”。

三、操作要求

（1）受训者穿戴抢险救援服、抢险救援头盔、抢险救援腰带、抢险救援手套、消防安全腰带、作训鞋。

（2）在听到“开始”口令前，受训者不得预先触碰多功能水枪。

（3）在翻越障碍板时，不得将多功能水枪掷过障碍板。

（4）在翻越障碍板时，从起点线一侧掉落器材的，须拾取器材重新翻越板障，从独木桥上跌至限界线后的地面，须重新由前踏板通过独木桥，水带散落的，须重新整理好。

（5）分水器、水带、多功能水枪不得脱口。

四、动作要领

100 m 消防障碍的全程动作可分为起跑翻越障碍板、手持水带过独木桥、连接分水器冲刺跑 3 个部分。

（一）起跑翻越障碍板（图 5－10）

起跑翻越障碍板采用站立式起跑，双腿左右站立呈下蹲姿势，两臂下垂做持水枪动作，上体前倾，整个身体保持稳定，注意起跑口令。在听到“开始”口令后，携带水枪跑至板障前 1 m 左右，翻越障碍板的动作要领分为助跑上板障和下板障，用身体惯性蹬、撑、推板跳下后，呈起跑姿势，迅速跑至水带处。

图 5－10　翻越障碍板动作图

（二）持水带过独木桥（图 5－11）

翻越障碍板后双手迅速抓稳水带大步踩踏踏板，用其惯性上桥同时保持身体平衡、身体重心向前下压，大步、平稳通过桥面，下桥时做下蹲姿势缓冲减少腿部冲击力。

图5－11　手持水带过独木桥动作图

（三）连接分水器冲刺跑（图5－12）

在通过独木桥后迅速甩开右手水带连接分水器，向前跑动并连接第二盘水带，甩开水带后连接水枪加速通过终点线，喊“好”。

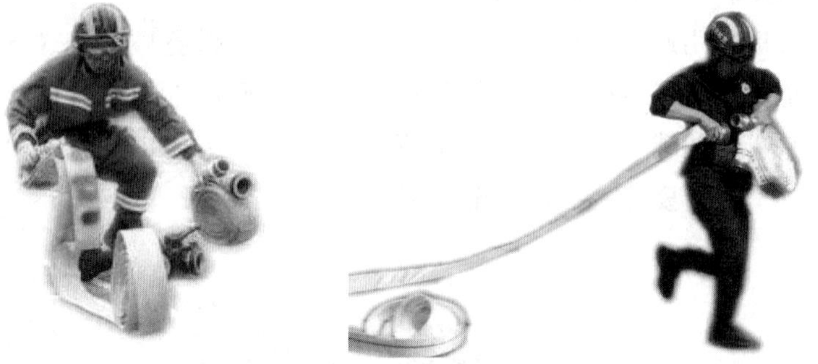

图5－12　连接分水器动作图

五、常见错误与纠正方法

（一）翻越障碍板时掉落

纠正方法：一蹬，二拉，三撑，四翻，五转身着地。调整助跑步伐，匀速快跑，在上板时借助惯性拉臂支撑。

（二）通过独木桥掉落

纠正方法：一牢，二稳，三快。双手拿稳分清水带层次、掌握重心、压低身体，双臂自然摆动，借助惯性大步快速通过。

（三）水带连接脱口

纠正方法：一直，二快，三牢。在跑动中分清水带层次，提前3～5 m甩带，连接分水器要推转，确保接口牢固。

六、成绩评定

计时从发出“开始”信号时，到所有操作完毕，冲出终点线喊“好”止。

1）评判细则有下列情况之一的，不计成绩

（1）个人防护装备不齐全或擅自改动，不符合标准要求的，不按规范着装的。

（2）分水器、水带与水枪接口脱口。

（3）受训者或器材从独木桥上跌至限界线后的地面，未重新由前踏板完整通过独木桥的，水带散落未重新整理好的。

（4）未翻越障碍板的。

（5）在翻越障碍板时，未从障碍板上部越过，借助其他方式过障碍板的。

（6）在越过终点线前，个人防护装备掉落未捡起的。

（7）水枪未完全越过水枪放置线的。

（8）未按操作规程操作的。

2）有下列情况的，做加时处理

（1）操作过程中个人防护装备掉落并重新穿戴好的，每件次装备加 10 s。

（2）器材掉落的，每次加 30 s。

（3）从独木桥跌落的，每次加 30 s。

七、训练方法

（一）加强速度与耐力素质

该项目训练通常以 100 m 速度训练为基础，每周安排徒手半距、等距、超距、速耐速度训练，间隔实施徒手长距有氧训练作为能力支撑，每周安排专项训练作为技术支撑。

（二）加强力量与灵敏素质

以速度力量训练为主，间隔实施力量耐力和最大力量的核心力量、下肢力量、上肢力量（手指握力、三角肌、小臂肌肉群）训练，每周可安排 3 次左右的灵敏素质训练。

八、安全保护

（1）一般情况下，不安排在酷暑、严寒季节和恶劣气候条件下进行训练。

（2）在训练前对训练场地、器材进行检查测试。

（3）在训练前进行跑步、活动操等运动充分活动身体。

（4）安排保护者 4 名分别站在障碍板，独木桥的两侧，目视受训者。当受训者失误时，迅速托住，以免受伤。

第七节 30 m 拖 重

30 m 拖重要求受训者着全套个人防护装备在规定的时间内，快速拖行水带向前行进 30 m。此项目属于消防竞赛项目之一，通过模拟灭火实战中拖行水带的方法，培养消防员坚忍不拔的战斗精神和强健的体魄。

一、场地设置

在训练场上标出起点线和终点线，起点线距终点线 30 m。在起点线处放置水罐消防车一辆，连接 2 盘水带，水带一端接消防车出水口，一端连接水枪（水枪呈关闭状态），水带注水 3/4 并横向折叠放置。

二、操作程序

受训者在起点线处做好准备，听到“开始”的口令，受训者采用肩负式姿势，拖行水带向前行走，直至越过终点线，喊“好”，示意完成。

三、操作要求

（1）受训者穿戴灭火防护服、消防头盔、消防安全要带、安全绳、腰斧、防护靴、消防手套、防爆照明灯、呼救器。

（2）在听到“开始”口令前，受训者不得预先触碰水带。

（3）受训者在通过终点前时，不得将水带掷过终点。

四、动作要领

（一）水带上肩

水带上肩动作分为抓握水带和肩扛水带，起跑前手和脚不得越过起点线，不可触摸水带。听到预备的口令，身体半蹲稍向前倾，同时重心前移，双手置于身体右（左）侧，靠近水带。听到“开始”的口令，右（左）肩稍倾，左（右）手正抓，右（左）手反抓，双手迅速抓稳水带置于肩上，向前拖行水带，如图 5－13 所示。水带上肩的动作要快且稳，准确置于双肩。

（二）中途拖行水带

双手抓稳水带，身体前倾的同时重心向前下压，向前拖行水带。在拖行水带行进过程中不要停顿，拖行速度要快。

（三）终点拖行水带

保持身体稍前倾的姿势，防止后仰。加快后蹬，离终点还有一步时，上体急速前倾，冲出终点线。在通过终点线时，身体一定要向以最大角度前倾，便于冲线节省时间。

图 5-13 水带拖行动作图

五、常见错误与纠正方法

(一) 水带上肩位置靠后

纠正方法：在抓握水带时，以抓在距水带接口 40 ~ 60 cm 处为宜。

(二) 拖行水带动作不到位

纠正方法：在拖行过程中身体前倾的幅度以 30° ~ 45° 为宜。

(三) 终点减速

纠正方法：减少速度下降的幅度，保持高速跑过终点。

六、成绩评定

1）有下列情况之一的，不计成绩

（1）个人防护装备不齐全或擅自改动，不符合标准要求的，不按规范着装的。

（2）冲出终点线，个人防护装备佩戴不齐全。

（3）水带在拖行过程中落地。

（4）水带未按要求全部过终点线的。

2）有下列情况的，作加时处理

（1）操作中个人防护装备掉落并重穿戴好的，每件次装备加 10 s。

（2）操作过程中，受训者发生摔跤或跌倒情形的，每次加 10 s。

七、训练方法

（1）通常采用重量和距离递增训练法，可以在训练中先拖重 1 盘水带 15 m，然后逐渐增加至 2 盘水带 30 m，水带中的注水也可以由少到多逐渐增加。

（2）通过练习杠铃卧推、杠铃弯举、杠铃快挺、杠铃肩推、俯卧撑、双杠杠端臂屈伸等训练，增强双臂和肩部的力量。

（3）通过跳绳、跳台阶、负重深蹲、蛙跳、单腿连续跳等训练，提高下肢力量。

（4）通过仰卧起坐、悬垂屈腿、空中蹬车等训练，加强腰腹力量。

（5）通过拖轮胎辅助训练提高拖重能力。

八、安全保护

（1）在训练前认真检查场地设施和器材装备。

（2）充分做好肩颈、腰腹、关节的准备活动，防止拉伤。

（3）在训练完成后进行适度放松运动消除肌肉疲劳。

第八节　100 m 负　重

100 m 负重主要提高消防员的爆发力、耐力及身体协调能力，能够全面加强消防员的身体素质，提高灭火救援效率。

一、场地设置

在田径场或平整场地上分别标出起点线和终点线，在起点线前放置 65 mm 口径水带 2 盘。

二、操作程序

听到“预备”口令，受训者在起点线处做好操作准备。听到“开始”的口令，受训者双手提起水带向前跑进，冲出终点线。

三、操作要求

（1）受训者着灭火防护服、消防头盔、消防安全腰带、安全绳、腰斧、防护靴，佩戴或携带消防手套、防爆照明灯、呼救器，背负空气呼吸器（不携带面罩），空气呼吸器气瓶容积为 6.8 L，压力不得小于 25 MPa。

（2）在作业前，手和脚不得越过起点线，不可触摸水带。

（3）灭火防护服裤腿及衣袖不得挽起，防护靴不得采取任何措施与灭火防护服裤子或腿部固定，防护靴上沿不得外翻。

（4）在跑动时，个人防护装备及水带不得接触地面。

（5）每盘水带长度不小于 20 m（16 型），不得使用任何工具对水带进行捆绑固定，水带接口不可互相连接。

四、动作要领

100 m 负重的全程动作可分为起跑、起跑后加速跑、途中跑和终点（冲刺）跑 4 个部分。

（一）起跑（图 5－14）

采用站立式起跑，两腿前后站立，两臂自然下垂，两腿弯曲，上体前倾，整个身体保持稳定。听到“预备”口令后，重心主要落在前腿上。听到枪声或哨声，两手迅速提握水带，同时两腿快速用力蹬地。后腿快速蹬地后，便迅速屈膝向前上方摆出，摆出时脚不应离地面过高，摆动腿迅速着地并过渡到下一步 。前腿用力蹬伸，后蹬角度约为 42°～45°。

（二）起跑后加速跑（图 5－15）

起跑后的加速跑是从蹬地起跑结束到途中跑开始的一个跑段，一般为 30 m 左右，其任务是尽快达到最高速度。脚蹬离地后，身体处于较大的前倾姿势，为了不使身体向前摔倒，继续加速，要积极加快腿与上体稳定协调动作，保持身体平衡。

图 5－14 100 m 负重起跑

图 5－15 100 m 负重加速跑动作图

（三）途中跑（图 5－16）

途中跑是短跑全程中，距离最长、速度最快的一段，其任务是继续发挥和保持高速度跑。一个单步由后蹬和前摆、腾空、着地和缓冲几个部分组成。

（四）终点（冲刺）跑

在离终点线 10～15 m 时，应尽力加快速度，距离终点 1～2 m处上体急速前倾，以上体躯干向前撞压终点线，跑过终点后逐渐减速。

图 5－16 100 m 负重途中跑动作图

五、常见错误与纠正方法

（一）起跑无力

纠正方法：调整“预备姿势”，采用站立式起跑，两腿前后站立，两臂自然下垂，两腿弯曲，上体前倾，整个身体保持稳定姿势反复进行起跑练习。

（二）起跑后上体后仰

纠正方法：起跑后身体保持前倾姿势，前摆腿积极下压着地。

（三）坐着跑

纠正方法：身体保持正直姿势，使髋关节积极前送；强调后蹬腿髋、膝、踝3个关节充分蹬伸；增强股后肌群力量，多做辅助性专门练习。

（四）上体晃动过大，水带脱落

纠正方法：进行慢跑摆臂适应练习，上肢适当放松，避免仰头或低头跑，加强手臂抓握力量。

六、成绩评定

计时从发出“开始”信号时，到身体有效部位越过终点线止。有下列情况之一的，不计取成绩。

（1）擅自改动个人防护装备或不按要求着装。

（2）在操作前，水带未双卷立放于地面。

（3）在冲出终点线后，个人防护装备佩戴不齐全；水带散开或掉落未重新整理，拖拉水带至终点线。

（4）未按规定跑道进行操作。

七、训练方法

（1）加强速度与耐力素质。该项目训练通常以200 m速度训练为基础，每周安排半距、等距、超距、速耐速度训练各1次，间隔实施徒手长距有氧训练作为能力支撑。

（2）加强力量素质。以速度力量训练为主，间隔实施力量耐力和最大力量的核心力量、下肢力量、上肢力量（三角肌、小臂肌群、握力）训练。

八、安全保护

（1）一般情况下，不安排在酷暑、严寒季节和恶劣气候条件下进行训练。

（2）在训练前应对训练场地、器材进行检查。

（3）应进行跑步、活动操等运动充分活动身体。

（4）合理安排保护者，准备急救物品。

第九节　60 m　肩梯

6 m拉梯一般为竹质，重量不超过33 kg，完全伸长为6.1 m，缩合高度为3.764 m，宽度为0.44 m，是消防员登高或翻越障碍、抢救、疏散人员的常用器材之一。通过60 m

肩梯训练，可以增强消防员全身力量、灵敏、爆发力等身体素质，提升消防员携带 6 m 拉梯进行灭火救援作战的能力，也为下一步肩梯类业务技能训练打下坚实的基础。

一、场地设置

在 60 m 跑道上分别标出起点线和终点线，起点线处放置 1 部 6 m 拉梯，梯脚与起点线对齐。

二、操作程序

受训者在起点线前做好准备，听到“开始”的口令，受训者将拉梯扛至肩部，冲出终点线，喊“好”。

三、操作要求

（1）受训者着作训服、消防头盔、安全腰带、作训鞋。
（2）在作业前，身体任何部位不得接触拉梯。
（3）跑动中梯子不得离肩、触地。

四、动作要领

60 m 肩梯跑的全程动作可分为 4 个部分：起梯、起梯后加速跑、途中跑和终点（冲刺）。

（一）起梯（图 5－17）

起梯前先找好 6 m 拉梯的中心平衡点，进行掌握和控制。采用半站立式起梯，双腿前后站立成丁字步，两臂下垂左臂在前右臂在后，两腿弯曲，上体前倾，整个身体保持稳定姿势，注意起跑口令。在听到“预备”口令后，双手做好起梯准备，此时重心主要落在前腿和两臂上。听到枪声或哨声时，两手迅速提握拉梯上肩，后右臂控制梯子平衡，左臂自然摆臂，同时全身重心前移，两腿快速蹬地跑出。

图 5－17 起梯动作图

（二）起梯后加速跑

在起跑时要做到起跑和梯子上肩的连贯动作，人梯结合，防止梯子触地。起跑后的加速跑是从蹬地起跑结束到途中跑开始的一个跑段，一般为 15 m 左右，其任务是尽快达到最高速度。身体处于较大的前倾姿势，为了不使梯角向前触地，继续加速，要积极加快步频协调动作，保持梯子平衡。在加速跑中左臂动作与短跑中跑基本相同，但开始几步大腿前摆幅度不易过大，与此相适应摆臂幅度也不宜过大。

（三）途中跑（图 5－18）

途中跑是 60 m 肩梯全程中，距离最长、速度最快的一段，其任务是继续发挥和保持高速度跑和梯子的平衡。一个单步由后蹬和前摆、腾空、着地和缓冲几个部分组成。

图 5－18　携梯跑动作图

（四）终点（冲刺）跑

离终点线 5～10 m 时，应尽力加快速度和力量，在距离终点 1～2 m 处时，上体应避免急速前倾，以下体躯干向前撞压终点线，跑过终点后逐渐减速将拉梯放置器材区。

五、常见错误与纠正方法

（一）起梯慢

主要体现在力量不足和整体发力感差。

纠正方法：应提高受训者的上肢力量，双臂利用梯子进行臂屈伸练习等；提升受训者身体的整体发力感，进行原地模拟起梯发力动作，进而提升肢体熟练度来改善起梯速度。

（二）起跑速度慢

纠正方法：第一时间利用身体爆发力将梯子送到肩颈部，在起梯的同时人和梯子均往前移动。

（三）起跑时梯子触地

纠正方法：加强原地起跑姿势动作练习，克服自身孤僻动作，做到起跑上肩动作连贯。

（四）跑动中梯重心不稳

纠正方法：人梯结合的目的是在跑动中使梯子在肢体的掌控之下与受训者进行完美配合，这时受训者右臂的掌控尤为关键，结合受训者出现的问题要加强原地练习或慢走练习，提高练习者腰腹力量和梯子的控制稳定能力。

六、成绩评定

计时从“开始”至身体有效部位越过终点线止。有下列情况之一的，不计取成绩。

（1）擅自改动个人防护装备的或不按要求着装。

（2）在冲出终点线后，个人防护装备佩戴不齐全。

（3）在跑步中，未采取肩梯姿势。

（4）未按规定跑道进行操作。

（5）拉梯在跑步过程中触地的，每次加 10 s。

七、训练方法

（1）加强力量素质和斜方肌练习，以减少斜方肌上部代偿。以速度力量训练为主，间隔实施力量耐力和最大力量的核心力量、下肢力量、上肢力量（手指握力、三角肌、大臂肌肉群、小臂肌肉群）训练。

（2）进行阻力跑练习，以加强腿部力量，提高步幅。

（3）加强速度与耐力素质训练，通常以 100 m 速度训练为基础，每周安排半距、等距、超距、速耐速度训练各 1 次，间隔实施徒手长距有氧训练作为能力支撑。

（4）进行梯控制练习，提高练习者腰腹力量和梯子的控制稳定能力，如在跑道上设置障碍物，练习者将梯子上肩，进行 S 型回环跑。

八、安全保护

（1）一般情况下，不安排在酷暑、严寒季节和恶劣气候条件下进行训练。

（2）在训练前应对训练场地、器材进行认真检查。

（3）在训练前，应进行跑步、活动操等运动充分活动身体。

（4）在进行起梯上肩练习时，要遵循先力量后技巧的训练方式，注意腿部和上肢同时发力，防止腰部受伤。

（5）注意肩部的防护，防止反复练习导致的肩部受伤，可以采用在梯子上包裹柔软物体和佩戴护肩等进行防护。

（6）可根据自身情况来制定训练方案和动作，循序渐进，切忌盲目追快。

（7）初学者在进行肩梯跑步时，需安排保护者全程跟踪，防止梯子摆动造成受伤。

（8）做好训练后的放松运动和拉伸。

第六章　消防应用体能训练（二）

本章主要包括爬绳（杆）、200 m 综合体能竞技、200 m 灭火障碍、负重五公里越野、旋梯及固定滚轮抗眩晕训练、400 m（200 m）蛙泳 7 项内容。

第一节　爬 绳（杆）

爬绳（杆）这一训练项目在消防救援队伍比较普及，它不仅能发展力量、耐力和攀缘技能，而且能培养受训者勇敢顽强的意志品质。

一、场地器材及人员着装要求

吊绳（杆）攀登场，绳（杆）直径约 0.04 m，下端不固定。攀登架高为 7 m，在吊绳（杆）离地面垂直距离 1.7 m 处设一条起攀标志线。受训者着作训服，戴作训帽，穿制式胶鞋。

二、动作要领

受训者面对绳（杆）站立，一手握住吊绳（杆）起攀标志线。在听到“开始”信号后向上攀登（可采用两手攀登或手脚并用攀登），攀登高度为 5 m，攀登至绳（杆）顶部时，迅速用手触摸 5 m 标志处，再快速攀下，直至一手握住起攀标志线，松手落地为完成一次攀爬。

（一）两手攀登法（图 6－1）

两手伸直握紧吊绳（杆），腿脚自然下垂，两手交替用力向上引体，攀至顶点。

（二）手脚配合攀登法（图 6－2）

两手握住吊绳（杆），使身体悬起并稍提腿，吊绳（杆）位于两腿之间，用左（右）

图 6－1　两手攀登法

图 6－2　手脚配合攀登法

脚外侧和右（左）脚内侧夹住吊绳（杆），随着两脚夹蹬绳（杆），两手交替向上引体，攀至顶点。

三、训练方法

（1）通常采用难度递增训练法，可先固定吊绳（杆）下端，在他人的协助下进行短距离训练，逐渐过渡到练习完整动作。强化引体向上辅助练习，增强前臂屈肌力量。

（2）进行引体向上、肋木屈膝举腿、单杠悬垂收腹举腿、卷踩绳练习等。

四、常见错误与纠正方法

（一）两脚蹬夹吊绳（杆）动作不准确，与上肢引体动作配合不连贯

纠正方法：在较低位置处，在他人的协助保护下反复体会练习。

（二）双手攀爬发力偏差

纠正方法：手脚并用，双手握绳直臂悬垂，然后收腹屈腿夹绳，两腿蹬直，同时屈臂引体上升。

五、注意事项

（1）一般情况下，不安排在酷暑、严寒季节和恶劣气候条件下进行训练。

（2）在训练前，应对训练场地、器材进行检查。

（3）在训练前，应进行跑步、活动操等运动充分活动身体。

（4）加强保护与帮助，多加强上肢力量和腰腹力量练习；训练强度应区别对待循序渐进。

（5）保护者站在吊绳（杆）一侧，要时刻注意观察，预防爬绳（杆）者脱手；在吊绳（杆）下方放置海绵垫，以缓冲落地，防止脱手摔伤。

六、考核方法

设记录员、安全员各 1 名。单个或分组进行考核，安全员负责安全保护，记录员负责记录受考者所完成的正确动作次数，以完成次数计算成绩。

在听到“开始”信号后向上攀登（可采用两手攀登或手脚并用攀登），攀登高度为 5 m，当攀登至绳（杆）顶部时，迅速用手触摸 5 m 标志处，再快速攀下，直至一手握住起攀标志线，松手落地为完成一次攀爬。

出现下列情况之一者，该次不予计数：在开始攀登时，手未握住吊绳（杆）的起攀标志线；在攀至最高点时，手未触及 5 m 标志处即下攀；在攀下时，手未触及起攀标志线即腾空落地；使用手套、护掌等护具进行攀登；借助他人或其他手段固定吊绳（杆）下端完成动作。

第二节 5000 m 负重越野

5000 m负重越野能够锻炼消防员的耐力和体力，尤其是执行森林灭火救援任务的体能基础，更是对消防员体能的挑战，已经成为磨炼受训者战斗精神、提升意志品质的重要训练项目。

一、场地器材及人员着装要求

平地、草地、松软土壤（沙地）、田埂、平滑和冰冻地、雪地和沙漠、树林地等可丈量的5000 m场地。受训者着作训服，戴作训帽，穿制式胶鞋，或者根据训练要求进行统一着装。

二、动作要领

（一）出发跑

出发跑采用站立式起跑，听到“出发”信号后，两脚用力蹬地，后腿迅速前摆，两臂前后配合快速有力地摆动，使身体迅速向前冲出。集体负重越野出发时纵深队形前后有一定距离（50～80 m），因此排头人员在出发时应加快跑速，使队伍后半部尽快摆脱静止状态，在短时间内跑动起来。随后，排头人员及时控制好跑速，保持好紧凑队形，有节奏地带领集体匀速向前跑进，尽量避免“极点”过早出现。

（二）途中跑

负重越野跑的技术动作与中长跑基本相同。由于运动时间长，途中地形复杂，受训者又携带装备，体力消耗大，因此在途中跑时应根据不同地形，采用不同的跑进方法。普通地段途中一般以跑步完成，复杂地段可走跑结合。在跑进时，应注意动作轻松协调，保持良好呼吸节奏，并分配和掌握合理跑速。由于身体负荷较重，跑的过程中要注意体力分配，调整好呼吸节奏，加强后蹬力量，步幅稍小，步频稍快，身体重心适当降低，保持身体平稳前进，减少身体能量损耗。在跑进时，两臂摆动幅度适当减小，做到放松自然，可一手扶装具，另一手摆动，两手交换进行。

（三）终点跑

终点跑是指临近终点的最后一段距离的冲刺跑。这时人体较疲劳，应以顽强的意志全力以赴，加快摆臂，加强后蹬冲向终点。受训者要根据个人训练水平和全程跑中的体力情况来决定冲刺跑的距离。集体负重越野的终点冲刺跑，一般由指挥员根据队伍整体体能情况来确定冲刺跑的距离，冲刺跑前指挥员要督促队伍后半部适当加快跑速，缩小与排头人员的距离，保持队伍紧凑性，要适时下达冲刺跑口令和信号。在冲刺跑时，排头人员要带领队伍全速冲向终点，在到达终点后继续向前跑进30～50 m距离，留出终点的空闲位置，避免造成队伍后半部堵塞，延误集体通过终点时间。队伍全体跑过终点后应放松慢跑或走动，并调整呼吸。

（四）呼吸方法

由于负重越野跑时负荷较大，身体氧需求较多，呼吸困难情况较易发生。因此一开始跑就应注意将呼吸节奏和跑的节奏协调起来。在呼吸时，一般用口和鼻同时呼吸，随着疲劳出现，要自然加快呼吸频率，加大呼吸深度，以便充分呼出二氧化碳，吸入氧气。呼吸一般采用“三步一呼、三步一吸”或“两步一呼、两步一吸”的方法。随着疲劳不断增加，呼吸频率应有所加快，深度加大，常用“一步一呼、一步一吸”。当“极点”出现时，一定要以顽强的意志坚持跑下去，同时注意做深呼吸，适当调整呼吸节奏和跑速，克服身体不良反应，使身体逐渐恢复正常。

（五）体力分配

在负重越野跑训练或考核时，应根据个人体能和全程跑中各路段地形的难易情况，计划好全程的时间和各段距离的时间比例，合理分配跑速，一般应以匀速跑完全程。集体负重越野由于参加人员多，体能水平参差不齐，体力分配显得尤为重要，指挥员和排头人员在集体负重越野跑中人员的体力分配方面起着十分重要的作用。指挥员应根据本单位实际情况和平时的训练水平划分好各段时间比例，掌握和调整集体跑速。跑前要及时调整好情绪，做好宣传鼓动工作，安排好跑进过程中的互助工作；将计划好的全程时间和各段距离的时间比例通报给各受训者，使人人心中有数。在跑进时，要特别注意控制好排头人员的跑速，避免跑进过程中时快时慢，破坏队形的紧凑性和节奏。队形的安排上通常将体力较好者位于纵队前部，较差者位于中部，最好者位于后部，这样可使体力好者带领、督促、帮助差者，从而使队伍保持较高跑进速度。

（六）不同地面条件下跑的技术动作

（1）平地跑。腿的后蹬与前摆动作和长跑基本相同。腿的着地方法，可用全脚掌着地，并迅速过渡到前脚掌蹬地；在跑坚硬地面时，可用脚掌外侧先着地，并迅速过渡到前脚掌着地。上体应保持正直或前倾，腹部稍收，头、颈部自然放松，两眼平视前方。两臂前后自然摆动，摆幅稍小。

（2）草地跑。动作与平地跑基本相同，用全脚掌着地，眼睛注视前下方，以防乱草缠绊两脚、陷入坑洼等。

（3）松软土壤（沙地）跑。用全脚掌着地，落地要轻，蹬地时腿不完全伸直，步幅要小，频率要快。

（4）上下坡跑。在上坡时，上体前倾，大腿高抬，用前脚掌着地，步幅稍小。遇到较陡斜坡时，可跑“之”字形路线。在下坡时，上体稍后倾，以全脚掌或脚跟先着地，临近坡地的末端即快速跑到平地。在下坡跑进时，腿不要高抬，步幅稍小，以轻快的步伐通过。

（5）田埂跑。全脚掌稍外张着地，步幅稍小，重心稍降低，两臂张开保持身体平衡，采用跑或走的方法通过。

（6）平滑和冰冻地面跑。身体重心要低，以全脚掌着地，腿不要高抬，步幅稍小，以轻便的步伐通过。

（7）雪地和沙漠跑。身体重心稍高，上体稍直，腿高抬，落地轻，以全脚掌着地，后蹬角度大，步幅小，频率快，两臂摆幅稍大。

（8）树林中跑。可一手拨挡树枝，一手护脸部，防止树枝擦破、戳伤头部和眼睛，并注意地上裸露的树根和枯草藤绊脚。

三、训练方法

（一）个人训练

在标准田径场考核时，每组考核人数不宜超过 20 人，每人须在胸前佩戴号码布；受训者独立完成，不得借助任何帮助，否则列为犯规，成绩不及格；从“开始”信号出发至受训者按要求完成规定距离用的时间为最终成绩，成绩精确到秒。

（二）集体训练

（1）受训分队以中队或学员队为一个集体，呈纵队在确定的路线上跑进。考核时应根据地形和路线的条件，保持紧凑的行进队伍，考核途中不得更换人员。如离开规定路线，没有跑完全程和途中更换人员，分队考核成绩无效，按不及格计算。

（2）受训分队到达终点后，缺少装具和服装，每缺一件增加分队考核成绩 1 min。携带装具的方式和着装不符合规定，每 1 人次增加受考分队考核成绩 30 s。丢失装备分队成绩无效，按不及格计算。

（3）当出发和到达终点时，每名受训者携带各自的装具。受训分队中的受训者，在越野途中可互相帮助，包括推、拉、搀扶、互相携带装具，但不能接受非受训者的任何帮助。如果出发和到达终点时，受训分队中人员各自携带的装备有不全的情形，每缺一件增加分队考核成绩 1 min。途中接受非受训者帮助，分队成绩无效，按不及格计算。

（4）受训分队在起跑后呈纵队站立，不得触及起跑线前地面，听到发令后方可起跑。如果违犯本条规定，发令员第一次给予警告，重新组织起跑。如再次违犯，取消分队考核资格，按不及格计算。

（5）应从看到发令枪发出的闪光或烟（或发令旗挥动瞬间）开始，直到分队最后一名受训者的身体躯干部分，到达终点线后沿的垂直平面瞬间为止。

（6）可在公路、山路或其他道路上考核，路线长度不得短 5000（10000）m，在丈量距离时应沿受训分队所能跑过的最短路线进行。选择路线应尽量避开交通繁忙路段，不要穿越铁路、高速公路和有较多障碍物的地段。最好采取一个转折点的往返路线或单循环的路线。

（7）每次考核受训分队只有一次机会，不及格或因犯规取消成绩，当场不得补考。

（三）专项耐力训练

应着重提高受训者的有氧代谢和无氧代谢能力。采用较多次数重复的较短距离快跑，心率超过每分钟180次的练习是大强度训练；采用长距离匀速跑，心率在每分钟150次左右的练习，则属于中等强度训练；心率在每分钟120次左右的练习为小强度训练。

负重越野距离越长，有氧代谢训练比例越大。在训练时应根据不同距离，采用不同的专项耐力练习。

（1）变速跑：400 m快速跑加200 m慢速跑。在练习中，应反复多次进行。

（2）变速越野跑：3000～8000（6000～12000）m。可利用地形地物调节不同速度。如：上坡慢跑，下坡快跑；小路慢跑，大路快跑；开阔地的追逐，游戏性的快跑等手段。

（3）间歇跑：400～2000 m。成组进行间歇跑，间歇休息时间以心率恢复至每分钟120次为宜。

（4）匀速重复跑：1000～4000 m。每次休息时间比重复跑时间略长。

（5）接近专项距离跑或专项距离的计时跑，定期检查，以考核标准进行。

（四）速度和力量练习

发展速度可多采用稍长距离的加速跑和变速跑练习，如100 m快速跑加100 m慢速跑。在进行力量练习时，可减小负重练习重量，增加练习次数和持续时间，并适当增加较长距离的动力性练习，如负重的半蹲跳、负重的弓步走等练习。在进行负重越野的专项力量练习时，应避免因长时间刺激造成肌肉、关节损伤，建议下肢力量练习每周不超过1次，并适当穿插上肢和腰背部力量练习，以适应负重需要。

四、常见错误与纠正方法

（一）耐力不够

纠正方法：应着重提高受训者有氧代谢和无氧代谢能力，负重越野距离越长，有氧代谢训练比例越大。在训练时应根据不同距离，采用不同的专项耐力练习。

（二）极点现象

由于氧气的供应落后于身体的需要，在负重跑到一定距离时，会出现胸部发闷，呼吸节奏被破坏，呼吸困难，四肢无力和难以再跑下去的感受。

纠正方法：以顽强的意志继续跑下去，掌握好呼吸的节奏和跑的节奏，同时调整步速，让呼吸变得均匀；平时应进行超距离练习，以提高身体耐力。

（三）携带背负装具晃动

纠正方法：身上携行的装备要和身体做到尽量贴合，开始前检查仔细，不要出现松垮等情况。

五、注意事项

（1）一般情况下，不安排在酷暑、严寒季节和恶劣气候条件下进行训练。

（2）在训练前要做好充分准备活动，使身体肌肉和内脏器官适应运动的要求，防止“极点”过早出现，同时认真检查装具的背带牢固与松紧程度。

（3）尽量避免在水泥地等较硬道路及人群、车辆较多的地方训练，防止意外事故。

（4）训练前不宜喝过多水，训练后在补水的同时应适当补充一些盐分；在训练后，应组织好整理活动。

六、考核方法

（1）设组长1名，计时员2名，终点名次记录员（兼计圈）若干名，检查员若干名。

（2）组长负责全面工作兼发令，同时协助计时，计时员负责计时，终点名次记录员负责判定（在田径场测试时一般为3～6人），检查员负责检查受训者是否犯规。

（3）计时员在组长发出“开始”信号同时开表，终点名次记录员填好所分管受训者的号码，考核中始终盯住相应人员，在田径场测试时要提示所剩圈数。

（4）当受训者到达终点时，终点名次记录员按到达顺序报出号码并及时登记成绩，计时员依次报出时间，检查员及时报告检查情况。

（5）全程需按照规定路线行进，不得私自偏离路线。全程不得解除负重或携带的部分装具。

第三节　旋　　梯

一、场地器材及人员着装要求

旋梯及松软的沙坑场地。受训者着作训服或体能训练服，穿作训鞋。

二、动作要领

（一）前后回环

1. 预备姿势

立正，两脚前后开立，两手握梯柱底端，屈臂，使底杠位于胸前。也可两手握梯柱，一脚蹬底杠，另一脚蹬地。

2. 动作要领

1）起动

一脚蹬底杠、异侧手抓握内梯柱，拉杠跳起，两手依次抓握上杠和中杠之间的内梯柱，手臂伸直，同时臀部后坐，如图6－3所示，当旋梯过杠下垂直部位时穿腿跟髋，当器械摆至最高点时，两手用力向后带杠，臀部后坐，当旋梯回摆至接近垂直部位时，迅速站直身体，腹部贴近中杠，蹬地脚脚尖别住梯柱或底杠。

2）制动

当旋梯回环至下方垂直部位时，迅速下蹲；旋梯接近前（后）方最高点时，逐渐伸直身体，反复进行即可制动，如图6－4所示。

(a)　　(b)

图6-3　起动与摆动

(a)　(b)　(c)　(d)　(e)

图6-4　制动

3）摆动

由前上方回摆时屈腿，摆过垂直部位后，臀部后移逐渐伸直两腿；由后上方回摆时屈腿，当摆过垂直位置后，腿用力蹬直，向前送髋，腹部靠杠，抬上体，摆至最高点。

（1）前回环：由摆动开始，逐渐加大摆动幅度，后摆至后上方接近垂直部位时，两手拉杠，肩向前移，向前回环，如图6-5所示。

（2）后回环：前回环制动后，旋梯回摆至下方垂直部位时，两腿用力蹬直，摆至前上方接近垂直部位时，抬头挺胸，腹部靠梯，向后回环，如图6-6所示。

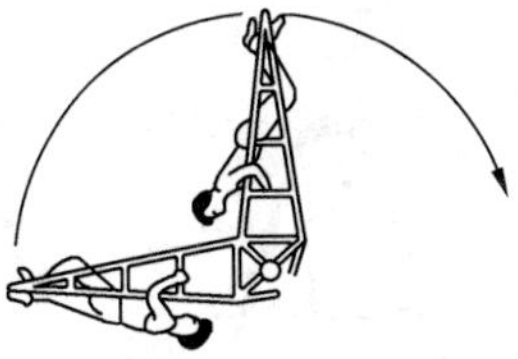

图6-5　前回环

图6-6　后回环

4）着地

（1）擦地跳下：旋梯进入小摆动，当后摆至最高点时，跨杠腿退出下杠与蹬杠腿并拢，双脚蹬于底杠，屈腿下蹲，两手换握中、下杠间的后梯柱，当再次后摆时，一脚蹬底杠，另一脚擦地面，制动后跳下，如图6-7所示。

（2）后摆跳下：旋梯进入小摆动，当后摆至最高点时，两手顺梯柱后滑跳下，如图6－8所示。

（3）前摆挺身下：旋梯进入小摆动，当后摆至最高点时，跨杠腿退出下杠与蹬杠腿并拢，双脚蹬于底杠，屈腿下蹲，两手换握中、下杠间的后梯柱；当前摆接近最高点时，两脚蹬离底杠后松开双手，挺身跳下，如图6－9所示。

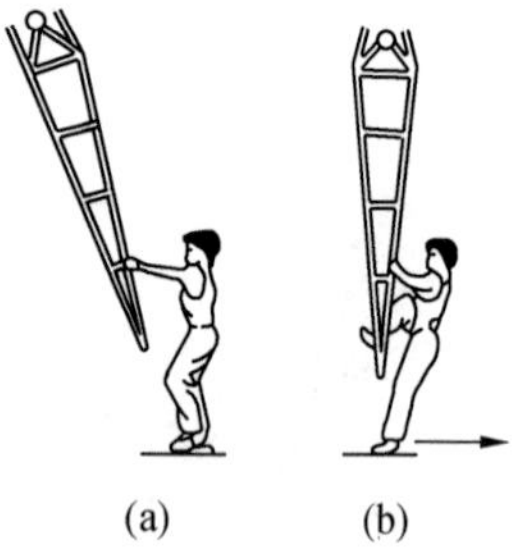

图6－7　擦地跳下

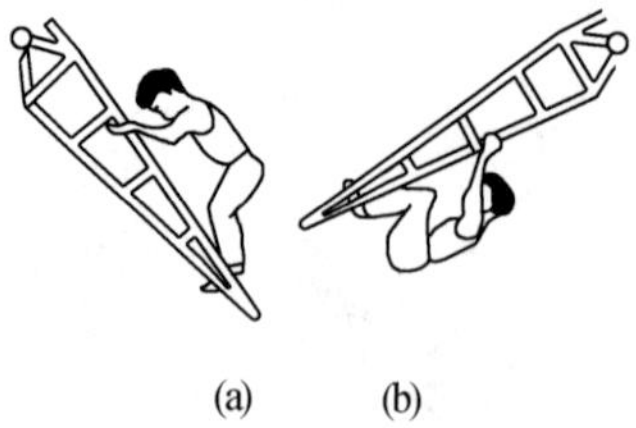

图6－8　后摆跳下

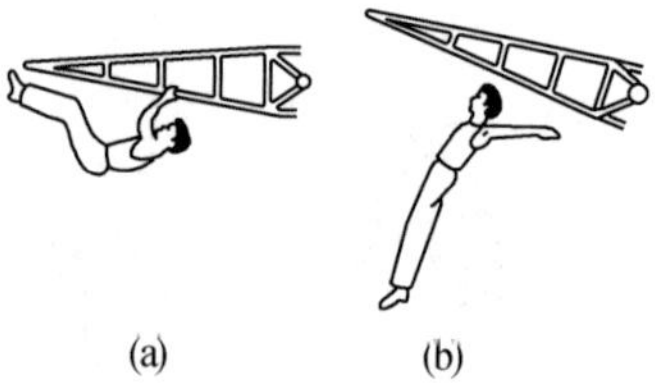

图6－9　前摆挺身下

（二）坐杠后回环

1. 预备姿势

同前后回环的预备姿势。

2. 动作要领

加大摆动，当旋梯后摆接近最高点时，踏杠脚跨入下杠呈坐姿，两脚勾梯柱，臀部顺势后坐；当旋梯由后上方前摆时，两腿并拢伸直，收腹，大腿用力压杠；当旋梯摆至前上方时，伸直髋关节，抬头挺身向后回环；当旋梯过上方垂直部位后，两臂伸直，收腹屈体连续向后回环，如图6－10所示。

图6－10　起动与摆动

三、训练方法

（一）前后回环训练方法

（1）在静止状态下，练习蹬杠、跨腿、别杠动作和两手由两侧伸入旋梯内，转腕握上杠动作。

（2）先易后难，分步反复练习上梯动作。

（3）在小摆动中体会起动、制动。

（4）在帮助下体会回环动作和落地动作并过渡到独立完成动作。

（二）坐杆后回环训练方法

（1）在小摆动中体会坐杠加速动作要领。

（2）一脚勾梯柱，另一腿伸直，体会坐杠回环要领。

（3）独立完成坐杠回环动作。

（4）在熟练完成前后回环的基础上，重点体会坐杠摆腿时机。

四、常见错误与纠正方法

（一）前后回环

错误动作：在起动、制动时下蹲屈腿时机不准；腿蹬杠过早或过晚。

纠正方法：用“口令”提示受训者下蹲时机，反复练习。

（二）坐杠后回环

错误动作：摆腿加力时机过晚造成不能坐杠。

纠正方法：反复练习摆动和踢腿加力时机。

（三）落地动作

错误动作：向前或后摆动未至终点时就做落地动作，使落地高度或腾空不够。

纠正方法：用“口令”提示受训者做落地动作，以掌握下法时机。

五、注意事项

（1）在训练前认真检查场地器材，并充分做好准备运动；依据空间定向能力容易消退的生理特点，要坚持经常练习。

（2）前后回环：保护者位于梯侧，推梯助力摆动和回环。

（3）坐杠后回环：做好自我保护，当头朝下身体下坠时，两腿分开靠紧梯柱；当回环速度慢时，应两脚勾住梯柱或底杠。

（4）落地动作：跳下时可 2 人保护，1 人靠近受训者落地点一侧扶持，另 1 人扶梯制动。

六、考核方法

在前后回环考核时，连续转动 1 min，以按要求完成的圈数为最终成绩；在坐杠后回环考核时，完成连续向后旋转 5 圈为最终成绩。

（1）设计时员 1 名、检查员 1 名。

（2）在前后回环考核时，计时员发出“开始”信号后同时开表，1 min 结束时发出“停”的信号并停表。

（3）在坐杠后回环考核时，计时员发出“开始”信号后开始考核，连续向后旋转5圈，考核结束。

（4）检查员负责受训者动作是否符合要求，清楚报出受训者转动圈数，听到“停”的信号后登记成绩，并负责保护受训者安全。

第四节　固定滚轮

固定滚轮除了具有一般体育项目增强体质的功能外，还可以有效增强消防员的平衡机能及其在各种非正常状态下控制身体的能力。另外，它在培养消防员机敏灵活、勇敢果断、团结协作等优秀品质方面也具有非常良好的作用。

一、场地器材及人员着装要求

固定滚轮及沙坑场地。受训者着作训服或体能训练服，穿制式胶鞋。

二、动作要领

（一）侧转

1. 预备姿势（图6－11）

双脚踏入横踏板脚套内，两手正握手环或轮柱，手臂伸直，微收腹、屈腿。

2. 动作要领

（1）右侧转（图6－12）：臀部右移，右腿用力蹬直，右、左臂依次用力支撑，向右转动。经倒立后右手拉环，蹬直左腿，臀部移向左侧，连续转动。

（2）制动（图6－13）：当转至身体直立时，臀部迅速移向转动相反方向。

（3）左侧转：要领与右侧相同，方向相反。如图6－14所示。

图6－11　预备姿势

图6－12　右侧转

图6－13　制动

图6－14　左侧转

（二）前后转

1. 预备姿势（图6－15）

两脚踏入纵踏板套内，两手分握轮柱或前手环。

2. 动作要领

（1）前转（图6－16）：上体前移、髋前送，两臂伸直前下压，当身体倒立时，顶肩、提臀向前转动。转至仰身水平后，挺身向前，至身体直立后，按以上要领连续转动。

（2）制动（图6－17）：当转至身体直立时，迅速将臀部移向转动相反方向。

（3）后转（图6－18）：臀部后移，两臂向后拉环（柱），同时上体后仰，抬头，向后转动。头朝下时稍挺身，两臂用力推环（柱），当转至俯身水平时，收腹屈体，臀部后移，至身体直立时，按以上要领连续转动。

图6－15　预备姿势

图6－16　前转

图6－17　制动

图6－18　后转

三、训练方法

（一）侧转训练方法

（1）保护者将滚轮固定，受训者体会移臀、蹬腿撑臂的用力时机。

（2）受训者做左、右连续起动练习，体会蹬腿撑臂和移动重心动作，然后逐渐加大摆动，直至完成完整动作。

（二）前后转训练方法

在摆动中体会动作要领。在保护与帮助下慢速旋转体会动作要领，并逐渐加速达到独立完成动作。

四、常见错误与纠正方法

（一）侧转

错误动作：在侧转时，蹬腿、移重心，撑臂用力动作配合不协调。

纠正方法：保护者控制滚轮转速，受训者体会加力及移动重心的时机。

（二）前后转

错误动作：在前后转时，身体重心移动时机过晚，造成滚轮不能匀速转动或停止转动。

纠正方法：在垫子上，做身体直立与倒立时的屈髋与挺髋的转换练习。

五、注意事项

（1）在训练前认真检查场地器材，并充分做好准备运动。

（2）对平衡机能差的人，可结合进行摇头操、侧手翻、打地转等辅助练习。

（3）保护者立于轮一侧扶轮，协助受训者起动与制动，并保护受训者安全。

六、考核方法

在侧转考核时，连续转动 1 min，以按要求完成的圈数为最终成绩；前后转考核时，完成前后各转动 5 圈为最终成绩。

（1）设计时员 1 名、检查员 1 名。

（2）在侧转考核时，计时员发出“开始”信号后同时开表，1 min 结束时发出“停”的信号并停表。

（3）在前后转考核时，计时员发出“开始”信号后开始考核，前后各转动 5 圈，考核结束。

（4）检查员负责观察受训者动作是否符合要求，清楚地报出受训者的转动圈数，听到“停”的信号后登记成绩，并负责保护受训者安全。

第五节　200 m 综合体能竞技

200 m 综合体能竞技要求第一个 50 m 背起管带框，第二个 50 m 扛起沙袋，第三个 50 m 进行翻轮胎，最后一个 50 m 背负假人到终点。该训练项目可以全面锻炼消防员的综合体能素质，另外，在培养消防员坚强勇敢、不怕困难、迎难而上等优秀品质方面也具有非常良好的作用。

一、场地设置及人员着装要求

如图 6－19 所示，在 200 m 长的平整场地上相距 50 m 分别画 5 条平行线，作为起终点线和中间线或根据场地设置 25 m 折返的方式进行。每个场地上放置至少 4 个管带框（每个框内置 4 根标准管带）；4 个沙袋（每个沙袋重为 40 kg）；4 个轮胎（每个轮胎重为 70 kg、直径为 100 cm）；4 名假人伤员（每名假人伤员重为 60 kg）。受训者戴作训帽、扎外腰带和穿制式胶鞋。

二、动作要领

在背好管带框（每个管带框内置 4 根标准管带）的基础上，听到“开始”的口令时计时开始，按照背管带框前行 50 m 放置于规定位置，扛起 40 kg 沙袋前行 50 m 放置于规定位置，翻轮胎前行 50 m 放置于规定位置，背运伤员 50 m 到达终点线计时。

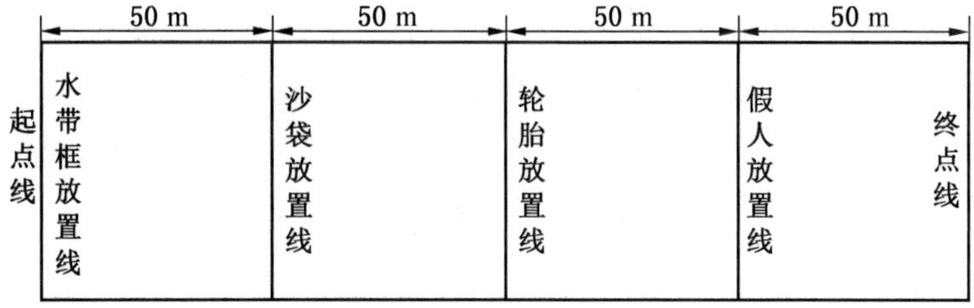

图6－19　200 m综合体能竞技场地设置示意图

三、训练方法

（1）分步练习，掌握其适合自身特点的背负方法。

（2）连贯练习，在分步练习和一定的体能基础上开展连贯练习。

（3）分组练习，可根据训练场地分组开展训练，增加训练的趣味性。

四、常见错误与纠正方法

（一）背管袋框

错误动作：水袋框背带太长，与身体不能形成一体，不便于发力；预备姿势错误；水袋框放置不到规定位置。

纠正方法：在准备时，将水袋框背带调至适当位置，采用站立式起跑，当两腿前后站立，有力的腿放在前，两臂一前一后，两腿弯曲，上体前倾，颈部放松，眼看前方5～10 m处，整个身体保持稳定姿势，注意起跑口令。在到达50 m线时，将水袋框放置于规定位置。

（二）扛沙袋

错误动作：跑动中重心不稳定、沙袋掉地。

纠正方法：采用步幅较小和步子稳定、起伏较小的跑进方法。

（三）翻轮胎

错误动作：动作不连贯和轮胎滚动前行。

纠正方法：协调用力利用翻动轮胎的惯性作用前行，并放于规定位置。

（四）背伤员

错误动作：背运时速度较慢、运行过程不稳伤员脱落和摔倒等。

纠正方法：加强相关力量素质训练；在背运时身体稍向前倾，两手协力将伤员贴在身上。

五、注意事项

（1）按受训者身体素质差异性进行分组训练，有利于提高训练的积极性和受训者的成绩。

（2）在训练初期可降低训练难度，适当减轻沙袋、轮胎、伤员重量，随着训练水平提高可逐渐增加重量。

（3）加强受训者的自我保护训练，防止发生训练损伤。

六、考核方法

（1）每个考点设考核员 1 名，在起终点线处，检查员 1 名。

（2）考核员负责发出“开始”信号、计时、登记成绩、起终点线一端犯规动作的判罚。检查员负责中间线或折返线一端犯规动作的判罚。

（3）当考核员发出“开始”信号时至受训者按规定程序完成全部动作到达终点线的时间为其考核成绩，成绩登记进位到秒。

（4）考核时，受训者出现抛、摔器材或器材装备未置于规定位置即为不及格。

（5）背水袋框跑：起跑前，人或水袋框超越起点线、背水袋框、扛沙袋跑、翻轮胎跑分别到达各自标志线。

（6）背运假人伤员：在到达时，人或伤员未能一起越过起终点线。

（7）在搬运各器材时，未能按照背、扛、翻的规定进行。

第六节　200 m 灭火障碍

200 m 灭火障碍由高架速降、独木跨桥、倒木翻越、塔头跳跃、峭壁吊绳、陡坡冲刺、密林穿行、河流横渡、翻山越岭、跨越沟渠共 10 个障碍物组成。高架速降主要锻炼消防员运用斜梯攀爬和滑降的能力；独木跨桥主要是使消防员提高通过独木桥的平衡能力；倒木翻越主要锻炼消防员对不同高木的翻越和攀爬能力；陡坡冲刺锻炼消防员陡坡爆发冲刺，跃下高台的能力；密林穿行锻炼消防员灵活通过低矮密集空间的能力；河流横渡锻炼消防员高空攀爬横渡的能力；翻山越岭锻炼消防员翻越通过不规则物体的能力；跨越沟渠锻炼消防员越过沟渠的能力。200 m 灭火障碍训练难度大、强度高，可以全面锻炼消防员的综合体能素质，提高其在灭火实战中通过各种障碍物的素质，提高火场反应能力。

一、场地器材及人员着装要求

单个场地长为 100 m，宽为 6 m，面积为 600 m^2。跑道全程为 200 m，土质地面，有条件的可铺设塑胶，共设置 10 个障碍物。各障碍物的距离为：起点距高架速降 5 m，高架速降距独木跨桥 18 m，独木跨桥距倒木翻越 16 m，倒木翻越距塔头跳跃 16 m，塔头跳跃距峭壁吊绳 14 m，转折点距陡坡冲刺 5 m，陡坡冲刺距密林穿行 13 m，密林穿行距河流横渡 17 m，河流横渡距翻山越岭 18.5 m，翻山越岭距跨越沟渠 15 m，如图 6－20 所示。受训者着作训服，戴作训帽，穿制式胶鞋，扎外腰带，穿戴安全带、戴半指手套。

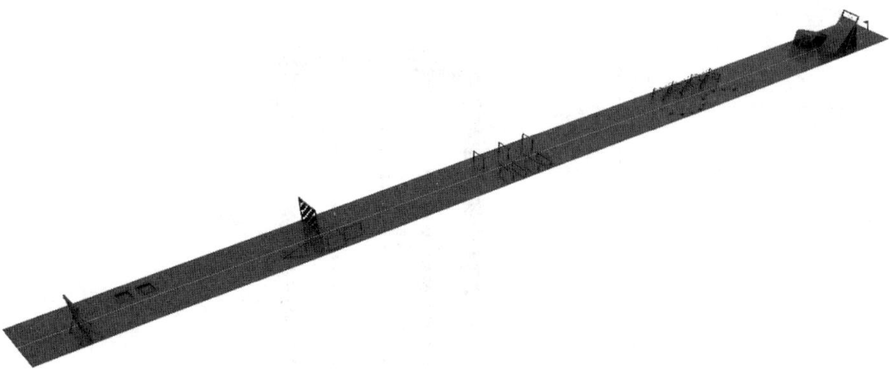

图6-20　200 m 灭火障碍场地设置示意图

二、动作要领

障碍物的通过顺序：起点→高架速降→独木跨桥→倒木翻越→塔头跳跃→峭壁吊绳→陡坡冲刺→密林穿行→河流横渡→翻山越岭→跨越沟渠→终点。

（一）平地跑的动作要领

可分为起跑、转弯跑和终点跑。

1. 起跑

起跑，可采用站立式起跑。起跑后奔跑的动作与短跑途中跑动作基本相同。因全程距离较长，所以，跑时后蹬角度略大于短跑（约55°~60°），前摆腿摆动的幅度稍小，两臂摆动的力量和幅度比短跑略小，动作应放松，步幅稍大，节奏明显。

2. 转弯跑

200 m 灭火障碍全程要经过一次转弯，在进入转弯跑时，身体应有意识地向内倾斜，加大外侧腿的后蹬力量和摆动幅度，并用脚掌内侧着地，外侧臂相应地加大摆动的力量和幅度。内侧腿向内转，脚向内沿转并用脚掌外侧着地，内侧臂摆动幅度略小于外侧臂，转弯后身体逐渐恢复成直道跑。

3. 终点跑

终点跑是指从最后一个障碍物到终点的加速跑。跑的动作要领与短跑的途中跑和终点撞线的动作基本相同，跑时应竭尽全力，冲刺过终点。

（二）通过障碍物的动作要领

1. 高架速降（图6-21）

1）训练目的

通过训练，锻炼受训者运用斜梯攀爬和滑降的能力。

2）通过方法

（1）受训者跑至硬梯下，将保护绳挂钩挂于身体保护装置上，向上攀爬竖梯到达

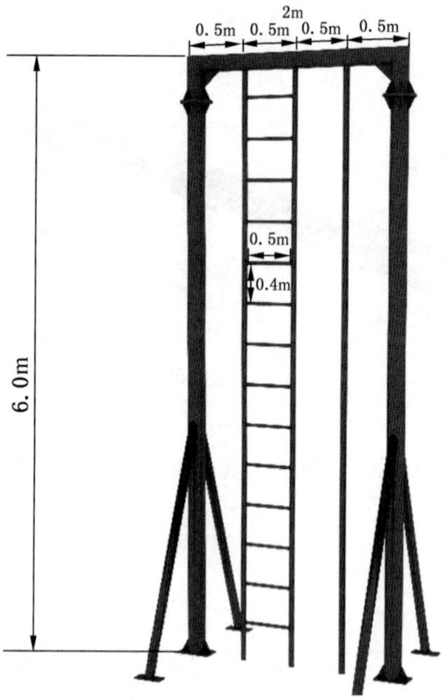

图 6－21　高架速降

顶点。

（2）单手触摸横梁，然后抓握竖杆，两手协力沿竖杆降至地面。

（3）在到达地面的瞬间，双脚弯曲，摘下保护绳，挂于地面绳钩后，可向下一障碍物前进。

3）注意事项

（1）攀爬过程中双手禁止触碰斜梯两侧保护杆并触摸顶端栋梁。

（2）穿越斜梯时禁止手扶训练架。

（3）滑降时身体协调自然，着地平稳。

2. 独木跨桥（图 6－22）

1）训练目的

通过训练，使受训者提高通过独木桥的平衡能力。

2）通过方法

（1）受训者在到达障碍物后，双腿跃起，沿斜板冲至第 1 截独木上。

（2）依次通过第 2、3 截独木跃下，向下个障碍物前进。

（3）在跃下时，可手扶第 3 截独木，落点须超过第 3 截独木前端。

3）注意事项

（1）禁止用脚蹬踩跨桥支架攀登独木。

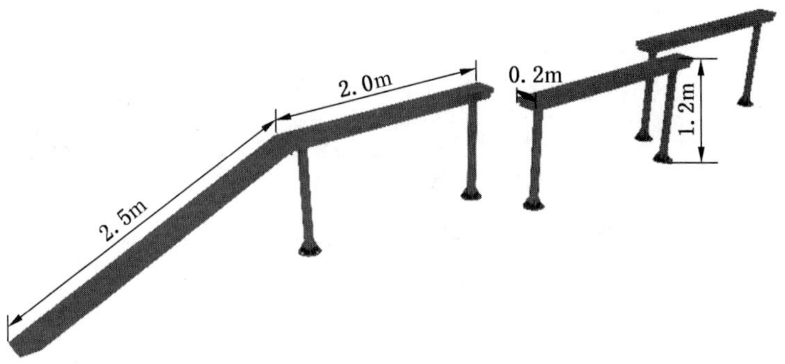

图 6－22　独木跨桥

（2）在通过独木末端后，方可跃下。

（3）在跃下跨桥时，身体协调自然，着地平稳。

3. 倒木翻越（图 6－23）

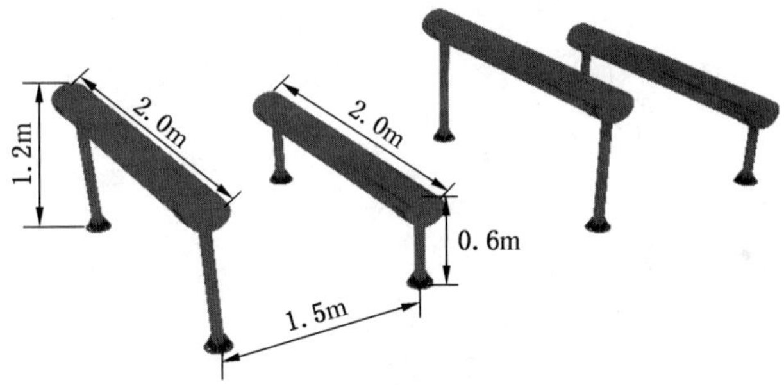

图 6－23　倒木翻越

1）训练目的

通过训练，锻炼受训者对不同高度倒木的翻越和钻爬的能力。

2）通过方法

（1）受训者在到达障碍物后，先从第 1 根倒木上翻越，然后从第 2 根倒木下通过，再从第 3 根倒木上翻越，最后从第 4 根倒木下方通过。

（2）在通过高低倒木后，向下一障碍物前进。

3）注意事项

（1）在通过低架时，身体禁止触碰障碍架。

（2）在攀爬高架时，禁止蹬踩障碍物。

（3）在翻越高架时，身体协调自然，着地平稳。

4. 塔头跳跃（图 6－24）

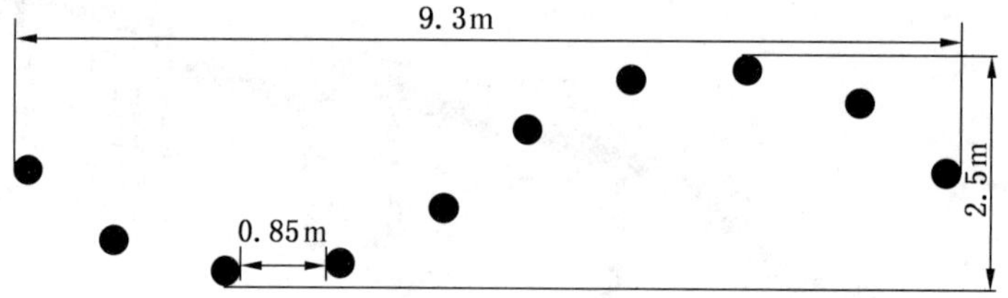

图6－24　塔头跳跃

1）训练目的

通过训练，锻炼受训者迅速转体和准确跳跃的能力。

2）通过方法

（1）受训者在到达障碍物后，蹬踩至第一个塔头上端。

（2）调整身体重心，后腿蹬、前腿跨，迅速跨越塔头。

（3）依次跨越塔头。

3）注意事项

（1）在跨越时，上体重心保持平稳。

（2）以后腿前脚掌的蹬力进行跨越。

（3）落脚稳，换腿迅速，须踩踏所有塔头。

5. 峭壁吊绳（图6－25）

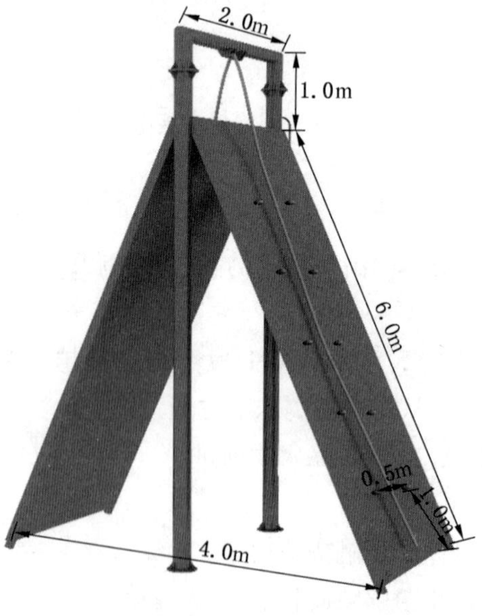

图6－25　峭壁吊绳

1）训练目的

通过训练，锻炼受训者利用吊绳进行攀爬的能力。

2）通过方法

（1）受训者到达障碍物后，前脚蹬踏障碍板，双手抓握吊绳。

（2）以手拉脚蹬合力攀爬障碍物至顶端。

（3）跨越障碍顶端后翻越踏板，转身双手抓握吊绳控制身体重心，顺势下降至对面障碍底端。

保护措施：在前后两侧适当位置设置海绵垫。

3）注意事项

（1）在攀爬过程中，身体重心前移，手脚配合协调。

（2）在翻越障碍板时，身体协调自然，着地平稳。

6. 陡坡冲刺（图 6－26）

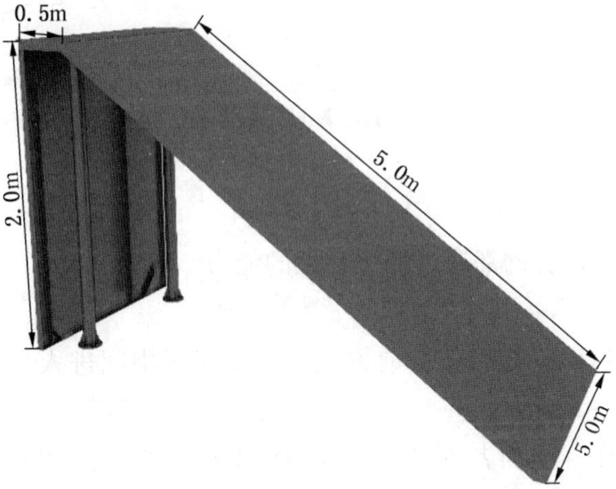

图 6－26　陡坡冲刺

1）训练目的

通过训练，锻炼受训者冲越陡坡、跃下高台的能力。

2）通过方法

（1）受训者到达障碍物后，俯身蹬踏斜坡钢板并冲上平台。

（2）到达平台后，迅速一手扶障碍沿边缘下跳。

保护措施：在障碍物后侧适当位置设置海绵垫。

3）注意事项

（1）在接近障碍物时，冲刺要猛，踏板要实。

（2）在快到达障碍物顶端平台时，要稍有减速避免冲过平台。

（3）在跃下障碍物平台时，身体协调自然，着地平稳。

7. 密林穿行（图6－27）

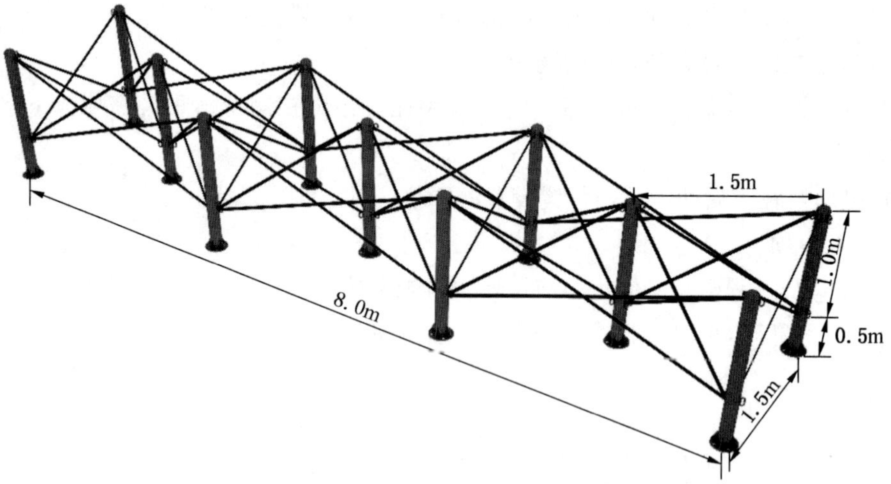

图6－27 密林穿行

1）训练目的

通过训练，锻炼受训者匍匐通过低矮林地的能力。

2）通过方法

（1）受训者在到达障碍物后从最前方两个模拟树干中间进入，从最后两个模拟树干中间穿出，然后向下一障碍物前进。

（2）在通过过程中，受训者不可以从外侧模拟树干绕过，可用手适当拨开绳网（皮筋）闪身穿行。

3）注意事项

（1）在到达障碍物时，俯身要迅速准确。

（2）在全程通过障碍物时，要适当保持俯身，避免身体与绳网（皮筋）缠绕。

8. 河流横渡（图6－28）

1）训练目的

通过训练，锻炼受训者高空攀爬的能力。

2）通过方法

（1）受训者在到达障碍物后，在横杆规定范围内（距横杆起点不超过1 m）双手抓握横杆，头朝向前进方向，手脚合力通过横杆。

（2）双脚在障碍架外侧落地，向下一障碍物前进。

3）注意事项

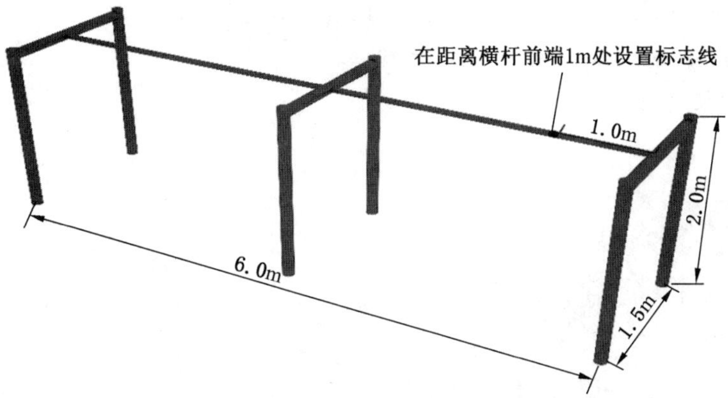

图6－28　河流横渡

（1）在跳起抓握横杆时，避免过急脱手，上体下体协调一致。

（2）在通过过程中，控制身体平稳避免晃动。

（3）在通过时，禁止碰触障碍架立柱，双腿不得同时离开横杆。

9. 翻山越岭（图6－29）

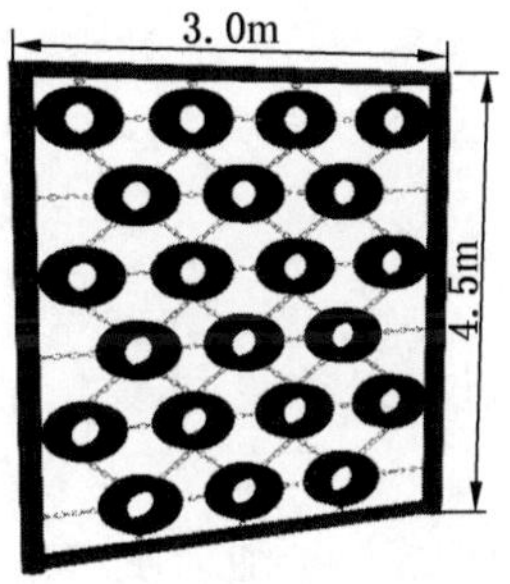

图6－29　翻山越岭

1）训练目的

通过训练，锻炼受训者翻越通过不规则物体的能力。

2）通过方法

（1）受训者在到达障碍物后，由一侧俯身蹬踏轮胎爬上。

（2）俯身转体翻越障碍顶端。

（3）在翻越障碍物顶端后，采取后退的形式反方向通过障碍。

3）注意事项

（1）在攀登障碍时，上体前俯，身体重心平稳。

（2）在翻越障碍顶端时，双手扶握障碍顶端，避免跨腿时绊倒。

（3）在通过障碍后侧时，要注意观察脚下。

10. 跨越沟渠（图 6－30）

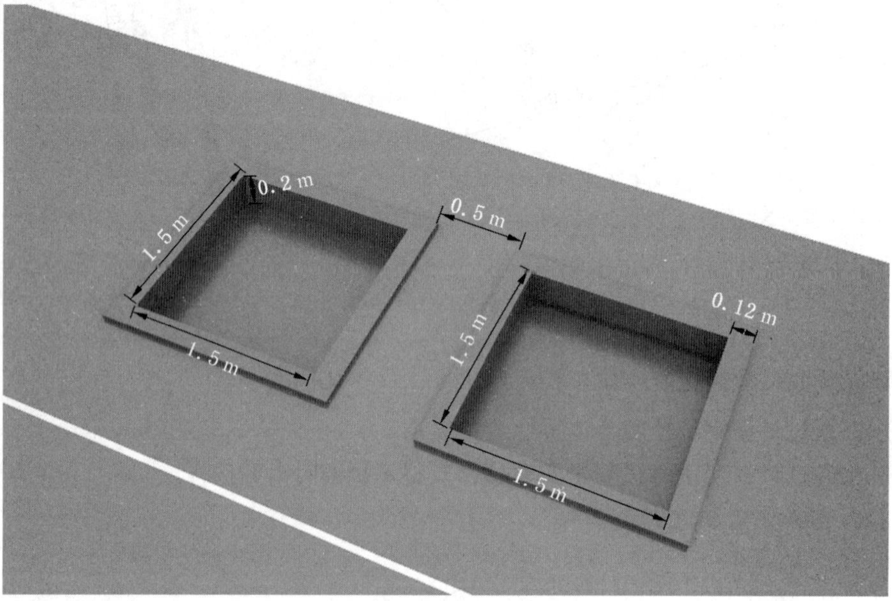

图 6－30　跨越沟渠

1）训练目的

通过训练，锻炼受训者快速越过沟渠的能力。

2）通过方法

（1）受训者在到达障碍物后，大腿、小腿、脚踝协调发力，身体跃起。

（2）水平方向依次跨越两个方坑上端，两坑之间的间隔处须踩踏。

（3）落地时脚踝稍用力，身体平衡通过。

3）注意事项

（1）起跳位置不宜过早，后腿蹬力要足。

（2）在跃起时，上体微前倾，身体重心平稳。

（3）在落地时，应前脚掌先着地，避免脚踝损伤。

三、训练方法

通过障碍，是一项既要克服若干个障碍物，又要快速跑进一定距离的训练项目，它是融速度、耐力、力量、技巧、灵敏为一体的综合性训练，难度高、强度大。因此，通过障碍的教学训练，应按照循序渐进的原则，先进行基础性体能训练，再进行通过障碍训练；先进行单个障碍练习，再进行几个障碍的分段练习，最后再进行全程练习，以确保良好的训练效果。

（一）单个障碍训练

单个障碍的训练方法：按障碍物设置顺序训练，按通过障碍物动作难易程度训练。

1. 按障碍物设置顺序训练

按照200 m障碍的障碍物设置顺序，依次进行通过单个障碍的训练。在训练时，讲清障碍物名称、通过的动作要领及规则、保护方法、常见错误与纠正方法等。在练习时，要采取先辅助练习，再慢动作体会，然后再连贯动作练习。

2. 按通过障碍物动作的难易程度训练

根据通过障碍物动作的难易程度，按照先易后难的顺序进行单个障碍训练。

（二）分段训练

分段训练是将某一段距离内的障碍物连贯通过，达到复习通过单个障碍物，掌握各障碍物之间连续通过的步点节奏、提高耐力和通过速度的目的。分段练习时，可将已训练过的单个障碍物串联在一起训练，也可在全部障碍物单个通过训练结束后再进行分段练习。

在分段练习时，应熟练掌握每个障碍物的起跳、起跨、着地、落地点和障碍物与障碍物之间平地跑的步点节奏及连续性，避免平地跑或跑到障碍前拉大步或倒小步，影响下一个障碍的顺利通过及全段速度。

（三）全程训练

200 m灭火障碍全程跑，是技术动作和身体素质的集中体现，也是动力定型的最后阶段。全程训练可采用慢速跑、计时跑、测验跑、竞赛跑等形式进行。训练中应掌握好各障碍物之间的步点节奏和各段与全程的连续性，计划好全程时间与各段时间比例，使全程跑节奏稳定、速度均匀，防止前段快后段慢，节奏混乱，体力消耗大，而影响全程成绩。

1. 通过障碍物前后的跑进方法

在通过垂直障碍物前，跑的动作要轻松自然，身体重心平稳地前移，具有明显的加速节奏，使人体产生较大的前冲速度，从而增强蹬地起跳的效果。在通过垂直障碍物后，人体落地时冲击力较大，要注意降低身体重心，屈膝缓冲，随之蹬地起动，继续跑进。

在通过水平障碍物之前，要保持已获得的水平速度，加速节奏要明显。在通过障碍后，要利用身体向前的冲力，保持水平速度，继续跑进。

2. 通过200 m灭火障碍的呼吸方法

在通过障碍时，可“闭气”用力，在通过障碍物后，应增大呼吸深度，及时调整好呼吸节奏。呼吸可利用鼻和半张开的口进行，呼吸方法与中长跑基本相同。

3. 通过200 m灭火障碍全程跑的体力分配

200 m障碍跑要求用“均匀”的速度跑完全程，快速而顺利地通过障碍物和保持合理的全程跑速，是完成全程跑的关键。因此，应根据自己的能力，划分好各段距离跑进时间比例，并注重运用各种通过技术，合理地分配体力。

（四）通过障碍训练的队形和口令

在通过单个障碍物和分段训练时，受训分队呈横队站于障碍物一侧，组训者下达“第一名，出列”的口令，第一名受训者出列取捷径跑到准备位置，自行跨立；在听到“前进”的口令后，开始练习，练习完毕自行入列。此时，第二名受训者自动出列跑到准备位置跨立，听候口令依次进行练习。在采用流水作业法练习时，受训分队呈纵队站立，组训者下达“距离××步，前进”的口令。在调换障碍物时，组训者下达“停止训练”的口令，并指定调换地点。组训者下达“各班带开”的口令，待各班跑步带到指定位置后，组训者下达“开始训练”的口令，各班开始训练。在进行全程练习时，组训者下达“预备，前进”的口令。

四、注意事项

（一）按照循序渐进的原则进行训练

200 m 灭火障碍训练难度大、强度高，教学训练须遵循循序渐进的原则和基本技能的形成规律，应先基础，后应用；先简单，后复杂；先单个，后分段，再全程；先计时跑，后测验跑，再竞赛跑。要逐步展开训练，逐渐加大训练强度，确保教学训练的效果。有条件的单位，还可到野外利用天然障碍进行训练，以增强实战应用能力。

（二）提高身体素质训练和掌握技术相结合

通过障碍训练，应把提高身体素质训练和掌握通过技术结合起来，并贯穿到训练过程中，可起到事半功倍的作用。在单个障碍训练期间，身体素质训练可占每课时间的一半，可安排速度、速度耐力、臂力、弹跳力和腰腹力量等练习内容。在分段训练期间，身体素质训练与通过技术训练的比例约为 2∶3，以发展速度耐力为主，增大训练强度，课中可安排 1000～3000 m 跑，加强耐力训练。全程训练期间，身体素质训练应以速度、速度耐力训练为主。

（三）训练前场地器材的检查要到位

在训练前，应清理场地，切实检查、检修障碍物，如有丢失、损坏、松动、锈蚀、霉变，应修复后再使用；在教学训练中，障碍物如有损坏或松动，应立即停止使用，以确保安全。

（四）训练中要注意安全并加强保护工作

通过难度大的障碍物须有专人保护。保护者应位于易出事故的一侧，集中精力，注意观察并及时保护，防止发生事故。如出现训练伤，应按照体能训练的伤病防治方法，由医务人员或经过培训的专业人员救治，其他人员不得擅自移动、救治受伤人员。

（五）做好训前的准备活动与训后整理活动

在进行障碍训练前，做好关节与各肌肉的活动、提高神经中枢系统兴奋性，使受训者快速进入训练状态，减少伤病的发生。在训练后，要加强对肌肉的拉伸，使受训者的身体机能得到放松、恢复。

五、考核方法

（1）设计时员（兼发令）1 名，检查员若干名。

（2）计时员发出“出发”信号同时开表，当受训者到达终点线时停表，并登记成绩。检查员负责检查受训者是否按要求通过障碍物。

（3）在起跑时，身体任何部分不得超过起跑线；在转弯时，身体须绕过标志杆，不得手触或碰倒标志杆，到达终点计时。

（4）凡未按要求通过障碍物（如绕道通过、不慎掉落着地等），受训者应返回该障碍物起始点，重新通过，否则不计成绩。

（5）从“开始”的信号发出至受训者按要求超越所有障碍物并到达终点，所用的时间为最终成绩。

第七节 400 m（200 m）蛙泳

蛙泳为大多数初学者首选的泳姿之一，其较为省力，易持久，实用价值大，在锻炼肌肉的同时，对心脏健康和呼吸系统的影响很大，常用于水域救援和救护、水上搬运等。

一、场地器材及人员着装要求

游泳池或适宜水域，秒表、救生器材、漂浮器材。受训者着泳装。

二、动作要领

蛙泳的游进动力是以腿部蹬夹动作为主，具有省力、声音小、易隐蔽、浮力大、能负重、便于观察等特点，是开展负重泅渡和水上救护的基础泳姿。

（一）身体姿势

在蛙泳时，当臂、腿完成有效动作后身体几乎是水平地俯卧在水中，头微抬，面部浸入水中，两臂紧夹头部并拢伸直，目视前下方，微挺胸收腹，两腿伸直并拢。胸、腹、大小腿呈水平姿势，身体纵轴与前进方向呈 5°～10°，如图 6－31 所示。

（二）腿部动作

蛙泳腿部动作是推动身体前进的主要动力，一般把腿部动作分为收腿、翻脚、蹬夹水、滑行 4 个部分。

1. 收腿

收腿是在滑行后开始，当收腿时，两膝自然下沉收大腿，同时收小腿，两腿边收边分开。当收腿结束时，两脚跟靠近臀部，大腿与躯干间约呈 130°～140°，如图 6－32 所示。小腿与大腿垂直，两膝约与肩同宽，如图 6－33 所示。

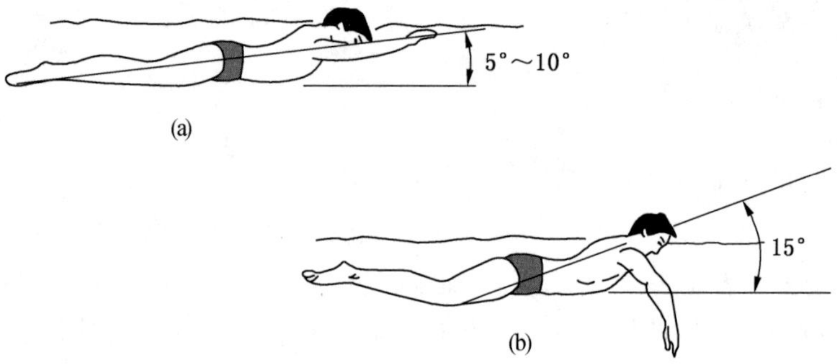

图 6－31　身体与水面角度

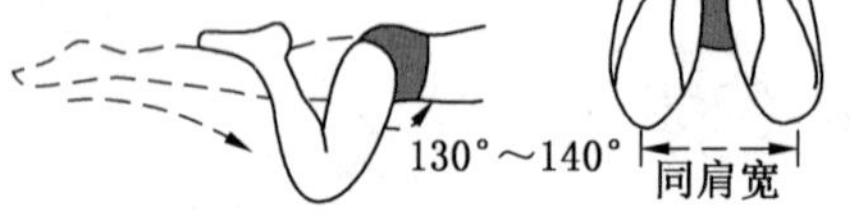

图 6－32　大腿与躯干角度

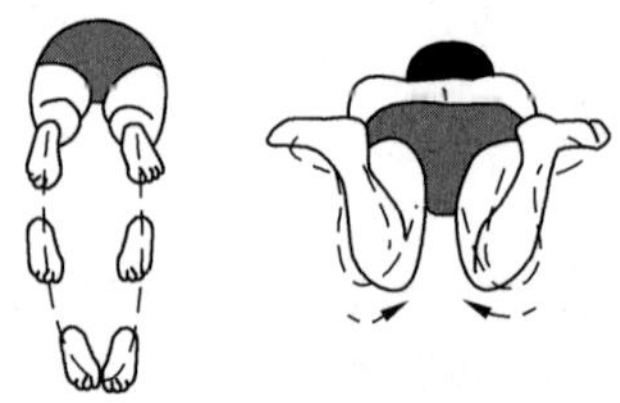

图 6－33　收腿动作

2. 翻脚

翻脚是在收腿快结束的同时完成。在小腿和脚跟继续向臀部靠拢时，大腿稍内合，两脚外转并勾脚尖向外侧分开，形成两膝内扣，脚尖向外，如图 6－34 所示。脚掌与小腿内侧向后对准蹬水方向，如图 6－35 所示。

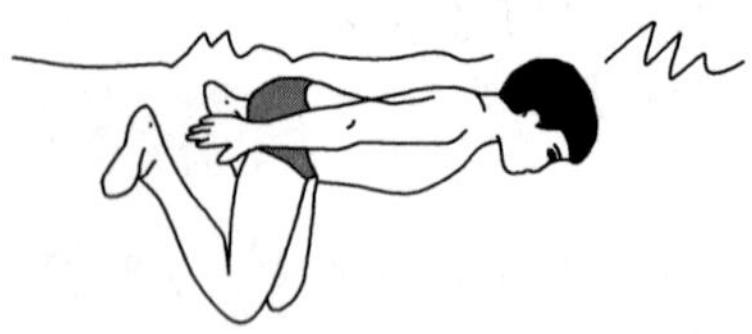

图 6－34　脚掌对水面

图 6－35　翻脚

3. 蹬夹水

在完成翻脚动作后的瞬间开始蹬夹水。由大腿发力，充分发挥外翻的脚弓和小腿内侧向后作迅速有力的弧形蹬夹，蹬夹后两腿自然并拢伸直，如图 6－36 所示。

4. 滑行

身体在蹬水后借助水的反作用力向前滑行。两腿（包括两脚尖）并拢向后自然伸直，使身体呈流线型向前滑行，如图 6－37 所示。

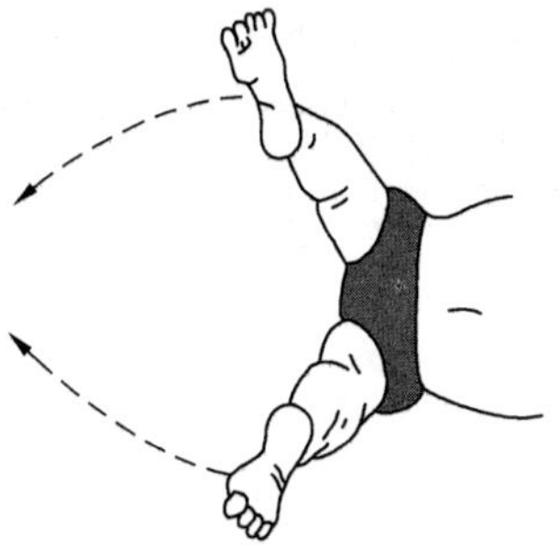

图 6-36　蹬夹水

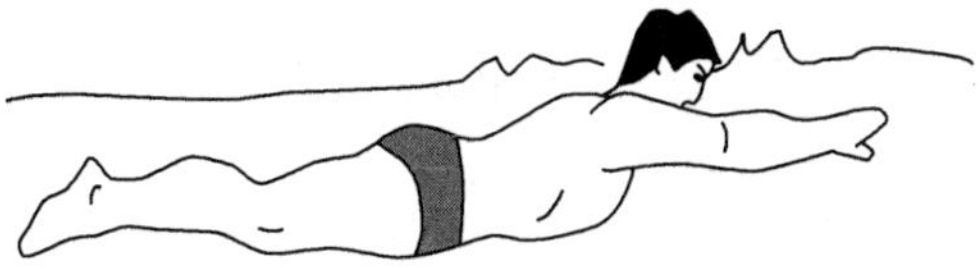

图 6-37　滑行

上述 4 个阶段是紧密衔接、相互作用的一个完整过程。滑行是为收腿动作做好准备，收腿和翻脚是为更好地蹬夹水创造条件，而蹬夹水是推动身体前进的有效动作。因此，动作要连贯、及时、有节奏地进行。蛙泳腿部动作要领概括为：边收边分慢收腿，脚掌外翻对正水，向后弧形蹬夹腿，并拢伸直滑一会。

（三）臂部动作

蛙泳臂部动作不仅是产生推进力的重要环节，而且还可以产生一定的浮力使身体处于较高水平位置，臂部动作与腿部动作以及呼吸有节奏地配合，以保持匀速前进。臂部动作是由开始姿势、抓水、划水、收手、伸臂 5 个不可分割的阶段组成。

1. 开始姿势

在滑行的基础上，两臂保持适当的紧张状态自然向前伸直，两臂与水面平行，掌心向下，手指自然并拢，使身体呈一条直线，如图 6-38 所示。

2. 抓水（图 6-39）

在臂前伸滑行中开始抓水。在抓水时，两臂内旋并稍屈肘，两手向外侧斜下方分开，使前臂与掌心转向斜下方压水，当手掌和前臂感到有压力时，就开始划水。

图 6-38　开始姿势

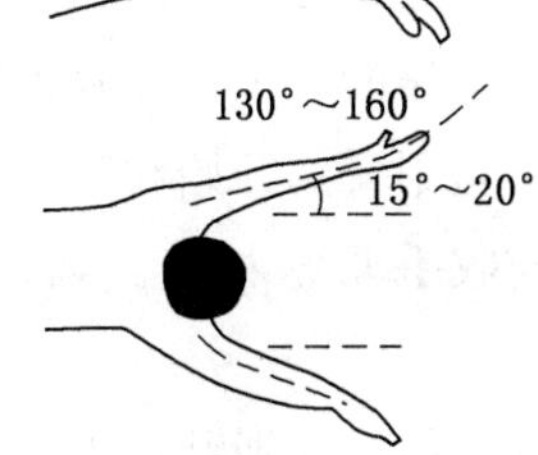

图 6-39　抓水姿势

3. 划水

在抓水过程中，两臂分开约 40°～45°时，手腕开始逐渐弯曲，两臂两手逐渐积极做向侧、下、后屈臂划水，动作轨迹是椭圆曲线，整个划水过程要求肘高于手，在手和臂内旋时开始屈肘，使手掌与前臂内侧转向侧下方用力加速向后稍向内划水。

在整个划水过程中，两手的前臂与上臂的夹角是不断变化的，而在划水的最有效阶段，两手的前臂与上臂夹角接近 90°，如图 6－40 所示。

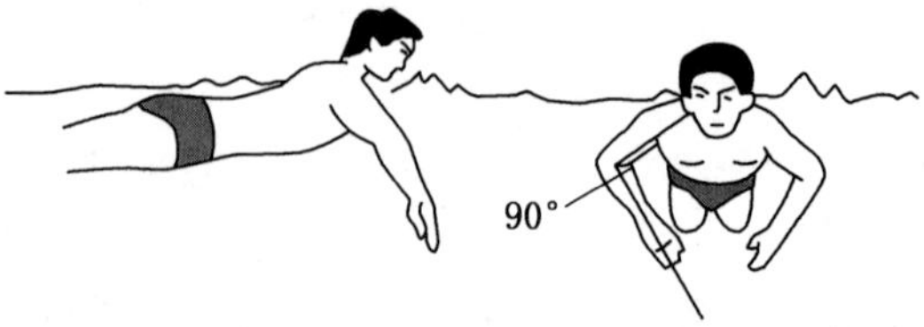

图 6－40　划水姿势

4. 收手

收手是由划水到向前伸臂的过渡动作，是划水的继续。当两手的前臂与上臂的夹角都接近 90°时，手迅速由向内转向前，继而成两手掌斜相对，逐渐向下由胸前向前伸出，如图 6－41 所示。

图 6－41　收手

5. 伸臂

伸臂动作通过伸肩关节和伸肘关节完成，在收手快结束时，两肩开始向前伸展，两手靠拢掌心转向下方。

臂部动作的 5 个阶段紧密衔接，相互作用构成一个完整过程。滑行为抓水做准备，抓水和收手是划臂的开始和继续，也属划水过程。而划水动作是推动身体前进的有效阶段，伸臂又与收手紧密相连。因此，臂的动作要连贯、及时、有节奏地进行，如图 6－42 所示。

初学者往往因划臂过大而导致腿、臂配合脱节。因此，初学时不宜强调其划臂时用力，着重体会划臂要领和路线，重视两臂前伸后并拢和滑行动作，防止边伸边划，造成划臂路线过短又破坏动作配合的协调性。

图 6－42　臂部连贯动作

（四）呼吸与手臂的配合

蛙泳的呼吸方法有两种：一种是早吸气，另一种是晚吸气。早吸气是两臂抓水时头和口露出水面，迅速做深吸气动作。继而随伸臂低头闭气，当两臂开始滑下时逐渐呼气。晚吸气是随着臂的有力划水动作，头和肩上升时吸气。有经验的受训者多采用晚吸气方法，因该方法能保持身体平衡，动作连贯，前进速度均匀，对提高成绩很有帮助。但晚吸气动作要求严格，吸气时间比较短促。所以一般初学者，先从早吸气的方法开始为宜。

（五）完整（配合）技术

蛙泳完整动作是保证动作协调、连贯和速度均匀的关键，它的配合周期是由腿、臂、呼吸动作组成，一般采用两臂同时划水一次、两腿蹬夹水一次、呼吸一次的方法来完成，配合时机：在用臂抓水和开始划水时，腿并拢伸直不动；在划水开始时，抬头吸气，两腿仍自然放松，在收手时，开始慢收腿；向前伸臂低头憋气，臂将伸直开始蹬夹腿，头仍在水中开始慢呼气；蹬夹水后臂、腿伸直并拢，使身体成流线型向前滑行，并继续呼气。

三、训练方法

蛙泳的教学训练方法一般分为陆上练习和水中练习。在练习中应仔细体会动作要领，并多加实践。训练原则是从易到难，从陆上到水中的顺序安排。

（一）熟悉水性训练

不会游泳者要注意对水环境的适应性训练。熟悉水性训练通常进行如下 4 个动作技能的练习。

1. 水中呼吸

在浅水中，上体前倾下额接触水面，用嘴深吸气后闭气，脸部浸入水中，然后用嘴和鼻子在水中均匀地呼气，边呼边抬头，待嘴将露出水面时用力将气呼尽，紧接着张嘴深吸气。如此循环练习，直到自如为止，如图 6－43 所示。

图 6－43　水中呼吸

（1）水中闭气抬头练习。主要体会在水中闭气以及嘴鼻露出水面时的感觉。在齐胸深的水中，上体前倾屈膝半蹲或两臂前伸浸入水中，头露出水面，低头使面部浸入水中齐发际，然后向前伸下颌使嘴露出水面。如此反复练习。

（2）水中憋气、呼气和抬头吸气练习。主要体会吸气后由憋气转入慢慢呼气再快吸气的节奏。方法是深吸一口气低头稍憋气后，用嘴和鼻子（以嘴为主）均匀呼气，边呼边抬头，在嘴出水面的同时用力将气呼完，接着张大嘴深吸气。在海上训练时，头出水面后，先睁眼后呼吸。

在纵队练习时，要求后面一名人员扶住前面一名人员的肩或腰部；在横队练习时，要求两列面对面，两人互相拉手进行练习，方便互相帮助，同时提高训练中的安全性，如图 6－44 所示。

图 6－44　配合水中呼吸

2. 抱膝浮体（图 6－45）

在浅水中吸足一口气，憋气下蹲，低头团体。两手抱住小腿，大腿尽量贴近胸腹下，使身体自然浮起，待背部露出水面后将气均匀呼出，身体下沉，两手松开的同时做下压水动作，两脚站稳后，抬头成站立姿势，如图 6－45 所示。

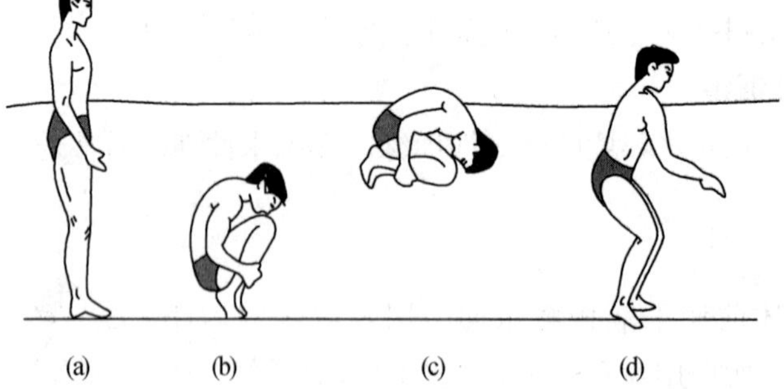

图 6－45　抱膝浮体

3. 滑行

包括蹬底滑行、蹬边滑行和协助滑行 3 种。主要体会人在水中运动时身体位置和动感，提高在游动中控制身体平衡的能力。

（1）蹬底滑行。在齐胸深水中，两脚前后站立，两手上举，深吸一口气后憋气，上体前倒，当头部浸入水中时前脚掌用力蹬底，随后两腿并拢，使身体伸展呈流线型向前滑行，如图6－46所示。

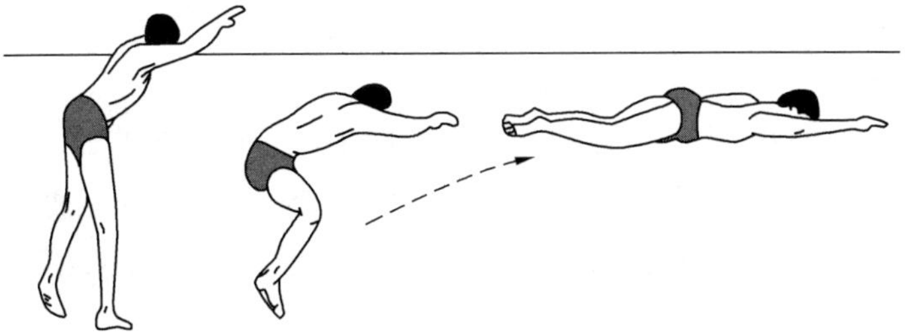

图6－46　蹬底滑行

（2）蹬边滑行。背靠边站立，深吸一口气，低头入水的同时将双手迅速前伸，两臂夹头，两脚用力蹬边使身体呈流线型向前滑行，两腿并拢伸直，如图6－47所示。

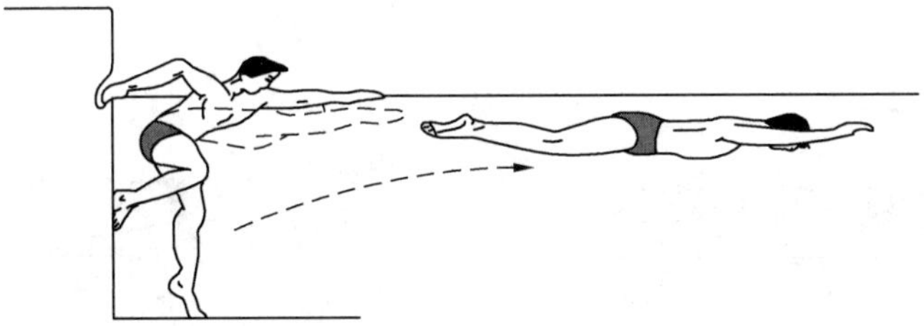

图6－47　蹬边滑行

（3）协助滑行。受训者在蹬边或蹬底滑行的基础上，由另一人协助使其继续滑行。开始前，协助者站在受训者前侧方4～5 m处，当受训者滑行到协助者身前时，握其手腕用力前拉（拉后即松手），接着顺势一手移托其胸部（此时受训者应主动抬头换气），另一手移握其脚跟部用力推出（受训者不要屈腿），使其滑行得更远，如图6－48所示。

图6－48　协助滑行

（4）在二路纵队或多路纵队练习时，要求受训者由排头至排尾流水作业练习；在横队练习时，要求两人一组互相对应，一人练习一人保护。

注意事项：①吸气、憋气和低头动作要连贯，蹬壁（地）时要用力。②在滑行时，自然挺胸微收腹，保持腹背肌适当紧张，两腿伸直并拢，使身体呈最好的流线型。③滑行是熟悉水性训练的重点，要反复多练。

（二）腿部动作训练

在训练中抓住收腿、翻脚、蹬夹、滑行 4 个环节。要求在一个周期动作中，收腿要正确，翻脚要充分，蹬夹要连贯，在滑行时，身体要伸展；在节奏上强调，收腿时要慢要放松，翻脚要快，蹬腿时要迅速有力。

1. 陆上模仿练习

坐在地上，两腿伸直并拢，上体稍向后仰，两手位于侧后方撑地，练习收腿、翻脚、蹬夹腿动作。先分解后连贯，在练习时，要求受训者自我检查动作是否正确。要求边收边分开，在蹬夹结束时，应注意腿伸直并拢放松，体会慢收快蹬的节奏感。此练习也可在岸边或凳子上进行。

2. 俯卧练习

当俯卧在凳子上或土堆上练习时，如图 6－49 所示，髋关节位于土堆或凳端，可练习收腿、翻脚、蹬夹腿动作。先分解后连贯。也可他人协助练习，如图 6－50 所示。协助者站在受训者身后，两手掌朝上或朝下，以虎口对着受训者脚腕内侧握住，帮助受训者练习收、翻、蹬及脚腕向外转的动作。此练习重点体会收腿角度，翻脚动作和蹬腿路线的动感和节律。

图 6－49　俯卧练习

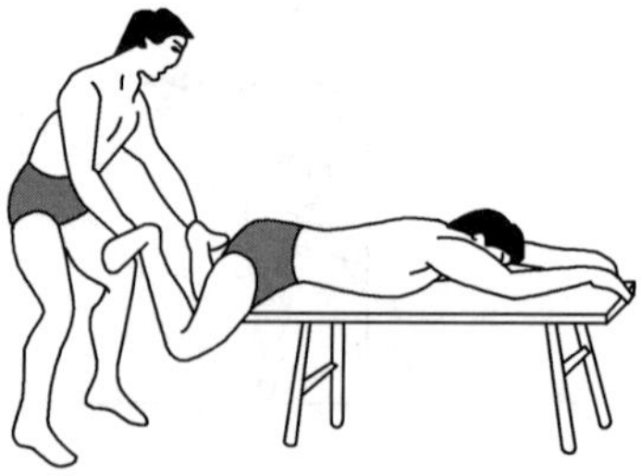

图 6－50　两人协助练习

3. 仰、俯卧水中练习

两手抓池边，或他人协助，如图 6－51 和图 6－52 所示。练习收腿、翻脚、蹬夹腿动作。按动作要领体会蹬夹水时大腿、小腿和脚内侧对水阻力的感觉。

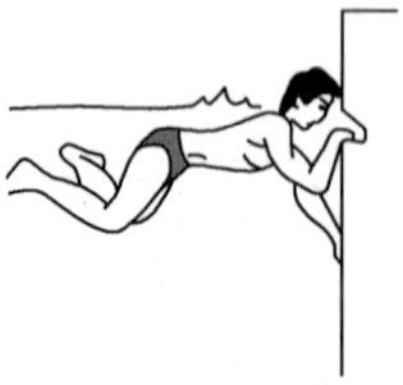

图 6－51　俯卧水中练习

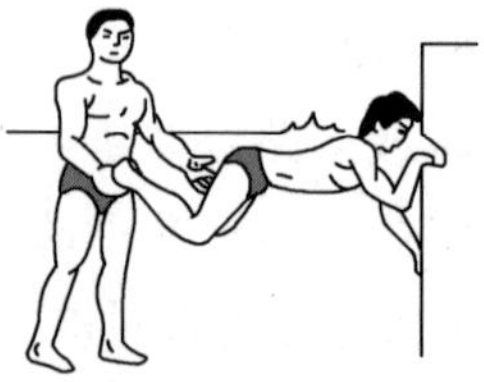

图 6－52　两人协助练习

4. 蹬边、蹬底滑行蹬腿练习

深吸气后在蹬边、蹬底滑行的基础上做蹬腿练习。

5. 扶浮板或其他浮物蹬腿练习

要求配合呼吸练习，距离适当增加。在进行腿部技术训练时，不管是分解或连贯动作都强调动作要领和节奏，尽快掌握弧形蹬夹水路线。认真体会，多实践，用动作要领指导练习，逐渐提高动作效果。

（三）臂部动作训练

1. 陆上模仿练习（图6－53）

两腿前后或左右分开站立，上体前倾，两臂前伸并拢，掌心向下，依次练习：①两手同时向侧后下方划水；②屈臂收手至颌下；③掌心斜相对，两手向前伸直并拢稍停。先分解后连贯。

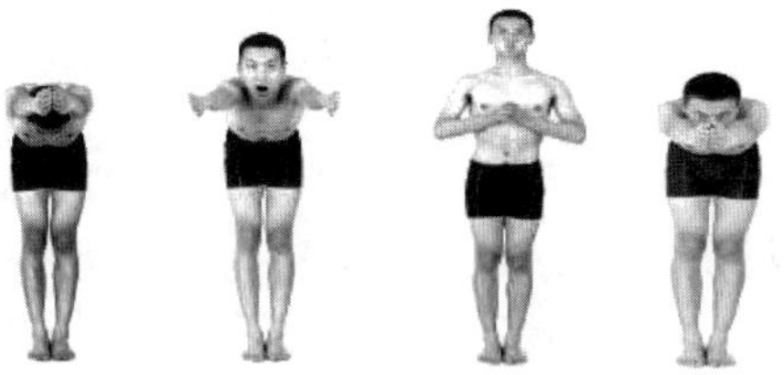

图6－53　陆上模仿练习

2. 他人协助练习

受训者站立或俯卧（如俯在木马上），双腿自然并拢，双手前伸，协助者站立前方，用手掌贴住练习着手掌练习动作，如图6－54所示。练习时配合呼吸动作。

图6－54　他人协助练习

3. 水中原位体会练习

在齐腰深水中，两腿前后或左右分开站立，上体前倾，两臂按陆上模仿练习要求做臂部动作，体会划水路线与收手的动作。在开始练习时不要用力，随着划臂路线熟练程度提高，可稍用力划，借划水产生的作用力向前移动。逐渐加快划水速度和力量，体会水感。

4. 水中划臂练习

在夹浮板（其他浮物）划臂练习俯卧浅水中，用大腿夹住浮板（浮物）做划臂练习，在练习时可配合呼吸。

（四）蛙泳配合动作训练

1. 陆上模仿练习

受训者在陆上根据动作要领，练习两臂和单腿及呼吸配合时机，如图 6－55 所示。

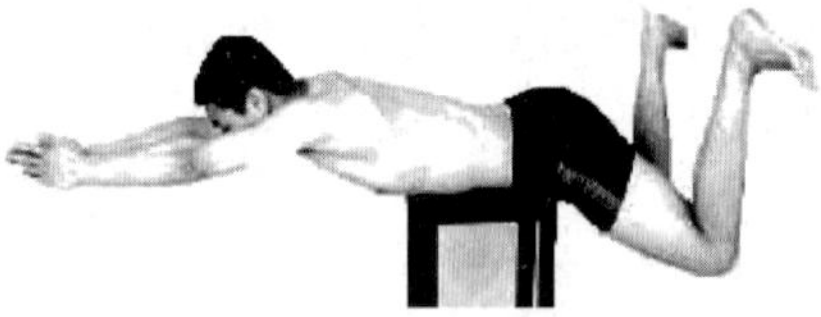

图 6－55　陆上模仿练习

2. 浅水区他人协助练习

受训者俯卧水中，由协助者托其腰部按先分解后连贯进行蛙泳练习。

3. 俯浮物练习

受训者俯在充气的救生圈（气不要充满）上做配合动作练习。

（五）背漂训练

背漂游泳辅助训练器材由较牢固的面料、背带缝制而成的囊袋，如图 6－56 所示。其结构类似于单个人员携行具，囊袋内放置矿泉水空瓶，根据受训者体重分为 3、5、7 瓶装背漂。通常情况男子使用 5 瓶装背漂，女子使用 3 瓶装背漂。背漂器材主要用于蛙泳初学者或着装游泳与负重泅渡初训阶段的教学训练。在教学中，根据受训者掌握游泳技术动作要领和能力提高状况，逐步减少背漂中的空瓶。

(a)　(b)

图 6－56　背漂袋内外

背漂可穿戴在胸前，和背后位置，如图 6－57 和图 6－58 所示。主要优点：克服人体下沉，提高游泳教学的安全性；四肢活动自如，便于学习技术动作，缩短游泳教学进程；便于初学者水中抬头换气，消除恐惧心理等。

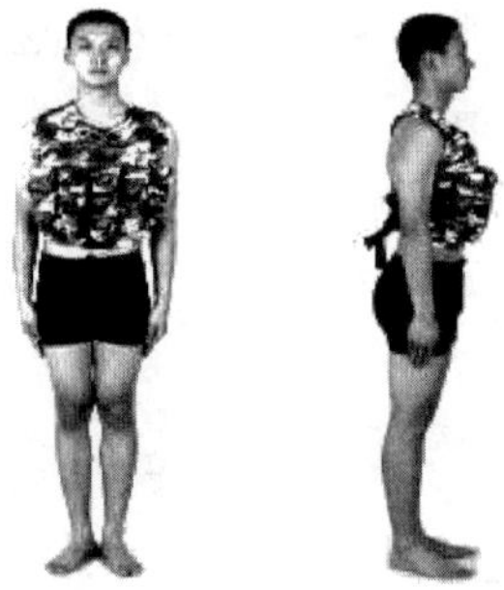

图 6－57　穿戴胸前示范

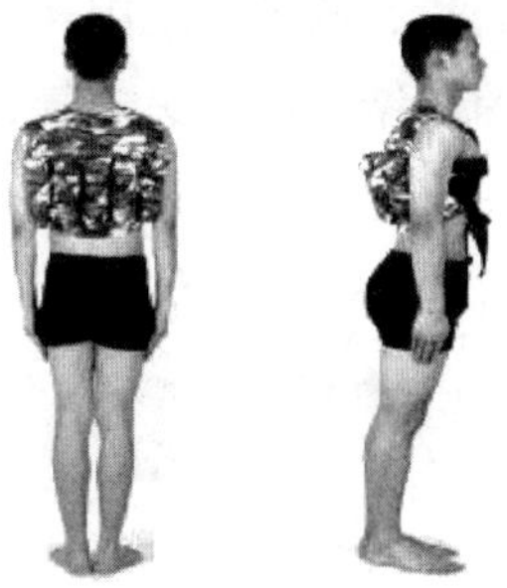

图 6－58　穿戴背后示范

1. 俯卧漂浮练习

将背漂穿戴背后，吸气后，低头入水屏气，双手夹紧双耳，双腿并拢伸直，身体自如俯卧于水中，如图 6－59 所示。

图 6－59　俯卧漂浮练习

2. 仰卧漂浮练习

将背漂穿戴胸前，双手放于身体两侧，控制身体平衡，仰卧于水面，如图 6－60 所示。

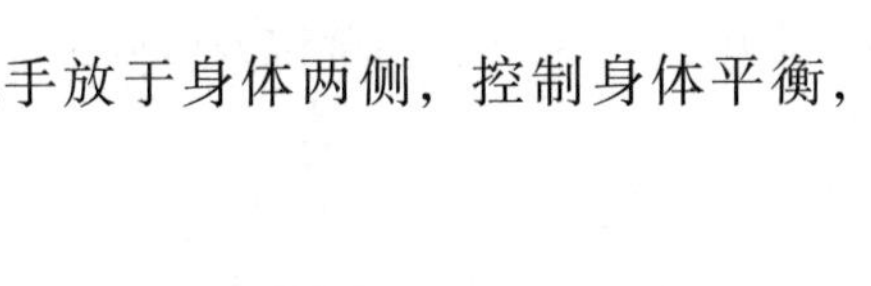

图 6－60　仰卧漂浮练习

3. 仰卧蹬腿练习

将背漂穿戴胸前，仰卧水中，双手夹紧双耳，脸部露于水面。做蛙泳腿的反蛙泳动作练习，呼吸自如，如图 6－61 所示。

4. 俯卧蹬腿练习

将背漂穿戴背后，俯卧于水中，双手夹紧双耳，吸气后，低头入水逐渐呼气，同时做腿部动作练习，蹬腿结束后抬头换气，如图6－62所示。

图6－61 仰卧蹬腿动作示范

图6－62 俯卧蹬腿动作示范

5. 俯卧划手练习

将背漂穿戴背后，俯卧于水中，双腿夹紧并拢，手部做划水和呼吸的配合练习，如图6－63所示。

图6－63 俯卧划手动作示范

6. 俯卧配合练习

将背漂穿戴背后，俯卧于水中，做手部和腿部以及呼吸的整体配合练习。

四、常见错误与纠正方法

（一）腿部

（1）头高腿低，造成髋关节和腿始终沉在水下；头低脚高，造成腿部蹬夹水出水面。

纠正方法：要求低头，向下压胸和肩部；要求伸臂时往前上方，蹬腿往后下方。

（2）蹬腿时没有外翻动作，造成蹬夹水面小、效果差。

纠正方法：陆上多做模仿练习。

（3）两腿收腿不对称，两腿或脚的动作没有同时进行，或位置有高有低。

纠正方法：陆上多做模仿练习。

（4）收腿分膝过大，收腿时两膝未并拢，向外展开，当收腿结束时，两膝在两脚外侧。

纠正方法：采用夹板蛙泳腿练习来控制膝关节。

（5）大腿收得过多，使躯干和大腿之间成直角甚至锐角，导致臀部上翘，上下起伏。

纠正方法：采用反蛙泳练习，膝关节不露出水面。

（6）收腿快，蹬腿也快，或者都太慢，最常见的是收腿太快。

纠正方法：强调技术动作概念，用数数或者打拍子的形式来控制节奏。

（7）蹬夹脱节，不应在蹬腿后停顿夹水，影响效果。

纠正方法：反复强调边蹬边夹水。

（8）不收大腿，小腿和脚露于水面，头部易下沉，吸气困难。

纠正方法：陆上多做模仿练习，强调大腿前收，熟悉动作。

（二）手臂

（1）划水过长或直臂划水。

纠正方法：明确概念，强调向外向内划水，没有向后划水的技术概念。

（2）平划水，在划水时没有形成高肘划水动作，两臂平摸水，外划时肘比手宽。

纠正方法：原地练习，用眼睛观察自己划水路线。

（3）划水后手臂伸向前下方，手臂前伸不充分，两手分开过大，造成阻力。

纠正方法：在陆上多做模仿练习，手臂前伸要求合掌，可进行水中跟踪练习，用手辅助强调合掌前伸动作。

（4）手腿配合节奏不正确，同时划水与收腿、同时划水与蹬腿、同时伸臂与蹬腿、先蹬腿后伸臂等。

纠正方法：在陆上多做模仿练习，反复进行陆上俯卧式蛙泳配合练习，明确技术动作概念。

（5）划水和蹬腿结束后没有滑行动作，容易消耗体力，游不远。

纠正方法：在每次划水和蹬夹水结束后强行要求控制滑行，用手辅助强调滑行动作。

五、注意事项

（1）要做到“四不下水”（人数不清不下水、身体有病不下水、救生器材未带不下水、遇到恶劣气候不下水）和“四禁止”（禁止水中嬉笑打闹或开玩笑、禁止在规定区域外游泳、禁止酒后下水、禁止单独下水），确保安全。

（2）蹬腿练习要注意动作的连贯性，防止膝关节内侧副韧带的拉伤。

（3）在配合练习中，要注意呼吸与臂的配合时机，减少喝水或呛水的情况。

（4）在训练中，要注意观察周围环境情况，防止水中碰撞、偏游等。

六、考核方法

（一）保障条件

游泳池或适宜水域，秒表，救生器材，记录台。着泳装。

（二）考核规则

（1）采用蛙泳动作不间断完成 400 m（男）、200 m（女）游距，以完成时间计算成绩。

（2）不得借助任何漂浮器材完成动作；不得借助水底休息、行走或游进。

（三）考核方法

（1）设计时员 1 名，检查员若干名，救生员 4 ~6 名。

（2）计时员发出“开始”信号后，受训者按要求完成规定距离。检查员负责一对一地检查受训者是否符合要求，并记录成绩。

（3）救生员负责安全保护。

第七章　消防体能训练与营养

第一节　营养基础知识

一、营养物质的构成

糖类、脂类、蛋白质、维生素、无机盐、水和膳食纤维这七大类物质，通常被称为营养物质。它们和通过呼吸进入细胞的氧气一起，经过新陈代谢过程，转化为构成维持生命活动的能量。因此，它们是维持生命体的物质组成和生理机能不可缺少的要素，也是生命活动的物质基础。

（一）宏量营养素

肌肉进行收缩时所需要的直接能量来源是三磷酸腺苷，即 ATP，但 ATP 在人体中的储量极为有限。在体能训练过程中，ATP 的最大输出功率可达到 11 mmol/(kg · s)，可以看出，人体本身储备的仅能维持极短的运动时间。所以，ATP 消耗后的恢复成为影响运动能力的关键。ATP 的不断合成是依靠人体存在的 3 个供能系统来实现的，即磷酸原供能系统、糖酵解供能系统以及有氧氧化供能系统，而这 3 个供能系统的底物则分别是碳水化合物，脂肪及蛋白质。因此，只有通过不断摄入以上营养素才能满足消防员自身的能量需要。

1. 碳水化合物（糖类）

碳水化合物是能量的主要来源，它在人体中的主要作用是：①储存、提供热量；②作为构成组织的原料；③节约蛋白质；④抗生酮作用等。

对于消防员而言，碳水化合物的重要性主要体现在，它是身体中唯一优质的能量来源，在中、高强度的体能训练中，人体须以碳水化合物为原料进行糖酵解供能才能满足运动的需要。糖酵解供能比例占三大供能物质的首位，在较长时间、中高强度的训练或比赛中，例如 200 m 综合体能竞技、400 m 救人物资疏散等疲劳的出现往往是因为碳水化合物储备耗竭而导致的。碳水化合物在人体的储备量非常有限，以肌糖原形式存在的碳水化合物为 300 ~ 500 g。以肝糖原形式存在的约为 100 g，血糖为 10 ~ 25 g。因此，在体能训练前、中、后采用高糖膳食、运动饮料或其他形式的能量补充剂，对维持消防员血糖稳定、肌肉收缩和神经传导都将起到重要作用。

2. 脂肪

脂肪，类脂，油合称脂类。脂肪又称甘油三酯，类脂主要包括磷脂和固醇两类化合物。

脂肪以及类脂对人体的主要作用是：①提供能量并保持体温，1 g 脂肪在体内氧化可产生 9 kcal 的热量；②构成组织细胞；③促进脂溶性维生素的吸收；④增加饱腹感；⑤作为脂肪垫保护周围器官；⑥作为性激素和肾上腺皮质激素的生成原料。

脂肪对运动员的重要性体现在：①它作为仅次于碳水化合物的主要功能物质，为人体运动提供了丰富的能量来源；②作为长时间低强度运动项目的重要能源；③可减少糖原的消耗，提高运动耐力。

虽然，脂肪可作为能量来源的一种，提供机体运动的能量，但对于消防员来讲，为了提高或保持体能训练成绩及在某些项目上的优势，应保持合理的体脂含量。如有研究测定了游泳、跑步、体操、足球、摔跤运动员的体脂百分比，结果显示女性运动员体脂百分比在 13% ~23%，男性在 4% ~15%。优秀运动员的体脂成分要求更低。因此，如何将消防员的体脂含量保持或控制在合理的范围内，也需要营养知识、手段从食物的种类、质量、形式上进行合理搭配以满足消防员训练项目的要求及身体的健康。

3. 蛋白质

蛋白质是生命的物质基础，并与各种形式的生命活动紧密联系。蛋白质约占人体体重的 16% ~20%，每克蛋白质能提供 4 kcal 的能量。蛋白质是骨骼、肌腱、韧带、骨骼肌的组成基质并参与组成与能量代谢有关的多种酶和激素，以转运蛋白的形式转运多种营养物质和氧气等，蛋白质类中的支链氨基酸可作为运动中的能量来源，而优质蛋白质的补充有助于维持人体的抵抗力。蛋白质对于运动人群的重要性主要体现在：①当碳水化合物耗尽时，提供能量的来源；②提供人体需要但无法合成的氨基酸（必需氨基酸）；③生成新的组织，保证肌肉的生长和损伤修复时所必需；④合成酶、抗体和激素的基本物质；⑤保持体液平衡并作为血液中物质（维生素、矿物质和脂肪）的载体。

长期参加体能训练的消防员在蛋白质的摄入上，应注重正确的补充方式，方法，以保证肌肉的生长，修复，从而满足日常体能训练对机体的要求。不同形式的蛋白质在食物和补剂中的大体质量也有所不同，研究表明，胶质（胶原蛋白）和小麦蛋白是相对低质量的蛋白；肉和鱼是中等质量蛋白；大豆、蛋、奶、乳精和牛初乳是高质量蛋白。

（二）微量营养素

矿物质和维生素虽然在人体中的储量有限，但它们是保持人体代谢正常和功能维持所必需的一类营养素。

矿物质又称为无机盐，它是构成机体组织和调节生理机能重要的物质，约占人体体重的 5%。其中主要包括钠、钾、钙、镁、磷、硫、氯等。

钠，正常成年人体内钠的含量为 60 mmol/kg 体重，其中有 50% 储存于细胞外液，40% 储存在骨骼内，另外 10% 存在于细胞内。钠是血浆中的主要正离子，占血浆正离子总数的93%，占渗透压的48%。因此，血浆钠对维持血浆渗透压具有重要作用，此外，钠对保持机体酸碱平衡、维持神经、肌肉细胞的应激性和细胞功能均具有重要作用。小部分钠可随汗液排出。因此，当出汗量较多时，不仅应注重水的补充，而且应重视钠盐的补充。

钾，主要存在于细胞内液，其中大多数储存在肌肉组织中钾的作用主要体现在：①参与细胞内糖和蛋白质的新陈代谢；②维持细胞内液的容量、离子浓度、渗透压及酸碱平衡；③维持神经细胞膜和肌肉细胞的应激性；④维持心肌的正常功能；⑤降低血压。

钙主要存在于细胞外，它的主要作用是维持正常的肌肉收缩。当肌肉兴奋时，胞质Ca^{2+}浓度升高，这是激发骨骼肌收缩的重要条件，但当Ca^{2+}浓度过多增加时，反而会造成骨骼肌结构和功能的破坏，导致外周性疲劳。

镁，主要存在于细胞内，它是许多与代谢相关酶的辅助因子，在糖、脂肪、蛋白质代谢中发挥着重要作用。细胞内镁离子还参与了钙离子浓度的调节。

运动人群因运动导致代谢增强，当出汗量较多时，以上电解质会随汗液的丢失而大量流失。因此，在体能训练时应重视电解质的补充，从而防止因离子代谢紊乱而引起的外周肌肉疲劳。

（三）液体的补充（水）

水是一种重要的营养物质，在正常情况下，人体体重的60%左右都是由水组成的，运动人群由于体内的肌肉量较好，其体能水分含量会略有增加。通常人体体内水分是处于动态平衡状态下，人体水分的丢失主要通过尿液、粪便、汗液及呼吸，一般情况下，尿液为主要方式，但在运动中主要以汗液的形式丢失。身体含量充足是指水合状态良好或水合正常，体内的水分含量高于正常人水平（超水合）或者低于正常人水平（低水合），严重的造成脱水，上述情形都会对身体和运动效果产生不利影响，因此每天适当补水是非常必要的，避免脱水超过人体体重的2%。

注意以下补液方式，以此来提高训练效果：

（1）不应以口渴感作为需要补充液体的信号；这是因为口渴感相对于体液缺乏一般会延迟出现。

（2）受训者应适应在尚未感到口渴时补充液体。

（3）受训者应在训练前饮用足够的液体，一般以尿液清澈作为机体保持水合状态良好的标准。

（4）在训练前1~1.5 h，受训者应在较短时间内摄入大量液体，以此在确保身体水分含量充足的同时促进胃排空，并在此后至训练前以啜饮的方式维持水和状态。

（5）受训者应尽量避免进食具有利尿作用的食品和饮料。如咖啡、茶和巧克力等。

（四）维生素

维生素又称维他命，是另一种重要的营养物质。与糖类和脂类不同的是它不是直接供应能量的营养物质，与蛋白质不同的是它不是生命的基本单位。

维生素属于微量营养素，此类营养素在机体内的含量比较低，低到用毫克或者微克来计算。维生素是人体维持健康、调节生物学功能的低分子有机化合物，广泛存在与天然食物中，人体不能合成或合成量不足，只能有食物供给；需要量甚微，但有着不可或缺特殊生理功能；它不参与机体组成，也不提供热量。根据溶解性可分为脂溶性维生素（维生素 A、D、E、K）和水溶性维生素（B 族和维生素 C，易溶于水）。

维生素是机体内参与能量代谢的多酶类辅助因子，体能训练可促进维生素代谢增强，对于受训者不仅仅是保证身体健康的必需物质，更是获得良好运动能力，提高训练效果的促进因素。避免摄入维生素不足或者过量，对身体产生不良的影响。

（五）膳食纤维

膳食纤维以溶解于水中可分为两个基本类型：水溶性纤维与非水溶性纤维。纤维素、半纤维素和木质素是 3 种常见的非水溶性纤维，存在于植物细胞壁中；而果胶和树胶等属于水溶性纤维，则存在于自然界的非纤维性物质中。常见的食物中的大麦、豆类、胡萝卜、柑橘、亚麻、燕麦和燕麦糠等食物都含有丰富的水溶性纤维，水溶性纤维可减缓消化速度和最快速排泄胆固醇，有助于调节免疫系统功能，促进体内有毒重金属的排出。因此，可让血液中的血糖和胆固醇控制在最理想的水准之上，还可以帮助糖尿病患者改善胰岛素水平和三酸甘油酯。

非水溶性纤维包括纤维素、木质素和一些半纤维及来自食物中的小麦糠、玉米糠、芹菜、果皮和根茎蔬菜。非水溶性纤维可降低罹患肠癌的风险，同时可经由吸收食物中有毒物质预防便秘和憩室炎，并且减低消化道中细菌排出的毒素。大多数植物都含有水溶性与非水溶性纤维，因此，饮食均衡摄取水溶性与非水溶性纤维才能获得不同的益处。

二、合理营养对体能训练的作用

体能训练可引起机体各组织、系统出现不同的应激反应，对于消防员来说，科学化训练是影响体能训练效果的主要因素，但合理的营养补充同样影响着运动效果的好坏。

（1）合理营养可为消防员提供适宜的能量。

（2）运动前、中、后正确的营养补充有助于延缓运动疲劳的发生。

（3）运动后采用合理的营养措施可促进身体的恢复。

（4）结合训练计划开展针对性的营养补充工作，有助于解决训练中产生的各类医学问题，如内分泌系统的紊乱、免疫能力的低下或血象指标的不良改变。

（5）合理营养有助于预防运动损伤的发生。

因此，对于消防员来讲，运动营养知识体系是其提高训练效果、保持体能稳定的必备要素，科学、合理、正确地补充营养素可促进机体肌肉的快速修复与合成，有助于防止伤病的发生。相反，则会导致体能下降、恢复速度降低，甚至缩短运动寿命。

第二节 消防体能训练中的合理膳食

膳食营养是保证消防员营养素的需要和维持体能的重要物质基础。适宜的膳食营养有助于提高训练成绩，身体功能最佳化，促进疲劳恢复，避免受伤。膳食如果不平衡会严重影响训练的效果和训练后的恢复。

消防员在训练和救援中体力消耗很大，如果不能得到足够的营养补充，就会影响体力恢复，出现机体功能下降和易疲劳等症状，影响训练效果和成绩的提高。相反，过多地吸取营养，不但对消防员身体不利，还会形成身体的肥胖，也影响训练成绩的提高。体能训练按照强度大体分为中低强度训练和高强度训练，其中，高强度抗阻训练通过合理膳食可以增加力量、功率和肌肉重量。当膳食合理后，中低强度训练寻求代谢适应的过程相对容易，可以增加长时间的功率输出，如增加耗氧量并减少脂肪。

合理膳食就是指消防员一日三餐所吃食物提供的热量和多种营养素，与其完成每日训练的运动量所需消耗的能量和各种营养素之间保持平衡。从营养素来讲，要有充足的热能，而且蛋白质、脂肪、糖类的含量和比例要适当，有充足的无机盐、维生素、微量元素和水分。也就是说，每日各种食物的种类和数量的选择要得当、充足。

一、碳水化合物摄入对体能训练的影响

碳水化合物是能量的主要来源，为合成糖原提供底物。在运动训练前，机体内高水平的糖原储备可以预防运动性疲劳。运动中，特别是超过 1 h 的运动训练，间歇补充碳水化合物可以帮助维持血糖水平的稳定，以及预防疲劳的过早发生。在运动训练后，把握时机补充碳水化合物可以有效地进行糖原恢复，为下次体能训练做好能量储备。最佳碳水化合物的摄入量与消防员的能量需求、性别、运动强度、方式、持续方式和外界环境等因素均有关系。

1. 食物血糖指数与运动能力

通过调整饮食的 GI（血糖生成指数）指数可以增加碳水化合物的利用性，提高运动能力。比如，在运动前摄取低 GI 食物，可以持续缓慢地供应葡萄糖，这是因为低 GI 饮食能够减少对游离脂肪酸氧化的抑制（通常伴碳水化合物摄入会抑制游离脂肪酸的氧化），同时能够长时间维持血糖水平稳定，在训练时能够持续供应葡萄糖，因而增强运动能力。尤其对于训练或比赛期间不能够进食的情况，以及对血糖反应敏感的消防员来说更加有益。在运动中摄取中高 GI 食物可以提高碳水化合物的氧化速率，避免血糖水平的降低，延缓运动疲劳发生的时间；运动后摄取中高 GI 食物，因为具有较高的血糖和胰岛素反应，可以促进糖原的快速恢复。

2. 碳水化合物在体内的存储

充足的碳水化合物储备，对于消防员发挥优秀的训练水平是非常关键的。碳水化合物

在机体主要以 3 种方式来储存:肌糖原、肝糖原和血糖。肌糖原是机体最主要的碳水化合物储备形式,为 300 ~ 400 g(1200 ~ 1600 kcal),接下来是肝糖原为 75 ~ 100 g(300 ~ 400 kcal),最后是血糖,大约为 25 g (100 kcal)。肌肉中碳水化合物含量低于肝脏中储存的碳水化合物,但是经过糖原负荷,肌糖原储备量可增至 210 ~ 230 mmol/kg 湿肌。肝糖原储备在空腹 15 h 后可耗尽,进食一餐后可以补充肝糖原水平至 60 ~ 490 mmol 之间。高碳水化合物饮食可以将肝糖原水平升至 900 mmol。不同个体的糖原总储备量不同,还取决于上一餐饮食和训练情况。经过饮食后,摄入的碳水化合物中有 1/4 ~ 1/3 转化为肝糖原,1/3 ~ 1/2 转化为肌糖原,其余部分在进餐后一段时间内氧化供能。

3. 训练前碳水化合物的补充

训练前摄入食物具有促进身体糖原合成,供给运动中身体对糖原使用的作用。充足的糖原供应能够延缓运动疲劳发生的时间。运动前 3 ~ 4 h 补充富含碳水化合物的食物可以增加肌糖原水平,并且提高随后的训练中的运动能力。训练前肌糖原水平的升高是提高运动能力的因素之一。训练前 1 h 补充碳水化合物会导致血糖和血胰岛素水平大幅上升。在训练开始阶段,较高的血糖和血液胰岛素水平会刺激肌肉组织中摄入葡萄糖,并且肝脏中的葡萄糖释放会受到抑制,因而出现血糖水平的较快下降,也即一过性低血糖现象。

4. 运动后碳水化合物的补充

训练结束后,机体需要重新合成糖原来为下一次的训练做准备。肌糖原的恢复时间需要 20 ~ 24 h,但是对于大多数人员来说,训练间隔时间很少是超过 24 h 的。因此,训练后补充肌糖原就非常关键,需要在最短的时间最大化肌糖原的合成和恢复。

在训练后应立即补充碳水化合物,可以充分利用运动引起的胰岛素敏感性升高时期,能够将摄入的碳水化合物快速的转化为糖原。而如果补充碳水化合物延迟 2 h 的话,合成肌糖原的速度将会降低 50% 。训练后的碳水化合物补充应越早越好,并且在整个恢复期间有规律地频繁补充碳水化合物可以维持较高的血糖和胰岛素浓度,因此有利于保持较高的肌糖原合成速度。

二、脂肪对体能训练的影响

消防员在训练时,脂肪和碳水化合物是最基本的能源供应物质,这两种能源物质在运动中的供应比例受到多种因素的影响,包括训练强度、训练时间、训练方式、训练期间饮食情况及消防员个体情况。

1. 脂肪在体内的存储

脂肪在体内相当于能量仓库,体内所有细胞都能够贮存脂肪。其中,脂肪组织是脂肪酸分子的主要供体。一名体重为 70 kg 的成年男性,体内以脂肪组织储存的能量为 60000 ~ 100000 kcal,主要以三酰甘油的形式为主,古脂肪细胞体积的 95% 。骨骼肌中的三酰甘油通常储存在骨骼肌里最靠近线粒体的位置,以小脂滴的形式存在于肌细胞内,能量约为 3000 kcal。Ⅰ型纤维和Ⅱ型纤维构成比例、耐力训练状态和膳食摄入习惯不同的个体，具有较大差异的脂肪数量。

2. 不同强度下脂肪的供能

在低等强度和中等强度的运动中，脂肪的供能情况是不同的。相对来说，低等强度运动中大量脂肪酸氧化。例如，在以 25% VOmax 的强度运动时，几乎完全由脂肪燃烧供能；在中等强度的运动中，碳水化合物、脂肪燃烧供能比例相等。当运动持续 1 h 以上糖原耗竭时，脂肪氧化逐渐增加。在长时间运动后期，脂肪酸提供能量所占比例约增加至 80%。长时间运动导致的脂肪供能比例增加，其可能的原因是随运动时间的持续，血糖降低、胰岛素水平下降和胰岛血糖素分泌增多，使葡萄糖代谢降低，从而激活游离脂肪酸释放能量供能。

随着运动强度升高，脂肪的氧化达到峰值但即便如此，脂肪也仅提供了约 50% 的总能量需求，其余部分的供能由碳水化合物来提供。

3. 高脂膳食对训练能力的影响

对于中强度训练，脂肪是主要的供能物质，当机体内碳水化合物随着运动时间的延长而耗竭时，会产生运动疲劳。而如果能够通过膳食调整来提高运动中脂肪酸的可利用性，进而增加脂肪酸的氧化，那么运动中碳水化合物的利用会得到节约，这样便可以将运动疲劳发生的时间推迟，从而提高训练成绩。此外，高脂饮食可以增加血浆中游离脂肪酸的浓度（即便在耐力训练中肌内甘油三酯并没有产生消耗），而且长时间的训练，可以诱导骨骼肌适应脂肪酸的消耗，增加机体氧化脂肪作为能源的能力。基于以上这些假设与前提条件，许多研究人员探讨了在运动员膳食能量平衡、肌糖原的恢复也没有受到影响的前提下，高脂肪膳食是否能够增加脂肪利用能力和运动中氧化脂肪的能力，进而使得机体对碳水化合物能源的依赖性降低，以节省肌糖原，提高运动水平。

4. 高脂膳食对健康的影响

当以高脂膳食为主时，在运动时常伴有训练体能下降、嗜睡症状、容易疲劳和劳累的频率增加。虽然，相比于普通人，消防员的脂肪代谢能力要更好，但是长期的高脂膳食还是会引起一系列的健康问题，包括高脂膳食难于保持能量平衡而引起体重的增加、体脂成分的升高，对心血管系统具有不利的影响，引起一系列疾病发病率的增高等。短期摄入高脂膳食还与肝脏内的胰岛素抵抗有关，会导致无法抑制肝葡萄糖的输出及肝糖原合成的减少。

三、机体水平衡的调控

1. 水分丢失及其影响因素

在正常条件下，日常体内水丢失的主要途径有尿液、粪便、汗液、呼吸及皮肤等，影响水分丢失的最主要因素是环境条件和体力活动水平。环境条件通过多种途径改变水分丢失从而影响水分的摄取需要。即使没有明显地出汗，非运动者在热环境中的水分丢失量可达常温下的 2 ~ 3 倍。空气湿度可能是比温度更重要的影响因素，它显著影响经皮肤和呼吸丢失的水分。经呼吸丢失的水分会随着吸入气体的湿度而变化，在温暖湿润的环境中，安静个体的水分丢失相对较少（大约200 ml/d），但在空气湿度很低的环境中，这一数值增加近两倍；如果在寒冷干燥的高原地带进行剧烈运动，水分丢失可高达1500 ml/d。此外，还应加上经皮肤（约500 ml/d）和尿液的丢失（一般不少于800 ml/d）。

体型也是影响水分丢失的重要因素。与体重密切相关的体成分和体积代表了参与物质代谢的组织量；而体表面积则反映了机体与外界环境进行热交换的可用面积。事实上，即使考虑了体重的影响，不同个体间的水分摄入与丢失仍存在很大差异。

影响水需求的因素还有食物中电解质和蛋白质含量，蛋白质的影响程度略小于电解质，它们都可以明显影响排尿量。

2. 水分补充及其影响因素

饮料和食物中的水分是满足机体需要的主要来源。而食物的性质决定了可吸收的量。另外，通过营养素的氧化作用也会生成少部分水，即内生水，它取决于总代谢率和底物的性质。假定每日的能量消耗为3000 kcal，其中碳水化合物50%、脂肪35%和蛋白质15%，那么这些食物每天可生成400 mL的水。保持饮食结构不变而将能量消耗降至2000 kcal，则只能生成275 mL的水。由此可见，氧化作用产生的水在代谢率低时占总摄入量的比例较高，而在高代谢时其作用不明显。

3. 水平衡的调控

人体内环境稳态调控机制确保了液体摄入和丢失之间的动态平衡。机体水平衡的调控不仅涉及一系列的神经和内分泌机制，还受社会、心理及其他因素的影响。水摄入量不足或过多，均可通过机体精确的变化进行调节，重新达到平衡。口渴感、ADH（抗利尿激素）和血管紧张素Ⅱ（血管紧张素Ⅱ）的分泌及肾脏在水重吸收中的主导作用都是体液平衡的重要调节机制。

肾脏是体内水排出的主要调节器，通过改变远曲小管和集合管上皮细胞对水的通透性，从而影响水的重吸收来应对血浆渗透压瞬间的变化。血浆渗透压每千克 5×10^{6} L的波动足以改变肾脏对水的重吸收，从最大限度地保水转为最大限度地排尿。钠离子作为细胞外液主要的离子，占总血浆渗透压的50%，因此，血浆渗透压的保持与钠和水的摄取及排泄密切联系。

正常情况下，血浆容量和血浆渗透压保持在一定的范围内。当水的摄入量超过失水量时，血浆渗透压小幅下降，ADH分泌受到抑制，产生大量的低渗尿即水利尿，这种情况通常是由于忽略机体某些生理信号或饮用大量纯水造成的。当溶质的滤过负荷超过肾小球对该溶质的最大重吸收能力时，可引起渗透性利尿。

当失水量超过摄水量时，血浆容量的减少会激活外周压力感受器，使垂体后叶释放ADH；细胞外液渗透压增加会激活中枢神经的渗透压感受器，使ADH的分泌增加并引起口渴感。调节体液平衡的另一重要因子是血管紧张素，它直接刺激中枢神经系统分泌抗利尿激素，或间接刺激醛固酮（醛固酮）分泌，增加钠的重吸收来增加血浆渗透压和血浆容量。中枢渗透压感受器可直接感受血浆渗透压、血压和血浆容量的变化，调节肾脏对水分的重吸收或排泄。

渴觉中枢在机体水平衡的调节中有着举足轻重的作用。渴觉中枢的精细调节受控于渗透压和血浆容量的改变，其机制与肾脏对水和盐的重吸收及中心血压的控制相似。血浆渗透压波动2% ~3% 就可引起明显的口渴感，增加水分摄入量。无论是有意识的反应或是体液丢失的结果，口渴对于急性脱水似乎并不十分敏感，但就总体液量的整体稳定性来说，“想喝水”是非常有力的调节因素，但没有口渴感也不能认为机体不存在缺水。

出现口渴感并不一定是生理上需要摄入水分的结果，它可能始动于其他因素，如习惯、例行公事、摄入营养素的需要、应激及温暖或寒冷的影响。很多情况下，人们有口渴感并产生喝水行为是由于口或喉咙的干燥感。

第三节　消防体能训练中的营养品补充

一、力量和爆发力训练的营养品

不同的训练课目在生物能量系统中有独特的代谢要求，不同的训练内容对消防员有不同的营养需求。对力量和爆发力训练课目而言，特别重要的是：增加转换成功能性专项力量的瘦肌肉重量、增加短距离的爆发力和速度、增加爆发力。

这些目标驱使着力量和爆发力训练对象在他们的训练方法中去追求多种选择，以使训练成绩的提高最大化。除强度训练外，适宜的营养计划也对力量和爆发力训练者的成绩的最大化产生影响。更特别的是，精准的营养强化剂能提供使瘦体重、爆发力速度和爆发力最大化的动力。因此，当结合一个合适的训练计划时，任何能提高瘦体重、力量、速度、爆发力的营养计划（包括运动营养品），都应促进运动成绩的提高。

1. 肌酸

与其他运动营养品相比，肌酸因为能提高运动能力，并在推荐剂量内有极好的安全性，其所获得的科学实验支持率是其他营养物质无法比拟的。肌酸是市场上研究最广泛的运动营养品之一，在几种摄入方法中，最常用的是将肌酸粉末混入饮料中，肌酸也通常采用胶囊形式摄入。

从化学成分上讲，肌酸由甘氨酸、精氨酸和蛋氨酸组成；它可以通过肉类或鱼的摄取得到，也可以在肾脏、肝脏和胰腺中合成。当肌酸进入肌细胞，它接受高能磷酸盐而形成磷酸肌酸。磷酸肌酸是高能磷酸盐的储存形式，用于肌肉最大收缩期间，骨骼肌细胞快速再生成 ATP。ATP 转化成 ADP 和磷酸基，生成的能量以供短时间大强度运动时肌肉的需要，能量可持续最大全力运动约 6 s（典型的力量和爆发力运动员运动时间），该能量主要来自肌肉内有限的储存。既然 ATP 不能在肌肉内过量储存，而在力竭或高强度运动中很快耗尽，那么肌肉中磷酸肌酸的可获得性就显得极为重要。

科学研究显示，肌酸补充是一个有效和安全的营养策略，能在抗阻训练中促进力量和肌肉重量的增加，这对力量和爆发力训练者而言均是非常重要的。很明确，肌酸补充最可见的效果之一就是体重的增加。对力量和爆发力训练者而言，若增加的体重仅是以肌肉组织形式，那么体重增加将带来益处。

2. 蛋白质和氨基酸

许多研究已经证实，为适应力量训练，额外的蛋白质摄取对优化肌肉生长是必需的。仅当肌肉蛋白质的合成超过分解时，骨骼肌肌肉肥大才会发生。机体的蛋白质一直处于不断地更新中，老的蛋白质破坏或降解，而新的蛋白质在合成。当蛋白合成速率大于降解速率时，机体处于正蛋白平衡（如肌纤维肥大）。相反，则人体处于蛋白负平衡。

为了使肌肉肥大发生，抗阻训练是必需的。但是，若在抗阻训练时缺乏营养和氮的补充，机体则不能增加净蛋白质平衡而形成合成代谢。为了达到正氮平衡，在抗阻训练时，需要补充特定的营养素和强化剂（含氮化合物）。氨基酸池是细胞内可得到的氨基酸混合物，其来自膳食或蛋白质降解。氨基酸进入该池有以下 3 条通路：膳食中蛋白质摄入期间、机体蛋白质分解时、当碳来源和氨基基团（$-NH_2$）合成非必需氨基酸时。

氨基酸池存在为蛋白质合成和氧化提供了单个氨基酸，仅通过蛋白质降解或氨基酸从膳食进入体内，该池就会充满。由于膳食蛋白和机体蛋白质二者都进入游离氨基酸池，这样，游离氨基酸池为膳食蛋白质和体内蛋白质之间提供了联系。

3. 运动营养品中蛋白质的一般类型

营养品中最常见的蛋白质类型有 3 种，乳清蛋白、酪蛋白和卵蛋白，这些蛋白都是粉末状的高质量完全蛋白质。乳清蛋白，来自牛奶蛋白，是目前营养品中最流行的蛋白质来源，这 3 种蛋白质中关于蛋白质合成和瘦体重增加方面的作用研究的最多的一种。比较乳清蛋白和酪蛋白对力量和体成分的影响，受试者摄入乳清蛋白或酪蛋白［1.5～2.0 g/(kg·d)］，同时进行抗阻训练，10 周后乳清蛋白组在力量和瘦体重方面比酪蛋白组增加更显著。

酪蛋白，牛奶中的主要蛋白质，和乳清蛋白相比，酪蛋白的消化和吸收时间更长，可能的原因是酪蛋白胃排空时间长。酪蛋白刺激蛋白质合成的作用比乳清蛋白弱，但它能减少蛋白质的降解，因此有抗分解特性。

卵蛋白也是一种高质量蛋白，有易溶解的优点。但是，卵蛋白营养品口感通常不是太好，且价格较贵。因为这些原因，卵蛋白并没有和乳清蛋白和酪蛋白一样，成为流行的运动营养品。

二、耐力能力训练的营养品使用方法

我们在服用任何营养品之前，首先应考虑它的安全性、合法性和功效。营养品是加入人们正常或特定膳食计划中的物质手段。这些营养品形式非常丰富，如饮料、片剂、粉末、果冻状或是咀嚼物、棒状物等。有些有氧耐力营养品是有效的，而有些则未经过任何研究探讨。

（一）强化机能的运动饮料

运动饮料的主要目的是帮助机体维持水分、碳水化合物储存和电解质平衡体内水分或电解质平衡的急剧变化会带来严重的后果，如中暑、中暑衰竭或低钠血症。事实上，体液丢失致使体重下降仅为1%，就会增加心率和降低从体内到外环境的导热而加剧心血管系统负担；而2%体液的丢失会破坏有氧运动能力。研究显示，许多运动员在热环境训练中会因体液丢失而使得体重减轻2%～6%。因此，在时间长于1 h的运动中和极端的环境条件下，比如热环境，体液替代物能积极预防有氧耐力运动成绩下降。

1. 维持碳水化合物储存

除有助于促进水合作用外，运动饮料还通过碳水化合物的供给帮助我们提高成绩。在长时间紧张的有氧耐力运动初始，体内碳水化合物的主要储存形式——肌糖原，给运动提供大多数碳水化合物作为燃料。肌糖原的储存是有限的，当它渐渐耗竭时，人员运动成绩也随之下降。

运动饮料能增加血糖含量，提高碳水化合物氧化，有助于有氧耐力训练期间降低疲劳。提高碳水化合物的氧化能减少对体内有限的碳水化合物储存的依赖。因此，一个人能氧化的碳水化合物越多，他就会更加需要补充的运动饮料、能量果冻和能量棒中的碳水化合物，从而节省肌糖原。

碳水化合物在加入运动料中能促进再水合和改善肠道中水和钠的吸收。为运动提供燃料的碳水化合物最理想的浓度在6%～8%之间，这样才不会过度减缓胃排空率。胃排空指液体如何快速离开胃。排空的延迟表示饮料内容物吸收的延缓和发生胃肠不适。含2.5%碳水化合物的饮料离开胃和水一样迅速。当碳水化合物浓度增加时，胃排空速率减慢；至碳水化合物浓度达到6%时，胃排空速率明显低于水，虽然还是比更浓的饮料更快些。

2. 电解质替代物

机体内5种主要的电解质是钠盐、氯化物、钾、钙和镁。其中钠盐是最重要的，因为它在运动中丢失最多，也对维持水合作用和血浆容量最为关键。当钠盐量很低时，通过尿排出的液体增加，导致体液负平衡。通常汗钠范围是10～70 mEq/L，氯的范围是5～60 mEq/L。这些值变化很大，且通过排汗而增加，但随着训练适应和热适应，钠盐丢失减少。典型的大量钠盐的排出会在有很高排汗速率的个体中发现，所以这类人应特别注意自己钠盐的补充。

在更长时间的运动中并且当摄入的液体中钠含量很少时，钠缺乏就会变成关注的焦点。汗液中钾的丢失范围仅3～15 mEq/L，接着是钙0.3～2 mEq/L和镁0.2～1.5 mEq/L由运动体液丢失而带来的钾缺乏很少。和钾相比，钠的丢失是它的8～29倍。运动饮料应该每升中含有176～552 mg钠；如果有钾，含量会很少，因为它不会大量地通过汗液排出。在超量有氧耐力运动中，饮料内钠含量更高（每升达552～920 mg）会更有益。为了保持液体正平衡，人们要摄入的钠应比汗液丢失得更多。

（二）高分子量碳水化合物

肌糖原储存会对机体的疲劳产生影响，因为运动中 ATP 不会以需要的速率产生。在运动前，更高浓度的肌糖原和肝糖原对有氧耐力运动更为有利。另外，肌糖原的快速再合成能力对每天训练几次或较长时间次级强度运动的项目来说更为重要，多数有氧耐力运动员属于后者。对绝大多数有氧耐力运动员而言，主要是有氧训练，维持一致的碳水化合物储存最为关键。

血糖浓度受到摄入的葡萄糖从胃到肠最后进入血液过程的影响，而溶液的渗透压影响胃排空速率，高渗透压的碳水化合物会以较慢的胃排空速率而延长葡糖转运时间。平稳持续的葡萄糖供应，运送到血液、运动的肌肉和大脑对维持机体和认知功能最为重要。另外，有氧耐力运动后储存大量的糖原对随后的训练很重要，因为肌糖原再合成在运动后的 2 h 内达到最高。同时在运动后的空窗期，摄入的碳水化合物类型也在训练后恢复中起关键作用。

第八章　消防体能训练伤病预防与处理

体能训练伤病是消防员在进行体能训练过程中，因各种因素导致的组织器官功能障碍或病理改变，主要包括运动损伤和运动性疾病两个方面，其具体表现为骨与关节损伤、肌肉损伤、软组织损伤、器官损伤及其他运动性疾病。消防员日常体能训练课目多、强度大、难度高，伤病频发始终是困扰各级组训者的一个重要难题。科学组训，预防伤病，也成为制约体能训练质量效益的重要方面。

第一节　致伤因素与预防原则

消防员在进行体能训练过程中会出现各种运动损伤或运动性疾病，这不仅关系到消防员的切身利益，而且还直接影响消防队伍的整体建设和全面发展。因此，各级指挥员要对运动损伤和运动性疾病有充分的了解和认识，熟悉常见运动伤病的产生原因，掌握处理方法，扎实做好预防工作，从而最大限度地减少或避免运动伤病的发生。

一、训练致伤因素分析

消防体能训练致伤因素有很多，既有消防员个体内在因素，又有训练环境外部因素，既有训练科目实际因素，又有训练组织管理因素，依据目前消防救援队伍训练现状及训练科目的内容和特点，其训练致伤因素可归纳为以下几个方面：思想认识因素、准备活动因素、组织实施因素、生理因素、心理因素、技术动作因素、场地设备因素、恶劣天气因素等。

（一）思想认识因素

运动损伤的发生，与消防员对预防运动损伤的重要性认识不足密切相关，很多是因思想上不重视引起的。常见的表现有：运动损伤难免；运动损伤不过是小伤小病；轻伤不下训练场；预防运动损伤是医务人员的事，与己无关等。由于思想认识不足，消防员在体能训练过程中，有的不积极预防训练伤，发生损伤也不认真分析研究，不及时总结经验教训；有的在训练中有急躁情绪、急于求成，从而忽视了循序渐进、量力而行的原则；有的则是胆小畏惧，过于恐惧、犹豫，或过度紧张而造成损伤；还有的是对自身身体机能认识不足，往往会因为注意力减退、反应迟钝等原因而造成训练损伤。

（二）准备活动因素

准备活动是对身体各部位进行充分热身与激活，完全唤醒受训者的心理水平，使身体各项机能达到适合训练的状态，这是消防员预防训练伤病的重要环节。当未开展充分的准备活动时，人体各内脏器官和神经系统未能达到适合训练的要求，且肌肉温度较低，供血及氧气不充分，弹性差，这样就很容易在训练中出现损伤。主要表现为以下 5 个方面。

（1）准备活动不充分。身体的器官系统没有充分动员起来，身体缺乏必要的协调性，肌肉的温度没有升高，肌肉的力量、弹性和伸展性较差，因而容易发生损伤。如消防应用体能 400 m 救人疏散物资科目，特别是在转移假人这个环节，如果不进行充分热身，极易导致腰部受伤。

（2）准备活动不合理。准备活动与训练内容结合不紧密或缺乏专项准备活动，致使训练中负担较重的身体部位机能没有改善，也容易受伤。如 100 m 负重跑，如果腿部肌群活动不充分，则易造成腿部肌肉拉伤。

（3）准备活动过量。如果准备活动的量过大，使身体已经疲劳，当身体已经疲劳后，在进入正式运动时，身体机能不是处于良好状态，而是有所下降，这样也容易造成损伤。

（4）准备活动过猛。在做准备活动时，用力过大，速度过快，违反循序渐进原则和功能活动规律，也容易引起肌肉拉伤和关节扭伤。

（5）准备活动过早。距离正式训练间歇时间太久，在进入实施阶段时，准备活动的生理作用已经减退或消失，相当于准备活动不充分或未做准备活动。

（三）组织实施因素

在消防体能训练过程中，往往存在训练方法不科学、不合理的情况，其具体表现为单纯注重训练时间而不注重训练质量的形式化现象；训前缺乏功能性测试评价，施训采取“一锅煮”的现象；不按照训前充分热身，训后放松整理的训练原则，或者是“蜻蜓点水”式的程序化等现象。有的单位存在训练计划不合理现象，具体表现在：计划安排不科学，训练量安排不当，运动量过于集中，使局部训练负荷过大，超过了受训者可能承受的生理极限而导致疲劳损伤；时间安排不合理，只要有可利用的空闲时间，就随意挤占去进行体能训练或平时不训练，在比武考核时突击强化练，没有将一般训练与专项训练有机结合起来。另外，在组织 100 m 消防障碍训练、200 m 灭火障碍训练及器械训练时，由于检查场地不认真，未安排专人进行保护与帮助或组织不严密也会造成训练损伤。

（四）生理因素

长期以来，“流血流汗不流泪、掉皮掉肉不掉队、轻伤不下火线”已成为鼓舞斗志、锤炼消防员过硬作风的标志性口号，很多情况下消防员带伤坚持训练、在恶劣环境下艰苦训练被当作是理所应当，习以为常。殊不知带伤训练是引发训练损伤的重要因素，应当引起各级组训者的高度重视。带伤训练指的是伤员在身体仍未痊愈的情况下，就重新开始参加训练，这无疑增加了其再次发生训练损伤的概率。因为带伤坚持训练，在身体素质方面，较先前未受伤时下滑明显，训练损伤会导致受伤部位的肌肉力量及收缩能力下降、柔韧性变差、中枢神经对该部位调控的准确性降低。特别是在密集的大运动量、高强度训练中更容易造成旧伤加重。另外，睡眠或休息不好，患病、受伤或伤病初愈，疲劳和身体机能下降时，也容易造成损伤。实践证明，当消防员身体处于疲惫状态时，其力量、精确度和协调机能均显著下降，在这种情况下训练，技术动作就会出现变形或失误，容易造成损伤。此外，随着生理机能的下降，警觉性和注意力减退，机体的反应迟缓，也是造成损伤的因素。

（五）心理因素

消防救援队伍作为应急救援的主力军和国家队，抢险救援任务越来越重，出动次数越来越频繁，其职业具有全时性、危险性和直接性等特点，加之平时训练任务重、强度大、难度高，在这个过程中无疑会伴随出现一些心理问题，如疲劳、焦虑、厌烦等。而这些心理问题外在的表现为注意力分散、反应迟钝、动作错误率上升、运动能力下降、情绪不稳定、心情不愉悦、意志减弱、厌倦训练等，严重时还会出现消化不良，失眠，内分泌紊乱等躯体化症状。消防员的心理状态、情绪的变化与损伤的发生也有密切的关系。如心情不好，情绪不高，训练中缺乏自觉性和积极性，思想不集中，兴奋不起来，在这种情况下训练，必然容易受伤；而情绪急躁、急于求成、信心不足、缺乏勇气、胆怯犹豫、自控能力差、心理过度紧张，损伤的发生率也是较高的；还有的善于表现自己、好胜心强、好奇心大、忘乎所以，不顾主客观条件的可能性，冒失地进行训练，也极易发生损伤。另外，在新消防员训练中，个别人很少亲身感受到训练快乐给自身带来的成功体验，在连续几个科目训练受挫后，便会出现逆反心理，逐渐失去信心和勇气，进而对正常的训练活动表现出不配合、逃避训练甚至装病、装残等偏激态度，这样是很危险的，需引起各级组训者的高度重视。

（六）技术动作因素

技术动作错误违反了人体结构功能的特点及运动时的力学原理而造成损伤，这是初次参训者或学习新动作时发生损伤的主要原因。由于技术动作要领掌握不到位，导致训练损伤频发。一般而言，在消防体能训练的过程中，动作技术错误的产生有以下 5 个主要原因：一是对练习的任务、完成的方法不明确；二是受训者的身体训练水平及基本技术训练跟不上；三是受训者对学习的自觉性、自信心和积极性不够；四是教材安排欠系统，内容安排不合理，教法运用不恰当；五是训练环境与条件的影响。

（七）场地器械因素

训练场地和训练器械的问题也是消防体能训练中导致训练损伤的因素之一。训练人员在训练前须检查场地，排除不利因素，如运动场地不平整、沙坑没掘松或有小石、坑沿高出地面、踏跳板与地面不平齐等；另外，对各类器械的不正确使用也容易造成训练损伤，如训练中器材不规则，安装不牢固，位置不恰当，器械的高低、大小或重量不符合训练者的年龄、性别特点，器械维护不良或年久失修，表面不光滑或有裂缝等；训练中缺乏必要的防护用具（如护腕、护踝、护膝等）、运动时的服装不合体和鞋袜不符合运动卫生要求等也容易造成训练损伤。

（八）恶劣天气因素

消防员在进行体能训练时，应尽可能避开恶劣气候的影响。气温过高易引起疲劳和中暑，气温过低易发生冻伤或因肌肉僵硬，身体协调性随之降低而引起肌肉韧带损伤；潮湿高热易引起大量出汗，发生肌肉痉挛或虚脱；光线不足，能见度差，影响视力，使兴奋性降低和反应迟钝而导致受伤。

二、运动损伤规律分析

规律是客观事物发展过程中的本质联系，具有普遍性。运动损伤规律是指在组织体能训练过程中，受训者在时间、空间、对象等方面造成身体某个部位受到伤害，并且具有相对同一性。研究运动损伤规律旨在推动科学组训，减少运动损伤发生。运动损伤规律主要包含以下 5 个方面。

（一）时间分布

消防员发生训练损伤的时间多分布于专项强化训练及比武集训、迎接上级考核过程中，其中专项强化训练损伤率比较高，其次为比武集训和迎接上级考核期间。

（二）对象分布

研究发现，入职两年内的消防员受伤率最高，训练损伤率随着入职年限变长相对减少。其主要原因为：入职的前两年消防员普遍存在身体素质弱，并且在日常训练期间所训科目难度较大，强度较高，自身体能素质还不能完全适应训练需要而导致发生训练损伤；其次，消防训练对技术动作的规范性和熟练度有着较高的要求，随着入职年限的增加和训练次数的频繁增多，消防员相对积累了较为丰富的训练经验，并且对训练动作的掌握程度逐渐提高，其安全意识也随之增强，因此，训练损伤发生的概率出现了降低趋势。受伤对象中独生子女出现训练损伤的概率较高，造成这种结果的原因可能为：一是独生子女入职前往往是现代家庭的中心人物，自我意识强，入职后与队友之间缺乏沟通交流，心理素质和适应能力较差，容易在训练中出现注意力不集中、紧张、焦虑、逆反等不良情绪；二是独生子女在培养过程中大多依赖家长、重视学习相对较多，参与体育活动少、很少去主动承担家务劳动等情况，导致其入职前体能素质较差。

（三）科目分布

通过对基层问卷调查情况反馈，导致训练损伤较多的科目分别为负重跑、400 m 救人疏散物资、200 m 灭火障碍、200 m 综合体能竞技这几个项目。

（四）部位分布

消防员训练损伤部位主要集中在腿部、膝关节及脚踝、腰部、手臂和腕部等，损伤病程一般为慢性损伤居多。

（五）成因分布

导致训练损伤的因素是多方面的，其主要因素为：身体因素（准备活动不合理、坚持带伤训练、局部负担过重），疲劳因素（超负荷训练、恢复周期短），生理因素（身体素质差、旧伤未愈），技术因素（技术要领不正确、技术动作不熟练、缺乏自我保护能力），心理因素（过度紧张、兴奋、自我保护意识差、情绪低落），其他因素（训练内容安排不合理）。其中，造成训练损伤的主要因素为身体疲劳、技术动作要领不规范、准备活动不合理。

三、训练伤病的基本分类与一般处理

（一）训练伤病的基本分类

训练损伤的分类方法很多，通常有以下 4 种：

1. 按伤情轻重分类

轻度伤：伤后仍能进行体能训练。

中度伤：伤后需要门诊治疗，需停止或减少患部的活动。

重度伤：伤后需住院治疗，完全不能参加训练活动。

2. 按伤后皮肤或黏膜的完整与否分类

（1）开放性损伤。伤处皮肤或黏膜的完整性遭到破坏，有伤口与外界相通，如擦伤、刺伤、裂伤及开放性骨折等。

（2）闭合性损伤。伤处皮肤与黏膜仍保持完整，无伤口与外界相通，如挫伤、肌肉拉伤、关节扭伤、腱鞘炎与闭合性骨折等。

3. 按发病的缓急分类

急性损伤：瞬间遭受直接或间接暴力而造成的损伤。其表现为发病急、病程短，症状骤起；

慢性损伤：因局部长期负担过度，由反复微细损伤积累而成的损伤。其表现为发病缓慢，症状渐起，病程较长。此外，还可因急性损伤处理不当或过早运动而转变为慢性损伤。

4. 按受伤的组织结构分类

如皮肤损伤、肌肉与肌腱损伤、关节损伤、滑囊损伤、骨损伤、神经损伤和内脏损伤等。

（二）训练伤病的一般处理

1. 开放性损伤

1）擦伤

擦伤是皮肤受到外力摩擦所致，皮肤被擦破出血或有组织液渗出。创口浅、面积小的擦伤可用生理盐水或凉开水洗净创口，周围用浓度为 75% 的酒精消毒，创口上涂抹红汞或紫药水，待干即可，无须包扎。但面部擦伤最好不用紫药水涂抹。

关节附近的擦伤也不宜使用暴露疗法，以免皮肤干裂而影响关节运动，感染后会波及关节。因此，关节附近的擦伤经消毒处理后，多采用消炎软膏或多种抗菌软膏涂抹并用无菌敷料覆盖包扎。创口中若有煤渣、细沙、泥土等异物要用生理盐水冲洗干净，必要时可用已消毒的硬毛刷子将异物刷净，创口可用 75% 的酒精消毒，然后用凡士林纱条覆盖创口并包扎。若创口较深、污染较重时，应注射破伤风抗毒血清并给以抗生素治疗。

2）撕裂伤

撕裂伤在消防体能训练中，多发生于手部以及腿部。如 5 ×40 m 折返搬运重物课目在快速转向时，容易发生大腿内侧肌肉撕裂，4 楼攀爬绳索课目手部极易造成撕裂。若撕裂伤口小，经止血、消毒处理后，可用创可贴；伤口较大则需缝合，必要时要使用抗生素治疗。

3）刺伤和切伤

在消防应用体能训练中的 60 m 肩梯跑，在消防实用技能训练中的挂钩梯、6 m 拉梯、15 m 金属拉梯，上述俗称的“三把梯子”最容易造成刺伤；在使用破拆工具如无齿锯等工具时容易造成切伤，其处理方法基本上与撕裂伤相同，凡被不洁物致伤且创口小而深时，应注射破伤风抗毒素。

2. 闭合性软组织损伤

软组织损伤的恢复缓慢，若处理不当常可留下不同程度的功能障碍。为了做到处理正确，对其病理变化和修复过程应有一定了解。这种损伤的病理变化过程，可分为急性和慢性两大类。

1）急性损伤

早期：伤后 24 ~48 h 内。此时期病理变化的主要特点是：组织撕裂或断裂后出现血肿和水肿，发生反应性炎症。其临床表现为：损伤局部的红、肿、热、痛和功能障碍。因此，该时期的处理原则是制动、止血、防肿、镇痛及减轻炎症。处理方法有制动、休息、冰敷、加压包扎、抬高伤肢，即“RCE 原则”。可根据具体情况选用一种或数种方法并用。冷敷、加压包扎并抬高伤肢，这种方法应在伤后立刻使用，有制动、止血、止痛及防止或减轻肿胀的作用。冷敷一般使用氯乙烷或冰袋，然后再用适当厚度的棉花或海绵置于受伤部，立即用绷带稍加压进行包扎。24 h 后拆除包扎固定，根据伤情再做进一步处理。冷敷新伤常用药可达到消肿、止痛和减轻炎症的效果。此外，若伤后疼痛较剧烈可服用止痛剂。如局部红肿显著，可同时服用清热、活血、化瘀的中药。

中期：伤后 24 ~48 h 以后。此时期病理变化和修复过程的主要特点是，肉芽组织已经形成，凝块正在被吸收，坏死的组织逐渐被清除，组织正在修复。其临床表现为，急性炎症已逐渐消退，但仍有瘀血和肿胀。因此，该时期的处理原则主要是改善局部的血液和淋巴循环，促进组织的新陈代谢，加速瘀血和渗出液的吸收及坏死组织的清除，促进再生修复，防止粘连形成。治疗方法有理疗、按摩、针灸、痛点药物注射、外贴或外敷活血、化瘀、生新的中草药等，可选用以上几种方法进行综合治疗。热疗和按摩在此期的治疗中极为重要，按摩手法应从轻到重，从损伤周围到损伤局部，损伤局部的前几次按摩须较轻，以防发生骨化性肌炎。

晚期：损伤组织已基本修复，但可能有斑痕和粘连形成。其临床表现为，肿胀和疼痛已经消失，但功能尚未完全恢复，在锻炼时仍感到微痛、酸胀和无力。个别严重者出现伤部僵硬或运动功能受限等。因此，该时期的处理原则是恢复和增加肌肉及关节的功能。若有斑痕和粘连应设法软化或分离，以促进功能恢复。治疗方法以按摩、理疗和功能锻炼为主，配合支持带固定及中草药的熏洗等。

上述 3 个时期的辨证施治适用于较严重的急性闭合性软组织损伤，倘若损伤较轻，病程较短修复快，可把中、后期的治疗方法合并使用，把活血生新和功能恢复结合起来。

2）慢性损伤

由于急性损伤后处理不当而转变为慢性损伤或因局部长期负荷过度引起组织劳损，即由微细的小损伤逐渐积累而成。劳损发病缓慢，症状渐起，其病理变化过程大体上可分为 3 个阶段。

早期：由于局部长期负荷过度，引起神经调节功能障碍，组织内部合成与分解失去平衡，组织中糖、脂肪和蛋白质的化学结构发生改变，但在组织形态上尚无明显变化。此时期的伤员多无不良感觉或仅有局部酸胀感，因而常被忽视，组训者若能及时改进教学训练的方法或改善局部状况，损伤可很快康复。

中期：组织中糖、脂肪和蛋白质的化学结构长时间遭到破坏，组织细胞营养失调发生变性和增生。此时期伤员有局部酸胀、疼痛，但在准备活动后症状常可消失，运动结束后症状又出现。外表检查时，可发现伤部组织弹性较差，有硬结或发硬、变厚等。

晚期：局部小血管发生类脂样变，管腔变窄，影响血液循环，造成局部缺血。若血管损害较重或产生血栓，血流被阻断可引起局部组织坏死。此时期伤员的疼痛加重，局部温度下降，有发凉感。主要应改善伤部的血液循环，促进组织的新陈代谢，合理地安排局部的负担量。其治疗方法与急性损伤的中、后期大致相同，应将功能锻炼和治疗紧密结合起来，治疗方法与急性闭合性软组织损伤中后期大致相同，尤其强调伤部的静力性力量练习及关节正常活动度的维持。按摩、针灸、理疗及局部封闭疗效较好。

四、训练伤病预防基本原则

预防运动损伤，首先应解决思想认识问题，在此基础上，采取有效的综合措施，努力消除各种致伤因素，才能达到预期的目的。

（一）积极开展宣传教育工作，充分认清体能训练损伤的严重危害

因此，在集中训练开始阶段，要向训练骨干传授伤病预防和相关的生理知识，为给新学员开设训练伤病预防教育课，使之认识到伤病预防的重要性。教务部门要将预防体能训练伤病知识纳入新学员入学健康教育计划，医务人员要充分利用校园广播、局域网、墙报等多种载体，大力宣传体能训练伤病的预防知识，及时解答学员在训练中遇到的各类问题。

（二）加强身体素质的全面训练，提高有机体对运动的适应能力

要针对不同的训练科目，注意加强易伤部位及相对薄弱部位的训练，提高机能，有效

预防运动损伤；另外，要经常克服由于大运动量所带来的诸如肌肉酸疼等疲劳感觉和各种困难，通过长期的艰苦训练，持之以恒，坚持不懈，逐步培养学员强健的体魄、顽强的意志品质及增强直面各类危险的承受能力。

（三）创新教学方法手段，提高科学组训能力

组训者在了解、掌握学员身体健康状况、机能状态和运动素质水平的基础上，根据体能教学的整体安排，制定科学周密的训练计划，创新方法手段，有效开展无伤训练，最大限度地减少训练伤病。

（四）加强训练中的保护工作

在训练中，适当的保护与帮助可增强受训者的信心，避免一些意外事故的发生。保护在器械训练中尤为重要。此外，学员自身也要学会自我保护的方法，如自高处落地时，双腿应屈膝落地缓冲。当重心不稳时，立刻低头，屈膝团身，以肩背着地，顺势滚翻，切忌直臂撑地等。

（五）加强卫勤保障和医务监督

医务人员要加强对训练伤病防治的指导，制定切实可行的卫勤保障预案，加强训练场的巡诊。另外，学员要加强自我监督，监督内容主要有运动心情、自我感觉、食欲、睡眠等定性指标，以及脉搏、体重等定量指标。严格实施场地、器材卫生监督。场地、器械和保护用品要定期进行卫生安全检查,对已损坏的场地、器材应及时维修,维修前一律禁止使用。

（六）积极消除训练疲劳

消除疲劳的方法很多，如睡眠、营养、温水浴、按摩等。睡眠是最自然，也是最有效地消除疲劳的方式，在没有特殊任务的情况下，要让学员养成按时作息的习惯，保证充足的睡眠。训练结束后，要做好放松整理活动，如慢跑、肢体各环节静力性牵拉等练习，或让学员做一些简单的相互按摩，对消除疲劳非常明显。

（七）加强心理训练，及时进行心理疏导

新生入校后或新消防员到队后要进行心理健康测评，对心理素质做出一个综合的评定，做好相应的心理教育和心理疏导工作，讲清心理因素对体能训练的影响及保持心理稳定的方法，帮助新学员特别是青年生，逐步克服体能训练中的恐惧感和紧张感，减轻心理压力，增强自信心和主观能动性，加强心理适应性训练，从而提高体能训练的适应能力。

（八）重视健康体检，加强运动风险评估

新生或新消防员在进行体检复查时，医务人员应特别关注血压，三大常规（血常规、尿常规、大便常规），生化免疫的检查，B 超，X 线胸片，心电图的检查。外科检查要突出脊柱四肢关节。通过体检，可以提前了解他们的身体健康状况，便于科学组织体能训练，合理安排教学内容，做到有的放矢，确保安全。对于新生或新消防员的体检，一年最好安排 2 次，时间在每学期开学之前，这样做便于更好地掌握其健康动态，并对其健康情况实施强有力的跟踪。对每届新生或新消防员进行身体功能评估。根据身体机能测试结果和平时训练的表现，组训者要对个体的身体运动功能进行合理评估，创建测试指标并建立个体训练档案，包括与体能训练相关的指标，如呼吸功能、心血管功能、神经递质、骨骼肌肉、自由基、体液酸碱平衡、激素水平等，使之对各自身体素质有一个客观的认识和评价，以此帮助他们详细分析优势和不足，为训练计划的制定、疲劳恢复、运动伤病的治疗提供准确的方向和参考。

第二节　常见损伤分类与处理

常见的消防体能训练损伤按人体部位可分为：肩肘部损伤、手腕部损伤、髋关节部损伤、膝关节部损伤、脊柱部损伤等。

一、肩肘部损伤

肩肘部损伤通常出现在消防体能训练中的基础杠铃训练、4 楼攀爬绳索、5 ×40 m 折返搬运重物、灭火水泵训练（水袋框）、5000 m 负重（战备包）等科目中。

（一）肩周炎

1. 基本症状

（1）肩部逐渐产生疼痛，夜间为甚，逐渐加重。

（2）肩关节活动功能受限而且日益加重，达到某种程度后逐渐缓解。

（3）有广泛压痛，并向颈部及肘部放射，还可出现不同程度的三角肌的萎缩。

2. 治疗方法

（1）综合疗法:口服消炎镇痛药,物理治疗,痛点局部封闭，按摩推拿，自我按摩等。

（2）康复治疗：将手举过头顶，用对侧的健手牵患手，手背后，双手交叉牵拉，再胸前双手交叉牵拉，目的是以健侧帮助患侧手活动，以带动肩关节活动。每次坚持 10 分钟左右，待疼痛逐渐缓解后，可用手做划圈，爬墙运动，并增加活动范围。直至达到缓解疼痛，恢复肩关节活动的目的。

3. 预防方法

（1）纠正不良姿势：对于经常双肩处于外展的人，应注意调整姿势，避免长期的不良姿势，造成慢性劳损和积累性损伤。

（2）加强功能锻炼：做“点点头”“仰仰头”“摇摇头”等运动。

（3）注意防寒保暖：不能长时间的受寒，避免肩膀受凉。

4. 恢复时间

肩周炎是个慢性病程，因此治疗也需要坚持不懈，以恢复肩关节活动为目的。

（二）肘关节炎

1. 基本症状

（1）多见屈伸肘疼痛，以酸胀痛为主，肘关节活动因疼痛受限。

（2）X 线片可见关节骨质增生、退变，关节间隙异常。

(3) 核磁共振可见肘关节腔内积液，周围软组织肿胀，关节软骨面损伤。

2. 治疗方法

(1) 保守治疗：对轻型的消防员，可做主动肘关节功能锻炼，加强肘部保暖。

(2) 手术治疗：适用于重型创伤性肘关节炎的消防员。手术方法包括肘关节松解、肘关节成形或肘关节融合。严重者需关节置换。

3. 预防方法

(1) 做好关节防护。

(2) 补充钙剂。

(3) 对关节进行保暖。

(4) 积极锻炼。

4. 恢复时间

视病情严重程度，一般7天左右可缓解恢复。

二、手腕部损伤

手腕部损伤通常出现在消防体能训练中的单杠训练、双杠训练、抓握训练、徒手组合练习等科目中。

(一) 腱鞘炎

1. 基本症状

局部疼痛、肿胀、有弹响或者出现腕关节活动受限等表现。

2. 治疗方法

急性期局部应休息或制动，积极治疗，以免发展为慢性腱鞘炎，对一般患者则应减少局部的活动，适当改变训练内容和方法，有利于提高疗效。同时可采取局部热敷或中药熏洗，并配合按摩和关节的屈伸活动，每日1~2次，效果较好，针刺或艾灸也有一定疗效。用泼尼松鞘内注射，效果显著。对病程长，腱鞘增厚，交锁严重或软骨变性可酌情采用手术疗法。

3. 预防方法

(1) 降低强度，连续时间不宜过长。

(2) 注意手指和手腕保持正确的姿势。

(3) 注意防寒。

(4) 勤做手腕关节旋转屈伸、手指操等康复锻炼。

4. 恢复时间

在出现腱鞘炎后，炎性水肿的吸收和消退需要3~4周的时间。

(二) 局部筋膜炎

1. 基本症状

(1) 主要以疼痛、酸痛、凉痛为主要临床表现。

（2）通过按摩、热敷之后症状就会缓解，时轻时重，反复发作。

2. 治疗方法

部分患病的消防员经休息症状即可得到缓解，热敷、按摩可弥散局部代谢产物，减少刺激，对痛点的封闭也有效果。

3. 预防方法

（1）西药治疗。

（2）按摩与牵引。

（3）针灸治疗。

（4）中医方法。

（5）手术治疗。

（6）封闭疗法。

4. 恢复时间

筋膜炎属于自限性疾病，可通过自身调理和理疗，外用止痛膏，一般 3 ~ 5 天即可缓解。

三、髋关节部损伤

髋关节部损伤通常出现在消防体能训练中的 100 m 消防障碍训练、5000 m 负重跑训练等科目中。

（一）髋关节滑膜炎

1. 基本症状

主要出现髋关节酸胀不适，表现在腹股沟，随着症状加重和积液增加，髋关节出现明显酸胀、疼痛、肿胀，并向腹股沟区和大腿内侧辐射。

2. 治疗方法

（1）手法治疗：适应于髋疼痛较重，存在髋关节滑膜嵌顿症患者。

（2）药物治疗：应用非甾体抗炎药物可以缩短症状时间。

（3）理疗：常在手法操作治疗结束后应用，以感到温暖没有灼热感为适度。

（4）手术治疗：当保守治疗无效时，可及时采取手术切除嵌入关节内滑膜，以免延误病情。

3. 预防方法

（1）开始常规运动前，进行有力的肌肉强化计划，且尽量佩戴臀部垫，有助于保护臀部区域。

（2）注意个人卫生，防治病菌感染性疾病所引起的髋关节滑膜炎。

（3）积极治疗原发疾病，如类风湿关节炎、风湿病、强直性脊柱炎、痛风等，以免这些疾病引起髋关节滑膜炎。

（4）减轻体重、避免长期剧烈运动、防止创伤等，以减轻髋关节的损耗，保护髋关节健康。

4. 恢复时间

视病情严重程度及治疗恢复效果，恢复时间因消防员个体差异和病理情况而不同。

（二）髋关节骨关节炎

1. 基本症状

清晨起床后或长时间关节不活动后髋关节出现僵硬，行走、上楼梯困难，髋关节前方及内收肌处有压痛。

2. 治疗方法

（1）一般治疗：关节活动度训练、肌力训练、助行工具、膝内翻的楔行鞋垫、职业治疗及关节保护等。

（2）药物治疗：透明质酸钠、氨基葡萄糖、非甾体镇痛抗炎药。可抑制环氧化酶和前列腺素的合成，对抗炎症反应，缓解关节水肿和疼痛；可选用布洛芬或氨糖美辛、尼美舒利。

（3）手术治疗：髋关节骨关节炎症状十分严重、药物治疗无效的，且影响患者的日常生活，就应考虑手术干预。

3. 预防方法

（1）防寒、防潮，注意下肢保温。

（2）适量运动，关节功能训练，肌力训练，应特别注意外展肌群的训练。

（3）加强股四头肌力量及髋、膝关节的运动。

（4）在必要时，可用拐杖来保护髋关节，以防护髋关节的软骨进一步损伤。

（5）肥胖者要减轻体重，减少髋关节过量负重。

4. 恢复时间

视病情严重程度及治疗恢复效果，恢复时间因消防员个体差异和病理情况而不同。

四、膝关节部损伤

膝关节部损伤通常出现在消防体能训练中的基础体能、10 层楼负重、100 m 负重、5000 m 负重等科目中。

（一）骨性关节炎

1. 基本症状

（1）症状主要表现为疼痛，初期为轻微钝痛，逐渐加剧。

（2）在活动多时，疼痛加剧，休息后好转。有的患者在久坐或晨起时自觉疼痛，稍微活动后减轻。

（3）疼痛可与天气变化、潮湿受凉等因素有关。

2. 治疗方法

（1）药物治疗：软骨保护剂如硫酸氨基葡萄糖能促进软骨的合成、抑制关节软骨的分解，同时还具有抗炎作用。硫酸氨基葡萄糖中的富含硫酸根也是合成软骨基质的必需成分之一。

（2）手术治疗：关节镜下关节清理术、胫骨高位截骨术、人工关节置换术。

3. 预防方法

（1）避免长时间处于一种姿势，更不要反复屈伸膝关节、揉按髌骨。

（2）注意防寒湿、保暖，避免膝关节过度劳累。

（3）尽量减少上下台阶等使膝关节屈曲负重的运动，以减少关节软骨的磨损。

4. 恢复时间

视病情严重程度及治疗恢复效果，恢复时间因消防员个体差异和病理情况而不同。

（二）半月板损伤

1. 基本症状

（1）发生损伤的瞬间有种骨骼爆裂的感觉。

（2）关节肿胀或僵硬。

（3）关节疼痛，尤其是膝关节扭曲或转动时。

（4）膝盖无法完全伸直或弯曲。

（5）当尝试屈伸膝关节时，感觉好像被锁定。

2. 治疗方法

（1）急性期可进行冷敷，以减少出血，减轻疼痛，缓解症状缩短急性反应期。

（2）暂停活动，注意休息。

（3）对于出现交锁现象者，可在医生的指导下活动膝关节使其解锁。

（4）可通过服用布洛芬、阿司匹林等非甾体类抗炎药减轻半月板损伤引发的疼痛。

（5）如采用中药熏洗、局部封闭、理疗等，应在专科医生的指导下进行。

3. 预防方法

（1）适量锻炼。经常跑步或者是经常游泳，但不鼓励暴力性活动。

（2）适量运动用代步工具减轻关节腔关节面的损害。

（3）适量的食物调节，减轻体重。

（4）运动的过程中使用专业的护具。

4. 恢复时间

半月板在身体里属于一次性的部件，一旦损伤很难痊愈。可通过保守治疗的药物和非药物治疗，通过手术治疗可缓解症状。

（三）交叉韧带损伤

1. 基本症状

（1）膝关节的疼痛、关节的肿胀、关节活动受限。

（2）交叉韧带损伤常伴有关节积液，关节腔可出现明显的肿胀。

2. 治疗方法

（1）新鲜十字韧带断裂：十字韧带断裂，或胫骨棘撕脱骨折有明显移位者，应早期手术修复断裂的韧带，或将撕脱骨折复位和内固定，术后用长腿石膏固定4~6周，并应加强股四头肌锻炼。如胫骨棘骨折无移位，可在抽出关节内积血后，用长腿石膏伸膝位固定4~6周，以后加强股四头肌锻炼。

（2）陈旧性十字韧带断裂：陈旧性十字韧带断裂，手术效果多不满意，宜加强股四头肌锻炼，以加强关节的稳定性，如很不稳定，可考虑用大腿阔筋膜，或用髌韧带的内侧部分，或用附近的肌腱做韧带重建术。

3. 预防方法

（1）避免或减少对膝关节损伤较大的一些动作，并加强膝关节周围肌肉的锻炼。

（2）避免或减少运动时急停或转向动作。

（3）避免或减少直膝落地动作。

（4）避免或减少旋转及突然减速动作。

（5）避免或减少膝关节超伸时侧向落地动作。

4. 恢复时间

交叉韧带损伤一般需要4~6周恢复，具体恢复时间视消防员个体差异和治疗效果不同，建议前往专业机构检查，咨询专科医生。

（四）风湿性关节炎

1. 基本症状

（1）主要发生在膝盖、肘部、脚踝、肩部和手腕，关节疼痛、肿胀、发红、发热。

（2）症状可发生变化，或从一个关节转移至另一个关节。

（3）在气候变冷或阴雨季节，症状就会出现或加重。

2. 治疗方法

（1）抗风湿治疗：治疗原则是早期诊断和尽早合理、联合用药。常用的抗风湿病药物有水杨酸制剂和肾上腺皮质激素。

（2）抗链球菌感染：根治链球菌感染是治疗风湿热必不可少的措施，首选药物为青霉素，对青霉素过敏者，可改用红霉素或乙酰螺旋霉素。

（3）中医药治疗：风湿性关节炎属于中医的痹症范畴，急性期宜祛风清热化湿，慢性期宜祛风散寒化湿，能对症状的缓解起到辅助作用。

3. 预防方法

（1）避免风寒湿邪侵袭、防止受寒、受潮和淋雨，关节处要注意保暖，不穿湿衣，湿鞋和丝袜，不能贪凉。

（2）加强锻炼，增强身体素质。

（3）注意劳逸结合，饮食有节，避免劳累。

4. 恢复时间

风湿性关节炎恢复时间一般至少需要2~4周左右，具体恢复时间视消防员个体差异和治疗效果不同，建议前往专业机构检查，咨询专科医生。

（五）半月板撕裂

1. 基本症状

（1）在活动之后出现局部疼痛和轻微肿胀。

（2）任何旋转腿部动作或极端动作的运动往往都会加剧疼痛。

2. 治疗方法

（1）一般很难自行恢复，非手术治疗方法在极少情况下会取得好的治疗效果。

（2）通常采用关节镜手术切除方法治疗。

3. 预防方法

（1）避免膝关节的过度负担。

（2）在运动前做好热身活动，有膝关节韧带松弛者，可佩戴护膝。

（3）避免膝关节长久处于过度伸直的状态。

4. 恢复时间

在采取保守治疗（不手术）的情况下，通常 8 ~ 12 周可重返训练场；在手术后，身体素质较好者，甚至 4 周内可恢复。

（六）髌骨肌腱炎

1. 基本症状

（1）髌骨下部的髌腱近端出现局部疼痛。

（2）疼痛在跑步和跳跃时加重，而且通常不与任何单独的创伤性事件相关。

（3）在疼痛剧烈时，上楼梯和坐下时出现不适。

2. 治疗方法

（1）一般采取非手术治疗方法，急性病例可使用 10 天非甾体类消炎药（如果可以忍受的话）。

（2）应避免所有跳跃活动。

（3）超过 6 个月的非手术治疗中未取得成效的可考虑手术。

3. 预防方法

（1）控制体重，减少髌骨肌腱的压力。

（2）可通过深蹲等训练增强肌腱强度，拉伸骨四头肌。

4. 恢复时间

非手术治疗恢复时间因身体素质不同而有差异；手术治疗的恢复时间，一般至少需要 6 个月。

（七）胫骨结节骨骺炎综合征

1. 基本症状

（1）局部胫骨结节处可出现轻度的肿胀，在胫骨结节处，其按压疼痛比较明显。

（2）晚期随着病变的发展，可造成胫骨结节处肥大、凸起。

2. 治疗方法

（1）绝大多数可采取保守治疗方法，一般通过冰敷按摩和拉伸运动进行局部治疗。

（2）症状严重者，可考虑使用消炎药物 7 天。

（3）如胫骨结节出现明显的未融合小骨，可考虑手术移除小骨。

3. 预防方法

（1）避免剧烈活动，限制过度活动数月至半年。

（2）膝部可用弹性绷带或护膝限制其活动。

（3）待症状解除后，逐渐练习膝关节屈伸活动。

4. 恢复时间

恢复时间因身体素质不同而有差异。

（八）剥脱性软骨炎

1. 基本症状

（1）最典型的症状是关节交锁，表现为活动时关节突然被“卡住”而无法活动。

（2）有关节肿胀和疼痛的症状，X 线片通常显示股骨髁上有病变。

2. 治疗方法

（1）此损伤的愈合需尽可能去除压力，限制负重时间。

（2）保守治疗恢复时间可能需要达数月，手术治疗时，为防止腿的萎缩和变弱，须通过各种姿势保证下肢力量，每周至少 4 次，强度因个人身体情况而不同。

3. 预防方法

注重平常的运动习惯和运动强度。

4. 恢复时间

不管采取保守治疗还是手术治疗，恢复时间至少需要 6 个月。具体恢复情况建议通过拍 X 线片和门诊体检评估。

五、颈椎、脊柱部位损伤

颈椎、脊柱部位损伤通常出现在消防体能训练中的 5000 m 越野跑、负重 5 km、组合练习等科目中。

（一）颈椎病

1. 基本症状

（1）颈椎病常表现为头颈部疼痛、僵硬、不适。

（2）不同类型的颈椎病，其症状表现有一定区别。

2. 治疗方法

（1）颈椎病的治疗分为保守治疗和手术治疗两大类，还有介于保守治疗和手术治疗之间的微创治疗。保守治疗适用于绝大多数颈椎病患者，也是颈椎病治疗的首选方法。

（2）颈椎病的保守治疗，是通过休息、颈部制动、消炎镇痛及理疗等治疗措施对颈椎病进行早期干预和治疗。

（3）对于保守治疗无效或效果不良的颈椎病，采用手术治疗可获得良好的效果，手术是颈椎病的终极治疗方式。

3. 预防方法

（1）在长时间低头后，适当的颈部后仰、抬头望远。

（2）增强颈部肌肉训练、颈部按摩、针灸、热敷、拔罐甚至牵引治疗。

（3）避免颈部受凉、长期姿势不正、外伤等。

4. 恢复时间

视病情严重程度及治疗恢复效果，恢复时间因消防员个体差异和病理情况而不同。

（二）腰肌劳损

1. 基本症状

（1）腰或腰骶部胀痛、酸痛，反复发作。

（2）疼痛可随气候变化或劳累程度而变化，如日间劳累加重，休息后可减轻，或者时轻时重。

2. 治疗方法

（1）避免过劳、矫正不良体位。

（2）适当功能锻炼。

（3）理疗、推拿、按摩等舒筋活血疗法。

（4）药物治疗。

（5）封闭疗法。

（6）物理治疗。

（7）手术治疗。

3. 预防方法

（1）应重视腰扭伤，要避免一些容易引起“闪腰”的动作。

（2）在训练时，须保持良好的姿势，预防腰部劳损。

（3）要防止潮湿，寒冷受凉。不要随意睡在潮湿的地方。

4. 恢复时间

一般来说，若在正规医疗机构接受综合治疗，病程短的轻症患者若再配合积极的功能锻炼，在较短时间内即可恢复；而病程长、病情重的患者可能需要 3 ~4 周才能取得治疗效果。

（三）腰椎间盘突出

1. 基本症状

（1）大多数表现为腰痛和坐骨神经痛，并伴有下肢放射性疼痛、麻木、无力，影响患者行走和腰部活动。

（2）重症者可出现大小便失禁、鞍区感觉异常。

2. 治疗方法

（1）对于腰椎间盘突出症，大多数患者可以经非手术治疗缓解或治愈。

（2）经皮髓核切吸术或髓核激光气化术。

（3）手术治疗。

3. 预防方法

（1）保持正确的身体姿势，维持良好的脊柱生理曲度。

（2）加强身体锻炼，正确训练颈胸腰背部肌肉力量。

（3）注意颈胸腰椎部保暖。

4. 恢复时间

疼痛症状一般需要 1 ~2 周的时间才能恢复的比较好。

第三节　突发情况与现场处理

在组织消防员体能训练过程中，突发伤病时有发生，能否正确及时的实施现场处理，关乎消防员的身体健康乃至生命安全，对消防救援队伍的全面建设和长远发展都有重要影响。

一、晕厥

晕厥指突然发生的、暂时性的知觉和行动能力丧失的状态。晕厥多数是因脑部供血供氧不足引起，其表现为突然失去知觉、昏倒。在发病前，患者可感到全身软弱无力，头昏，眼前发黑，耳鸣、恶心，出虚汗和面色发白等。在昏倒后，患者皮肤苍白，四肢发凉，脉搏细弱，呼吸增快或缓慢。

（一）发生原因

除了脑缺血、低血糖等原因外，晕厥还与训练项目、训练水平、身体状态、年龄、周围环境等因素有关。

（1）胸、肺内压增加。如举起重物时吸气后的憋气，可使胸腔和肺内压增加，妨碍静脉血回流，导致心输出量减少。

（2）重力性休克。主要是疾跑后立即站立不动，血液大量积聚在下肢血管中，回心血量明显降低，导致脑部供血不足。

（3）血管减压性晕厥（单纯性晕厥）。在发作前有情绪不稳定或强烈的精神刺激等因素，引进动脉压和全身骨骼肌的阻力降低，大脑血液灌注量减少出现晕厥。

（4）直立性低血压性晕厥。身体由水平位突然变为直立位时，肌肉泵和血管调节功能发生障碍，致使回心血量骤减和动脉压下降，出现了一过性脑缺血。

（5）突发的原发性意识丧失。常见于长距离跑的过程中，由于脑干部网状组织缺氧和低碳酸血症引起神经传导方向发生异常而出现晕厥。

（6）潜水或游泳前的过度通气。吸气是为了闭气游泳或潜水作准备，但过度通气使过量空气进入肺泡，动脉血的氧分压降低至一定程度时脑组织不能工作，发生意识丧失和肌肉松弛的现象。

（7）中暑、伤后剧烈疼痛、腹腔神经丛或颈动脉窦受到打击等。

（二）现场处理

消防员平卧（头部稍低），如有呕吐，宜将患者头部偏向一侧。松解衣领束带，注意保暖，可做向心推拿。如不苏醒，可针刺或掐点急救穴位（人中、百会、合谷、涌泉等），或嗅以氨水。如呼吸停止，应立即做人工呼吸。

如训练现场有医务保障，除上述的一般处理外，对低血糖性晕厥可静脉注射 60 mL 左右 50% 的葡萄糖，对意识丧失者给予吸氧，对中暑性晕厥应将患者安置在阴凉通风处，用冰水或酒精擦身降温，或静脉点滴 5% 的葡萄糖生理盐水。

在水下游泳和潜水时，从意识丧失到发生死亡的时间不超过 2.5 min，应迅速对其进行抢救。

（三）预防措施

（1）坚持科学系统的训练原则，平时坚持体能训练，提高血管运动机能水平，避免发生过度疲劳、过度紧张等运动性疾病。

（2）在疾病恢复期和身体素质弱的情况下参训时，须加强医务监督。

（3）应避免在夏季高温、高湿或无风天气条件下进行长时间训练。

（4）当进行长时间、长距离运动时（如长距离负重越野跑，长距离游泳等），应备有含糖饮料，以及时补充糖、盐和水分。

（5）在饥饿或空腹时不宜参加体能训练，久蹲后应慢慢起立，疾跑后不要马上站定，应继续慢跑一段时间，或俯身低头或躺下。

（6）应定期进行体格检查。

（7）对发生过晕厥的消防员，应做全面检查，查明原因，避免再次发生。

（8）组训者应有预防和简单处理训练中发生晕厥的知识。

二、中暑

中暑是指在高温和热辐射的长时间作用下，身体体温调节障碍，水电解质代谢紊乱，神经系统功能损害等症状的总称。运动性中暑是指在高温和通风差的环境或烈日下进行运动或训练时引发的中暑现象。以体温调节中枢功能障碍、汗腺功能衰竭和水、电解质丢失过多为特点。根据发病机制和临床表现不同，中暑可分为热射病、日射病、热痉挛型和热衰竭型 4 种。

（一）发生原因

（1）热射病型中暑。消防员在训练时产生大量热，除其中 1/4 用于完成运动外，其余均以热的形式储存或散发，当产热或储热超过散热时就会出现体温调节系统的超载。在高温、通风条件差的环境下训练，产热快，散热难，体温调节出现障碍，可突然出现高热。热射病型中暑主要表现为高热、颜面潮红、无汗、皮肤灼热、呕吐，脉搏、呼吸加快，有时还出现流鼻血，严重时步态蹒跚，甚至昏迷。

（2）热痉挛型中暑。在高温环境下训练，大量出汗引起人体大量电解质丢失，如果单纯补水，不及时补充电解质，就会使神经肌肉的兴奋性过高而发生肌肉痉挛。热痉挛型中暑主要表现为肌肉痉挛。轻型热痉挛只是对称性肌肉抽搐，重者大肌群也发生痉挛，并呈阵发性。负荷较重的肢体肌肉和腹肌最易发生痉挛。患者意识清楚，体温一般正常。

（3）热衰竭型中暑。在高温环境下训练，身体会大量出汗、失水和电解质，加上散热，皮肤毛细血管大量扩张，使回心血量减少，身体有效循环血量下降，导致循环衰竭。热衰竭中暑表现为面色苍白、四肢湿冷、脉搏细弱、血压下降、神志恍惚甚至昏迷。

（4）日射病型中暑。在烈日直射下训练，头部缺乏保护，造成颅内温度增高，颅内压增高，可使脑组织充血、水肿。日射病型中暑表现为头昏眼花、剧烈头痛、恶心呕吐、神志不清、烦躁不安或昏睡、脉搏细数、体温升高不显著。

（二）现场处理

对于有中暑先兆的消防员，应迅速使其远离热环境，到阴凉处休息，喝清凉饮料，服十滴水或藿香正气水，可以很快恢复。

对于有高热的消防员，应降低其体温，将其移到阴凉通风处，静卧，头垫高，松解衣服，可用冷水、酒精或白酒擦身，特别是腋窝和鼠蹊部（人体腹部连接腿部交界处的凹沟）。

对于有热衰竭的消防员，要注意少量多次口服凉的淡盐水或运动饮料，在必要时可静脉给予电解质。

对于有肌肉痉挛的消防员，要尽快离开热源，平卧休息，饮服淡盐水，牵引痉挛的身体，并用纱布蘸白酒或白醋在抽筋处反复擦摩。

对于有热射病头痛剧烈的消防员，应用冰袋冰帽冷敷其头颈部。如有昏迷，可刺激急救穴或给氨水闻嗅，针刺或掐点太阳、风池、百会、足三里等穴，并在四肢做重推摩和揉捏，随时注意其血压和生命体征。

对于有昏迷等较重病征的消防员，应进行急救并迅速将其送往医院治疗。

（三）预防措施

（1）合理安排训练。在炎热季节时安排好训练时间，每次训练一段时间后，至少休息 10 min。饭后延长午休时间，保证充足的睡眠，错开夏季阳光直射下的最热时段。应合理安排训练负荷，在炎热气候进行的适应训练，也需要逐步地提高训练负荷和高温环境下的驻留时间。

（2）注意水盐补充。应安排好炎热天气训练和比赛（武）时的营养和饮水，注意补充食物中的蛋白质，额外增加维生素 B_1、B_2、C 供给量，组织合理的水盐供应。消防员在进行长时间训练时，应注意少量多次补液，训练或比赛（武）后的氯化钠供给量宜从常温下的10～15 g增加到20～25 g，所需氯化钠可通过含盐饮料、菜汤和盐渍食品提供。

（3）做好个人防护。要保证消防员的有效睡眠时间，包括夜晚和午休时间。在阳光直射下训练要带防护用品，不要赤裸上身和头部参加训练，避免阳光直射，造成日射病。如果是在高温高湿环境下训练或比赛（武），除了须进行适应性训练外，少量多次饮水是非常必要的。

（4）做好医务监督。医护人员应掌握先兆中暑的症状、轻度中暑的合理处置及重症中暑现场急救措施。在中暑前，患者身体常会有先兆反应，其表现为体温略有升高、头晕头痛、心慌烦躁、全身无力、口干舌燥、恶心、大量出汗等。

消防员在训练结束后应测一次体温，以预防延迟性中暑的发生。常备解暑药品和添加药物成分的清凉饮料。

三、关节脱位

由于暴力作用，使关节的关节面失去正常的相互关系，称为关节脱位。关节脱位表现为受伤关节疼痛、压痛和肿胀，关节功能丧失，畸形等。

（一）发生原因

消防员在训练时突然摔倒，上臂外展，手或肘着地，可发生肩关节脱位。若肘关节微屈，手掌撑地，则可发生肘关节脱位。

在脱位时，伤员往往听到关节内有碎裂声；受伤关节剧烈疼痛；关节功能丧失；关节变形，正常关节隆起处塌陷，而正常关节凹陷处反而隆起、突出，如图8－1和图8－2所示。

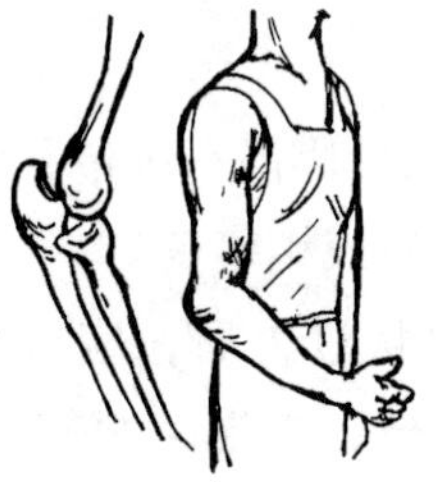

图8－1　肘关节后脱位

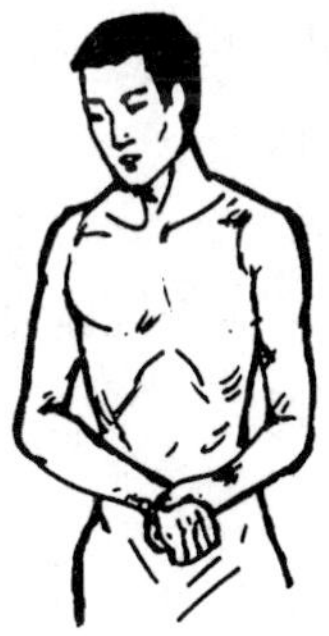

图8－2　“方肩”畸形

（二）现场处理

当不具备条件时，现场一般不进行复位处理，以免加重损伤。可用夹板和绷带在脱位所形成的姿势下固定伤肢，保持伤员安静，尽快送往医院处理。

在肩关节脱位时，伤肢肘关节屈曲90°，取三角巾两条，分别折成宽带，一条悬挂前臂，另一条绕过患肢上臂，于健侧腋下打结。在肘关节脱位时，直接用三角巾采用大悬臂带包扎固定。

复位前后均需要作X线检查，弄清脱位、复位、并发症（韧带断裂、骨折）等情况。

四、骨折

骨骼的完整性遭到破坏，称为骨折。骨折可分为闭合性骨折与开放性骨折。闭合性骨折是伤口没有和外界相通，继发感染机会少。训练中发生的骨折常为闭合性骨折。开放性骨折是伤口和外界相通，继发感染机会多。

（一）发生原因

（1）直接原因：骨折发生在暴力直接作用的部位。

（2）间接原因：骨折发生在接触暴力较远的部位。

（3）强烈的肌肉收缩：如消防员在提起杠铃时突然的翻腕动作，可能因前臂屈肌强烈收缩而发生肱骨内髁撕脱性骨折。

（4）应力性骨折：由于骨膜反复受到牵拉或骨质长期受到较大的支撑面的反作用力的作用引起，如消防员在负重长跑时下肢及进行器械训练时上肢的应力性骨折（疲劳性骨折）。

（二）症状

骨折时有剧烈疼痛，多为骨膜撕裂、肿胀、肌肉痉挛所引起；肿胀及皮下瘀血，骨折周围软组织损伤，多为血管破裂所引起；软组织大部位的骨折，其肿胀及皮下瘀斑不明显；功能障碍，肢体不能运动、站立、行走；压痛及骨擦音，骨折端或撕脱处有明显锐痛，偶因骨端或骨折片互相接触面出现骨擦音。在检查时，不要有意去寻找骨擦音以增加伤员的痛苦，X线检查常能对骨折做出正确的判断。严重骨折会有假关节、肢体变形、休克、神经损伤等症状。

（三）现场处理

有休克症状者，应先抗休克。抗休克的措施：取头低脚高平卧位、保暖；迅速请医务人员到现场给氧或镇痛药。

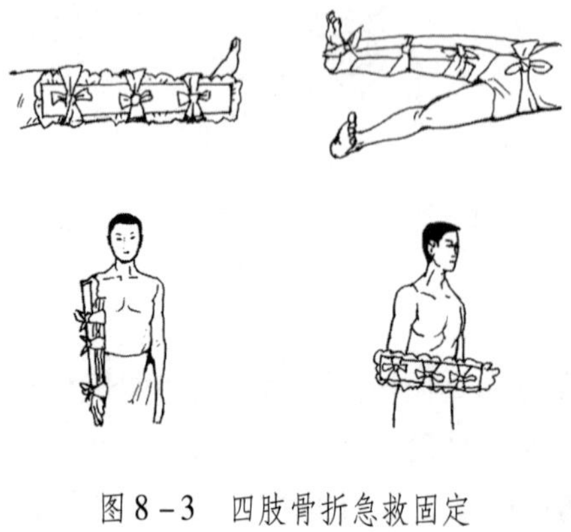

图8－3　四肢骨折急救固定

当休克症状过去后，应现场进行临时固定，可用夹板、树枝、木棍、绷带、衣物等把折断的部位固定，或把伤肢与伤员的躯干或健肢固定在一起，使伤部不再活动，如图8－3所示。

如为开放性骨折，应用无菌布敷料尽快包扎，不要移动露在伤口外的骨端与碎骨。

当怀疑有颈椎、腰椎等脊椎骨折时，不可随意搬运伤员，应采用多人搬运的方法置于硬板上，颈椎骨折时仰卧，颈部两侧填充衣物减少头部晃动；当腰椎骨折时，应俯卧于硬板上搬运。

五、溺水

在游泳训练中出现溺水时，水经口鼻进入肺内，造成呼吸道阻塞，或因吸水的刺激引起喉痉挛，使气体不能进出，引起窒息，时间稍长，就有生命危险。溺水者被救上岸后，首先应迅速清理口鼻内的分泌物及其他异物，随后立即进行控水，如图 8－4 所示。

图 8－4　溺水急救处理的控水方法

但控水时间不宜过长，否则会失去心肺复苏良机。在控水后，应立即检查溺水者呼吸、心跳情况，如果心跳、呼吸都停止了，应就地进行人工呼吸和心脏按压术。在有条件时，可以在运输工具上施行复苏术，同时将溺水者送往就近的医疗急救单位，切忌不做任何抢救就将溺水者送往医院，因为这样会使溺水者脑缺氧时间过长，导致其生命无法挽救。

六、呼吸和心脏骤停

在一些严重意外事故中（比如溺水），消防员可能会出现呼吸和心脏骤然停止。此时应立即进行人工呼吸和胸外心脏按压的现场复苏急救。

（一）人工呼吸

以口对口人工呼吸为例，使伤员仰卧，松开领口、裤带和胸腹部衣服，清除口腔内异物。急救者一手的掌尺侧置于伤员前额，使其头部后仰（开放气道），用拇指和食指捏住伤员鼻孔，以免气体外溢。另一手置于伤员颈后，将颈向上托起，保持气道通畅。然后深吸气，张嘴去套住伤员的嘴并紧贴往里吹气。每次吹气量应为 800 ~ 1200 mL，吹气按每分钟 16 ~ 18 次的频率进行。

（二）胸外心脏按压

在操作时，使伤员仰卧于硬板床或地上，急救者以一手掌根部置于伤员胸骨的中、下 1/3 交界处，另一手交叉重叠于其手背上，肘关节伸直，利用上体重量垂直下压，对中等体重的成年人下压深度应大于 5 cm，而后迅速放松，使其胸廓自行复位，如此有节奏地反复进行，按压与放松时间大致相等，频率不低于每分钟 100 次。

（三）心肺复苏程序

对呼吸、心跳均停止的伤员，应同时进行人工呼吸和胸外按压的心肺复苏术。心肺复苏的关键是建立 ABC，即气道通畅（Airway）、呼吸（Breathing）、循环（Circulation），操作顺序是“C – A – B”，即“按胸外按压—开放气道—人工呼吸”的顺序进行。不论是单人还是双人操作，按压频率与吹气之比为 15：1，反复操作 5 个周期。

在进行心肺复苏急救时，应沉着、冷静、迅速，急救的同时，应迅速联系专业医生到场，急救一经开始，就要连续进行，不能间断，一直做到伤员恢复自主呼吸和心跳。或持续操作 30 min 以上仍无心搏及自主呼吸，现场又无进一步救治和送治的条件，方可考虑停止现场复苏。

第四节　运动性疾病的预防与处理

消防体能训练中出现的运动性疾病，一般多指因机体对运动刺激不适应或训练安排不当，造成体内功能紊乱而出现的一类疾病、综合征或机能异常。

一、肌肉痉挛

抽筋即肌肉痉挛。腿常抽筋大多是缺钙、受凉、局部神经血管受压引起。

（一）原因

造成抽筋的主要原因有：训练前准备活动不充分，肌肉突然猛烈收缩导致抽筋。或因长时间的大强度训练，身体出汗量增多，体内大量盐分丧失，也可能引发肌肉的不自主强制收缩，出现抽筋现象。有时在寒冷、疲劳、饥饿、精神过度紧张的情况下也可诱发。

（二）处理

方法一：改卧姿为坐姿，伸直抽筋的腿，用手紧握前脚掌，忍着剧痛，向外侧旋转抽筋腿的踝关节，剧痛立止。在旋转时动作要连贯，一口气转完一周，中间不能停顿。在旋转时，如是左腿，按逆时针方向。如是右腿，按顺时针方向。如有人帮助应是面对面施治，踝关节的旋转方向不变。旋转时要用力，脚掌上翘要达到最大限度。

方法二：按压小腿腓肠肌头神经根。在膝关节内侧的两边，有一个地方是腓肠肌头的附着点，通往腓肠肌的神经根干就在这里面。在小腿抽筋时，用大拇指摸索两边硬而突起的肌肉的主根，然后用强力对此处按压，主导兴奋的神经就会镇静下来，抽筋停止，剧痛消失。另外，也可迅速地掐压手上合谷穴（即手臂虎口、第一掌骨与第二掌骨中间陷处）和上嘴唇的人中穴（即上嘴唇正中近上方处）。掐压 20 ~ 30 s 之后，疼痛即会缓解，肌肉会松弛，其有效率可达 90% 。如果再配合用热毛巾热敷并用手按摩，效果会更好。

消防员在游泳训练时若出现小腿抽筋，切不可惊慌失措，否则会因处理不当抽筋更厉害，甚至造成溺水事故。此时应立即收起抽筋的腿，另一只腿和两只手臂划水，游上岸休息。如会浮水，可平浮于水上，弯曲抽筋的腿，稍事休息，待抽筋停止，立即上岸。也可吸气沉入水中，用手抓住抽筋一侧脚的大拇指，使劲往上扳折，同时用力伸直膝关节，在憋不住气时，浮出水面呼吸，然后再沉入水中，重复上述动作。反复几次后，抽筋即可缓解，然后急速游上岸休息。在游向岸边时，切忌抽筋一侧的腿用力过度，以免再次抽筋。在其他训练中如发生小腿抽筋，应立即原地休息。

（三）预防

（1）消防员在训练时一旦出现抽筋现象，需即刻休息，对抽筋的部位轻轻按摩，并将抽筋部位的肌肉轻轻拉伸，拉伸时不可用力过猛，以免造成二次伤害。

（2）若肌肉抽筋的时间很长，则可使用热敷或冷敷的办法来减轻疼痛，或局部喷洒或擦一些松筋止痛的药水或药膏也很有效。

（3）若很容易再次发生抽筋，则需考虑肌肉是否过度疲劳或脱水，前者则需停止训练休息，后者则需补充水分和电解质。在日常生活中多补充维生素 E 和钙，可减少抽筋发生的概率。

二、运动性腹痛

运动性腹痛是指由于体育运动而引起或诱发的腹部疼痛。训练后出现肚子疼痛，大多数是由于消防员在训练之前进食了一些东西，或者是消防员在训练之前没有做好充足的准备，导致训练之后出现肠痉挛或者是胃肠道局部缺血缺氧。如果遇到此类情况，消防员不必过于担心，可以在训练结束之后进行一些休息，就可以恢复。当然也有个别消防员可能是患有腹腔炎症，最常见的就是胃炎或者肠炎，也会导致在训练后出现肚子疼。

（一）原因

运动性腹痛常在中长跑和剧烈运动时发生。资料表明，主要是在运动前准备活动不充分、活动强度增加过快、身体状况不佳，或者运动前吃得太饱、饮水过多，或者腹部受凉，致使脏腑功能失调，引起腹痛。也有的是因为呼吸节奏紊乱，引起膈肌运动异常，或者肝脾积气瘀血，导致两肋部胀痛等。

（二）处理

消防员如果没有器质性疾病，一般采用减慢速度，加深呼吸，用手按压疼痛部位或弯腰慢跑一段距离，短时间内疼痛可缓解。在数分钟后，如疼痛仍不减轻，甚至加重，就应停止训练。必要时可服用十滴水或溴丙胺太林，或揉按内关、足三里、大肠腧等穴位。如仍不见效，应立即送往医院诊治，以排除腹腔内或腹腔外疾病。

（三）预防

在训练前应避免饮食或饮水过多，饭后 1.5 ~ 2 h 后再进行体能训练，并做好准备活动，坚持循序渐进，注意呼吸节奏，夏季训练要适当补充盐分。

三、运动性猝死

世界卫生组织国际心脏病学资料中，将运动性猝死定义为：有或无症状的运动员和进行体育锻炼的人在运动中或运动后24 h内意外死亡。猝死最重要的特征是猝死发生在运动中或运动后24 h内，且患者从发病到死亡时间短。

（一）原因

（1）心脏性猝死：此病因引起的猝死占比例最大。如患有冠心病、心脏瓣膜病、先天性心脏病等疾病的人在参加体育锻炼中最易发生危险。

（2）脑源性猝死：此原因致猝死，主要是由于脑血管畸形、血管瘤或高血压、动脉硬化所致脑卒中。

（3）中暑：中暑是仅次于心脏猝死的第二大原因。剧烈运动尤其耐力项目在高温高湿无风环境下进行时很容易发生中暑，甚至导致死亡。

（二）处理

目前认为不是由运动这个单因素所导致的，而是由运动和潜在的心脏病共同引起的致死性的心律失常所导致。

在现场如果发现有猝死的情况，应当立即争分夺秒地进行抢救，首先要判断患者的意识和呼吸，如果患者没反应,且无呼吸或者是濒死叹息样的呼吸,应立即向旁人呼救,请求帮忙拨打“120”,并取自动体外除颤仪（AED）进行除颤，接下来要尽快进行胸外按压。

（三）预防

（1）消防员在参加高强度训练或重大比赛前，应进行严格的身体检查，并主动告知是否存在先天疾病或既往病史。

（2）要严格鉴别长期训练引起的心脏生理性变化与病理性变化的区别。

（3）要密切观察训练出现的各种症状，设立现场急救点，及时进行抢救并普及心肺复苏术。

（4）遵守科学、卫生训练原则及消防员患病后恢复训练的原则。

四、运动性血尿

在肉眼或显微镜下见到尿中的血或有血细胞称为血尿。单纯由于剧烈运动引起的血尿，称为运动性血尿，其特点是训练后即刻出现血尿，其明显程度与训练量和训练强度的大小有关，出现血尿后若停止运动，则血尿迅速消失，一般不超过3天，除血尿外，一般无其他征象，血液化验，肾功能检查、腹部X线平片及肾盂造影等项检查均正常。

（一）原因

（1）剧烈运动高压：肾周围脂肪组织较少，在长时间跑跳时，身体震动可使肾脏下垂，肾静脉之间的角度变锐，使静脉血回流受阻，肾静脉压增高，从而导致红细胞渗出。

（2）肾缺氧：在运动时血液重新分配，肾脏缺血缺氧，同时血液中乳酸含量增高，影响肾小球一切正常功能，使其通透性增加，以致红细胞渗出。

（3）肾损伤：在运动时腰部的猛烈屈伸或蜷缩体位可使肾脏受到挤压，肾内毛细血管损伤，从而引起肾出血。

（4）膀胱损伤：在膀胱排空的情况下跑步，脚落地时的震动使膀胱后壁底部互相触碰，从而致该部损伤，引起血尿。

（二）处理

消防员在遇到此类情况时，应仔细检查鉴别，排除病理性血尿，以免延误诊治。当运动性血尿诊断成立后，可以参加训练，但要安排好训练量，加强医务监督，并由医生给以适当治疗，例如，反复发作和镜下血尿持续不消者可用维生素 C、维生素 K、卡巴克洛或中草药。伴有身体机能下降者可用 ATP 和维生素 B_{12}。运动性血尿一般愈后良好。

（三）预防

对镜下出现少量红细胞而患者无症状时，应减少训练量，继续观察。出现血眼血尿时，不管有无症状均应中止运动。器质性疾病所致的外伤性血尿，应针对病因进行积极的治疗，一般不进行正常训练。

五、运动性血红蛋白尿

红细胞破裂称为溶血。当血管大量溶血，血液中游离血红蛋白过多、超过肾阈值，则血红蛋白随尿排出称为血红蛋白尿。当某些疾病时，可出现血红蛋白尿，仅在运动后出现的血红蛋白尿，称为运动性血红蛋白尿。其主要表现有：

（1）训练后出现尿色改变。色泽为“酱油色”“红葡萄酒色”或“浓茶色”。尿色异常一般持续 23 h，多在运动后第一次和第二次尿时出现。

（2）消防员自我感觉良好。除少数人有头晕、腰酸无力外，一般无不良感觉。

（3）化验检查。尿蛋白在“ ++”以上，尿潜血阳性，尿含铁血黄素阳性，血浆血红蛋白量显著增高，个别病例可合并有血尿或贫血。

（一）原因

（1）剧烈运动。较多在负重长跑后出现，在篮球、足球等跑动较多的体育项目也可见到。与运动量，特别是运动强度有关。强度大发生的可能性越大。

（2）跑姿与场地条件不良。跑时步伐重和步幅小或在硬场地（如马路、硬地操场）上跑的消防员，由于足底受到较大撞击力，使流经足底血管中的红细胞受破坏。

（二）处理

适当休息，避免做引起血红蛋白尿的活动，服用维生素 C，一般可自愈。若持续不愈，应请医生处理。

（三）预防

有运动性血红蛋白尿的消防员，要注意预防复发，合理安排运动量，改变不良的跑步姿势，采用弹性好的鞋垫。避免在硬地上长时间跑步。

第五节　伤病的康复训练

康复训练是促进伤病消防员尽快恢复正常生活、尽快参与训练的重要措施之一，通常是指伤后的功能锻炼。康复训练是身体训练的一个重要组成部分，是正确完成技术动作的基础。

一、康复训练的主要原则

(一) 尽量保持全身及未伤部位的活动

全身活动是保持心肺功能水平、预防停训综合征、防止体重增加的必要手段。当上肢受伤时，可以进行下肢走、跑的练习；当下肢损伤不能负重时，可以进行上肢功能锻炼。保持未伤部位活动的作用是避免健肢关节活动度及肌肉力量下降，但进行康复锻炼时要注意勿使健肢负担过重。

(二) 及早开始受伤部位的康复锻炼

急性运动损伤早期应当休息和制动，一旦症状减轻，康复锻炼即应开始，如可进行受伤部位相邻关节的活动、受伤部位肌肉的静力收缩练习等。

(三) 针对伤病情况制定计划

制定康复锻炼计划前一定要详细地进行功能检查及评定，应特别注意有无髌骨劳损等损伤。

(四) 适当加大运动负荷

运动负荷过小将影响康复效果，也不能达到今后恢复训练的要求，但运动负荷的大小一定要适当，保证受伤局部或愈合组织不能承受过度应力。

(五) 循序渐进

在进行康复训练时，每次训练都应包括准备活动、基本部分和结束部分，运动量由小到大，最后以拉伸放松练习结束。

二、康复训练的基本策略

针对消防员训练损伤的不同阶段，康复策略也各有侧重。

(一) 炎症阶段

炎症期受伤组织需要休息，以确保不会发生额外的伤害。这个阶段不建议涉及受伤部位的训练。在伤部得到有效保护的情况下，可进行健侧肢体的力量训练或心肺功能的保持训练。

(二) 修复阶段

修复阶段的目标是预防伤部的肌肉萎缩与关节活动受限，为了保护新生但薄弱的胶原组织，应避免受伤部位进行主动收缩形式的抗阻运动。

在修复阶段，可能的运动形式包括健侧、邻近或远离患侧的肌力训练，有氧、无氧运动及提高相关区域的力量与神经肌肉控制。神经肌肉控制是肌肉对于传入的维持关节稳定的本体信号的反应能力，如在不平坦的地面行军或跑步时，需要下肢（特别是脚踝）来调整着地时的状态，以预防跌倒与损伤，这个调节能力就是神经肌肉控制。损伤后神经肌肉控制能力会下降，通过特殊的训练方法，如支撑面的稳定状态、视觉和速度的改变等，可以提高损伤后的神经肌肉控制能力。

（三）再造阶段

这个阶段的主要目标是使组织功能得到最佳恢复状态。伤者可以持续和渐进上个阶段的运动方式，通过增加更复杂、更专项化的练习使损伤组织逐渐承受更多的应力。此阶段的活动虽然不会引起疼痛，但受伤组织未完全愈合，仍应注意负荷增加的循序渐进。

三、康复训练的常用方法

康复训练应按照受伤部位的柔韧性训练、稳定性训练、本体感受训练和整体动态训练的程序进行。

（一）柔韧性训练

柔韧性训练包括筋膜放松、静态拉伸、被动拉伸等方法，起到放松痉挛肌肉，提高关节活动度的作用。

（二）稳定性训练

康复训练初期，力量练习有助于受伤关节稳定性的提高，也能防止伤部肌肉萎缩。力量练习包括肌肉的等长收缩、等动收缩和等张收缩，在开始阶段，一般以不引起疼痛的等长（静力性）收缩为主；在主动运动能力不够的情况下，可进行肌肉离心收缩练习。练习动作的选择应注意伤部关节的孤立强化，即主要针对伤部的单关节运动为主。

（三）本体感受训练

本体感觉是皮肤、肌肉、肌腱、韧带和关节囊感受器对于刺激的传入反应，其与身体姿态、平衡、稳定和位置感相关。受伤后神经肌肉控制与肌力和柔韧能力一样会受到伤害，通过特殊的本体感觉训练，可以提高损伤后的神经肌肉控制能力，如将双侧肢体的支撑改变为单侧肢体的支撑，在坚硬地面上的支撑改为在较软或不稳平面上的支撑，睁眼下的运动改为闭眼下的运动等，以提高伤部的神经肌肉控制能力。

（四）整体动态训练

伤部组织进入到再造期后，康复训练的目标是使伤者有能力重返训练场。此时要进行关节在特殊角度下的肌力训练、特殊速度下的肌肉活动，肌力的强化开始由一般性的运动过渡到某项运动特殊的专项动作，这种专项动作可能也是当初的受伤动作。动作练习的形式也以身体的整体动态练习为主，主要恢复和发展速度爆发能力。

参考文献

[1] 尹军，袁守龙. 身体运动功能训练［M］. 北京：人民体育出版社，2016.
[2] 徐本力. 运动训练学［M］. 北京：人民体育出版社，1999.
[3] 田麦久. 运动训练学［M］. 北京：高等教育出版社，2017.
[4] 杨桦，李宗浩，池建. 运动训练学导论［M］. 北京：北京体育大学出版社，2007.
[5] 美国体能协会. 体能训练设计指南［M］. 周志雄，译. 北京：北京体育大学出版社，2015.
[6] 迈克·鲍伊尔. 体育运动中的功能性训练［M］. 张丹明，王雄，译. 北京：人民邮电出版社，2017.
[7] 周爱国. 体能训练理论与方法［M］. 北京：北京体育大学出版社，2010.
[8] 李丹阳，李春雷，王雄. ACSM体能训练概论［M］. 翻译版. 北京：人民卫生出版社，2019.
[9] 美国体能训练协会. 体能训练概论［M］. 3版. 朱学雷等，译. 上海：上海三联出版社，2010.
[10] 赵琦. 体能训练实用教程［M］. 南京：东南大学出版社，2019.
[11] 赵焕彬，魏宏文. 体能训练理论与方法［M］. 北京：高等教育出版社，2020.
[12] 陆柳. 国家女篮专项体能评价与诊断研究［D］. 苏州：苏州大学，2012.
[13] 美国体能教练协会. 篮球体能训练［M］. 张莉清，译. 北京：人民教育出版社，2009.
[14] 克里斯蒂安·冯·勒费尔霍尔茨. 健身营养全书：关于力量与肌肉的营养策略［M］. 庄仲华，译. 北京：北京科学技术出版社，2018.
[15] 邓树勋，王健，乔德才，等. 运动生理学［M］. 北京：高等教育出版社，2009.
[16] 林建棣. 军事体育［M］. 北京：解放军出版社，2003.
[17] 李哲新，李雷. 武警军事体育［M］. 北京：人民武警出版社，2014.
[18] 戴维·乔伊斯，丹尼尔·莱文德. 运动损伤管理：提升运动表现的损伤预防、评估与康复指导［M］. 汪敏加，杨斌，译. 北京：人民邮电出版社，2021.
[19] 日本国际运动医学研究所. 体能训练基础理论［M］. 全彩图解版. 曲岩松，译，北京：人民邮电出版社，2020.
[20] 秦小平，黄传用，夏青. 大学体育教程［M］. 北京：高等教育出版社，2016.
[21] 芭芭拉·A. 布什曼. ACSM体能指导手册［M］. 李丹阳，邓士琳，毛永，译.2版. 北京：人民邮电出版社，2020.
[22] 戴剑松，郑家轩. 无伤跑法［M］. 北京：人民邮电出版社，2018.
[23] 小西奥多·戴蒙著，（英）约翰·夸尔特. 运动功能解剖学［M］. 郭丞，译. 北京：人民邮电出版社2020.
[24] 日本横滨市运动医学中心. 运动训练基础理论［M］. 韩诺，译. 全彩图解版. 北京：人民邮电出版社，2020.
[25] 李重申，李小唐. 大学体育理论与实践教程［M］. 北京：高等教育出版社，2016.
[26] 张文栋，杨则宜. 实用体能训练营养学［M］. 北京：人民体育出版社，2014.
[27] 吉姆·文勒德. 力量训练5/3/1［M］. 张意斐，译. 北京：北京科学技术出版社，2020.
[28] 迈克·鲍伊尔. 体育运动中的功能性训练［M］. 张丹玥，王雄，译. 2版. 北京：人民邮电出版社，2017.
[29] 利·布兰登，詹姆斯·柏伦奇. 运动损伤解剖学康复训练［M］. 王震宇，司佳卉，译. 北京：人民邮电出版社，2017.

[30] 丹·贝纳多特. 高级运动营养学 [M]. 周帆杨，安江红，刘勇，赵之光，译. 北京：北京科学技术出版社，2017.
[31] 宁永玉，戴汉中. 武警军事训练基础理论 [M]. 北京：人民武警出版社，2014.